実務家のための
電子記録債権とサプライヤーファイナンス

三井住友銀行
平田重敏
［編著］

Electronically
Recorded Monetary
Claims Act
and
Supplier Finance

一般社団法人 金融財政事情研究会

推 薦 の 辞

　平成20年に電子記録債権法が成立し、その後、メガバンクの電子債権記録機関が次々と設立され、平成24年からは全国銀行協会が「でんさいネット」を開業する予定であり、全国的な電子記録債権の運用がなされようとしている。本書は、金融界において電子記録債権の制度作りと、取引の実現に中心的な役割を果たしてきた三井住友銀行の平田重敏氏が編集代表となって、これから電子記録債権を利用しようとする事業者等の方々のために、基本からわかりやすく解説しようとした入門書である。

　電子記録債権は、日本において独自に開発された支払、資金調達等のための、電子的な手段である。従来の手形・小切手による支払や、一括決済方式等にかわる、より合理的、効率的、低コストの仕組みとなることが期待されている。しかし、まったく新しく開発された手段であり、また諸外国の制度とも異なる独自の制度であるだけに、事業者等の方々には、なじみがなく、近づきにくい感じをもたれている方も多いものと思われる。本書は、金融界において電子記録債権制度作りの中心におられて、同制度を知り尽くしている平田氏が、三井住友銀行の電子記録債権のチームとともに総力をあげて、電子記録債権について本当にわかりやすく解説した本である。実務において、電子記録債権をどのように利用すればよく、従来の手形・小切手、一括決済方式等とどのように違い、それらと比べいかなる利点があるかを、懇切丁寧に解説している。同時に、電子記録債権の法的問題の根本やその実務とのかかわりといった奥の深い論点についても、わかりやすく解説されていて、法曹の方や研究者にとっても、必読の文献といえよう。本書を読むことによって、電子記録債権につき各界の理解が進み、同制度が広く利用されることが期待される。

　平田氏とは電子記録債権に関する法務省の研究会、そして法制審議会電子

債権法部会、金融庁の電子記録債権に係るワーキンググループ等において、委員として電子記録債権制度作りにご一緒させていただいた。平田氏は、金融の実務と法制度の双方に通じたエキスパートとして、制度作りにおいて目を見張る活躍をされた。同氏が中心となって、本書のような利用者等のための電子記録債権の格好の入門書が刊行され、電子記録債権の利用がスムーズに広まっていくことは、誠に歓迎すべきことである。本書が事業者の方々、金融界の方々、学界や法曹界の方々等に広く読まれて、電子記録債権制度、そしてわが国経済の発展に寄与することを願ってやまない。

平成23年8月

東京大学大学院法学政治学研究科

教授　岩原　紳作

はしがき

　平成20年12月に電子記録債権法が施行されてから、まもなく3年が経過しようとしている。この間、電子記録債権を取りまく状況は、金融機関にとって「制度への期待」という段階から「具体的な商品・サービスの提供」という段階へと大きく進展した。

　まず、電子債権記録機関の状況をみてみると、平成21年7月には、日本電子債権機構、平成22年には、7月にSMBC電子債権記録が、10月にみずほ電子債権記録が開業し、さらに平成24年5月には、いよいよ全国銀行協会が準備中の「でんさいネット」が開業する予定である。

　これにより、わが国における当面の電子債権記録機関が出そろうことになり、今年から来年にかけてわれわれは本格的な「電子記録債権の時代」に向けて第一歩を踏み出したといえるだろう。

　一方で、電子記録債権の利用者の状況からは、また違った景色がみえてくる。

　三井住友銀行では、この1年あまりの間に、東京・大阪・名古屋において、顧客向けセミナーを開催するなど、日本を代表する企業約1,000社に対して電子記録債権の説明を行ってきた。セミナーのアンケートによると参加された企業担当者のうち6割から7割の方が電子記録債権について詳しい話を聞くのは初めてという状況であった。

　新聞等マスコミで電子記録債権に関する報道がふえていく一方で、顧客に対する情報提供という意味ではまだまだ不十分であり、われわれはいろいろな手段を通じてより正確な情報を伝えていく必要があるということを痛感した。

　そこで、電子記録債権についての全体像をできるだけ忠実に伝えようとしたときに、メガバンク独自の電子債権記録機関の動きと、社会インフラであ

るでんさいネットの動きも網羅しつつ、法制度全般や具体的な活用方法など利用者にとって総合的な観点から書かれた文献の必要性を強く感じた。

そして、それが本書を刊行しようと考えた最初の動機でもある。

また、電子記録債権の具体的活用方法は、現状、手形の合理化を目的とした企業間決済への活用が中心であるが、実は同じ目的の商品は従来から存在し、その代表的な商品である一括決済方式についてはすでに利用している顧客も多いのである。

顧客にとっては、すでに利用している商品と電子記録債権との関係はどうなのかという点も気になるところであるが、これについても企業担当者のみならず、金融機関の職員にとっても参照可能な文献は存在しないというのが現状である。

以上の認識のもと、企業や金融機関の実務家にとって電子記録債権の全体像や基本的な事項、さらには既存の合理化商品（特に一括決済方式）との関係をQ＆Aのかたちでまとめたのが本書である。

とりわけ利用者にとって現状最も関心の高い、「支払手形の合理化手段」としての活用に特にフォーカスし、利用者およびその窓口となる金融機関職員の視点から関連する情報を整理したという点が本書の特徴である。

第1章では、電子記録債権の基本的な事項およびこれまでの経緯や具体的な活用方法について、できるだけ平易に記載している。

第2章では、具体的な利用者の目線に立ってまず疑問に思うことがらや、電子記録債権とこれまでの決済手段との関係について記載している。

第3章では、既存の合理化商品である「一括決済方式」についての基本的事項や実務面・法制面を具体的に解説している。

なお、本書は、題名にある通り「一括決済方式」をファイナンス手法の一形態ととらえ「サプライヤーファイナンス」と呼ぶことにした。通常のファイナンスにおいては、金融機関は主として資金調達者とスキームの構築を行い、資金調達者の信用リスクを勘案のうえ調達条件を決定している。一方、

この「サプライヤーファイナンス」においては、資金調達者であるサプライヤーは、直接スキームを構築する当事者ではなく、バイヤーと金融機関が構築したスキームに参加する形態をとる。金融機関がスキーム構築に関して主として判断する信用リスクの対象は、資金調達者であるサプライヤーではなく、バイヤーであるという点が大きな特徴である。

　海外においては「サプライチェーンファイナンス」と呼ばれる手法が同種のファイナンスを指すものであると思われるが、日本の場合は、親事業者・下請事業者という非常に緊密な関係をベースとし、いわゆる下請法によって規定される企業間取引を主たる対象領域としている点に特徴がある。「サプライチェーン」という連鎖的なニュアンスよりも「相対関係」が特徴であり、その点もふまえ「サプライヤーファイナンス」という呼び方をしている。

　「サプライヤーファイナンス」は、日本で開始されてから約25年の間にいろいろとスキームの開発・改定が行われてきた。おそらく今後もいろいろと変化を遂げ、領域も拡大していくものと思われるが、これまで実務的な観点から書かれた文献は存在しなかったこともあり、本書において、まず現時点での内容を整理することが有益であると考え、一章をあてたものである。

　本書の執筆者は、三井住友銀行のなかでいずれも電子記録債権関連業務に従事している。SMBC電子債権記録を活用した商品開発や個別案件を推進し、また、来年の「でんさいネット」開業に備えた企画・推進を担当しているエキスパートである。

　執筆にあたり、なるべく平易な表現に心がけたつもりではあるが、電子記録債権は、法制度が先行し、実務がキャッチアップするという展開になっており、法律用語が使用されることも多いため、難解な部分があることも確かである。

　本書が、われわれが意図した通りの内容となっているかについては、読者

のご批判を待たねばならないが、本書を通じて電子記録債権の普及と日本経済の発展や効率化に少しでも貢献できれば幸いである。

平成23年7月

編集代表　平　田　重　敏

　本書は後述の執筆担当者の原稿に、最終的には編集代表が調整を加えて完成されたもので、文責については編集代表に帰されるものである。また、内容としては執筆担当者および編集代表者の個人的見解を集約したものであり、所属する組織的な意見を表明するものではなくまた所属する組織が個々の事案において本文中に記載された商品・サービスの提供について確約するものではないことを念のために申し添える。

編集代表・執筆者一覧

＜編集代表＞

平田　重敏（ひらた　しげとし）

　昭和60年　東京大学法学部卒業　同年　住友銀行入行
　平成16年　経済産業省　産業構造審議会産業金融部会
　　　　　　　　　　金融システム化に関する小委員会委員
　平成18年　法務省　法制審議会　電子債権法部会委員
　　　　　　金融庁　金融審議会　金融分科会
　　　　　　　　　　情報技術と金融制度に関するワーキングメンバー
　平成21年　SMBC電子債権記録取締役
　平成23年　三井住友銀行アセットファイナンス営業部長
　　　　　　SMBC電子債権記録監査役
　　　　　　ABL協会理事

＜執筆者一覧＞

桒田　俊紀（くわた　としのり）

　平成3年　慶應義塾大学経済学部卒業　同年　住友銀行入行
　平成20年　三井住友銀行アセットファイナンス営業部
　　　　　　クリアリングプロダクツ第一グループ長
　平成23年　SMBC電子債権記録取締役
　　　　　　三井住友銀行アセットファイナンス営業部上席推進役

庄司　義光（しょうじ　よしみつ）

　平成4年　一橋大学経済学部卒業　同年　住友銀行入行
　平成21年　SMBC電子債権記録業務部長
　平成23年　三井住友銀行アセットファイナンス営業部
　　　　　　クリアリングプロダクツ第一グループ長

髙窪　祥文（たかくぼ　よしひろ）

　　平成 2 年　中央大学法学部卒業　同年 三和銀行入行
　　平成17年　東京スター銀行ストラテジックインベストメント
　　平成20年　三井住友銀行アセットファイナンス営業部
　　　　　　　クリアリングプロダクツ第一グループ上席部長代理

軽部　信治（かるべ　しんじ）

　　平成 5 年　上智大学理工学部卒業　同年 住友銀行入行
　　平成23年　三井住友銀行アセットファイナンス営業部
　　　　　　　クリアリングプロダクツ第一グループ上席部長代理

髙木　英隆（たかぎ　ひでたか）

　　平成 7 年　慶應義塾大学経済学部卒業　同年 さくら銀行入行
　　平成23年　三井住友銀行アセットファイナンス営業部
　　　　　　　クリアリングプロダクツ第一グループ上席部長代理

平野　允紀（ひらの　まさき）

　　平成16年　早稲田大学政治経済学部卒業　同年 三井住友銀行入行
　　平成23年　三井住友銀行アセットファイナンス営業部
　　　　　　　クリアリングプロダクツ第一グループ部長代理補

水谷　圭佑（みずたに　けいすけ）

　　平成20年　慶應義塾大学法学部卒業　同年 三井住友銀行入行
　　平成23年　三井住友銀行アセットファイナンス営業部
　　　　　　　クリアリングプロダクツ第一グループ
　　　　　　　SMBC電子債権記録企画総務部

佐々井　佳奈子（ささい　かなこ）

　　平成21年　南山大学外国語学部卒業　同年 三井住友銀行入行
　　平成23年　三井住友銀行アセットファイナンス営業部
　　　　　　　クリアリングプロダクツ第一グループ

森榮　倫（もりえ　たぐい）

　平成19年　大阪大学大学院文学研究科修了
　平成23年　SMBC電子債権記録企画総務部

青島　克浩（あおしま　かつひろ）

　平成8年　　東京理科大学大学院理工学研究科修士課程修了　同年　住友銀行入行
　平成23年　三井住友銀行EC業務部電子記録債権グループ長
　　　　　　SMBC電子債権記録企画総務部次長

大坂谷　昭仁（おおさかや　あきひと）

　平成13年　一橋大学経済学部卒業　同年　三井住友銀行入行
　平成23年　三井住友銀行EC業務部
　　　　　　電子記録債権グループ部長代理

妹尾　啓子（せのお　けいこ）

　平成20年　広島市立大学国際学部卒業　同年　三井住友銀行入行
　平成23年　三井住友銀行EC業務部
　　　　　　電子記録債権グループ

山口　博司（やまぐち　ひろし）

　平成20年　早稲田大学理工学部卒業　同年　日本電気（NEC）入社
　平成23年　三井住友銀行EC業務部
　　　　　　電子記録債権グループ

用語の定義

- **法律**（電子記録債権法（平成19年法律第102号）、単に「法」ともいう）
- **政令**（電子記録債権法施行令（平成20年政令第325号））
- **施行規則**（電子記録債権法施行規則（平成20年内閣府・法務省令第4号））
- **ガイドライン**（金融庁事務ガイドライン（第三分冊：金融会社関係 12.電子債権記録機関関係））
- **動産・債権譲渡特例法**（動産及び債権の譲渡の対抗要件に関する民法の特例等に関する法律（平成10年法律第104号））
- **下請法**（下請代金支払遅延等防止法（昭和31年法律第120号））
- **独占禁止法**（私的独占の禁止及び公正取引の確保に関する法律（昭和22年法律第54号））
- **昭和60年事務局長通達**（公正取引委員会：昭和60年12月25日事務局長通達第13号「一括決済方式が下請代金の支払手段として用いられる場合の下請代金支払遅延等防止法及び独占禁止法の運用について」（最終改正平成11年7月1日事務総長通達第16号））
- **昭和60年取引部長通知**（公正取引委員会：昭和60年12月25日取引部長通知「一括決済方式が下請代金の支払手段として用いられる場合の指導方針について」（最終改正平成11年7月1日取引部長通知））
- **平成21年事務総長通達**（公正取引委員会：平成21年6月19日事務総長通達第12号「電子記録債権が下請代金の支払手段として用いられる場合の下請代金支払遅延等防止法及び私的独占の禁止及び公正取引の確保に関する法律の運用について」）
- **平成21年取引部長通知**（公正取引委員会：平成21年6月19日取引部長通知「電子記録債権が下請代金の支払手段として用いられる場合の指導方針について」）
- **でんさいネット**（株式会社全銀電子債権ネットワーク）
- **全国銀行協会**（一般社団法人全国銀行協会）
- **SMBC電子債権記録**（SMBC電子債権記録株式会社）
- **JEMCO**（日本電子債権機構株式会社）
- **みずほ電子債権記録**（みずほ電子債権記録株式会社）
- **個別行**（個別の金融機関。特に断りがない場合、三井住友銀行を指す）
- **ノンバンク**（預金業務を行わずに、銀行からの融資等によって調達した資金で与信業務を行う企業のこと）
- **メガバンク**（金融再編により複数の都市銀行などが合併してできた国内の3つの巨大銀行をいう。具体的には三井住友銀行、みずほ銀行、三菱東京UFJ銀行を指す）

- **デフォルト**（債務不履行ともいい、債務者が契約などに基づき発生した債務を履行（弁済）しないことを指す）
- **ノンリコースローン**（返済の原資となる責任財産の範囲に制限を加えた貸付のこと。責任財産限定型ローン、責任財産限定特約付ローンなどと呼ぶこともある）
- **ベンダー**（製品の製造業者、供給業者を指す言葉で、特にコンピュータメーカー・ソフトウエア会社を「ITベンダー」と呼ぶことがある）
- **EDI**（商取引に関する情報を標準的な書式に統一して、企業間で電子的に交換する仕組みのこと）
- **CP**（コマーシャルペーパー（Commercial Paper）の略称。企業が資金調達を行うために発行する短期の約束手形のことで、発行体は優良企業に限られる）
- **ABCP**（売掛債権等の金銭債権等を担保財産として特別目的会社（SPC）により発行されるコマーシャルペーパーのことをいう。資産担保CPと呼ばれることも多い）
- **シンジケートローン**（複数の金融機関が協調してシンジケート団を組成し、1つの融資契約に基づき同一条件で融資を行う資金調達手法のこと）
- **CMS**（キャッシュ・マネジメント・システムの略称。プーリング、ネッティング、支払代行等の機能により、導入企業はグループ全体の資金管理の一元化と借入れ、手数料の圧縮を図ることができる）
- **3PL**（サードパーティーロジスティクスの略称。荷主企業に対して物流改革を提案し、企業の物流機能全般を一括して請け負うアウトソーシングサービスのこと）
- **デューデリジェンス**（投資家が投資対象の適格性を把握するために事前に行う調査活動のこと）
- **オリジネーター**（債権流動化取引において流動化対象となる債権を保有し、当該債権を譲り渡し資金調達を行う企業のこと）

目　次

第1章　電子記録債権　基本編

【基本的共通事項】
- Q1　電子記録債権とは何か……………………………………2
- Q2　電子記録債権は手形とどのように違うのか………………5
- Q3　電子記録債権は売掛債権とどのように違うのか…………8
- Q4　電子記録債権はどうやって発生するのか…………………11
- Q5　電子記録債権はどうやって譲渡するのか…………………15
- Q6　電子記録債権の存在はどのように確認できるのか………20
- Q7　電子記録債権の債権者はどうやって資金を受け取るのか……23
- Q8　電子記録債権の債務者はどうやって資金を支払うのか………26
- Q9　電子記録債権はどのように消滅するのか…………………29
- Q10　口座間送金決済とはどういうものか………………………33
- Q11　電子記録債権を差し押えることはできるのか……………36
- Q12　すでに設立ずみの電子債権記録機関にはどんなものがあるのか………………………………………………………………39
- Q13　でんさいネットとはどういうものか………………………42
- Q14　でんさいネットでどんなことができるのか。利用者のメリットは何か……………………………………………………45
- Q15　電子債権記録機関は相互に連携しているのか……………49
- Q16　電子債権記録機関はどのような性格をもつ法人なのか…51
- Q17　電子債権記録機関を利用する場合にはどんなコストがかかるのか………………………………………………………53

Q18　電子記録債権は現時点で具体的にどう活用されているのか………56
Q19　電子記録債権は今後の活用方法としてどうイメージされているのか……………………………………………………………………59
Q20　電子手形と電子記録債権は同じものなのか………………………63
Q21　電子記録債権により手形はなくなるのか。小切手との関係はどうなっているのか……………………………………………………65
Q22　電子記録債権は債権流動化に使えるのか………………………69
Q23　目的に応じて複数の電子債権記録機関を利用することはできるのか……………………………………………………………………71
Q24　電子記録債権に関する商品・サービスを提供している主体はだれなのか……………………………………………………………75
Q25　電子債権記録機関を設立した各銀行と取引がないが各銀行設立の電子債権記録機関を利用できるのか……………………………79
Q26　電子記録債権を利用する際のリスクは何か………………………82
Q27　電子債権記録機関は地震などの大規模災害やシステム障害にどう備えているのか…………………………………………………86
Q28　電子記録債権を他人が勝手に譲渡してしまうことはないのか………90
Q29　電子記録債権制度が創設された背景には何があるのか……………94
Q30　当局は電子記録債権に対してどのように対応してきたのか………97
Q31　民間は電子記録債権に対してどのように対応してきたのか………100
Q32　金融機関は電子記録債権に今後どのように対応していくのか……103
Q33　海外にわが国の電子記録債権と同じような制度はあるのか………107

第 2 章　電子記録債権　利用者編

【仕入先（サプライヤー）の場合】

(1) **共通事項**……………………………………………………………112

　Q34　電子記録債権を導入した場合の仕入先にとってのメリットは何か……………………………………………………………112

　Q35　個別行の電子記録債権を利用する場合の申込手続はどうなっているのか……………………………………………………115

　Q36　個別行の電子記録債権はインターネット経由でしか利用できないのか………………………………………………………117

　Q37　個別行の電子記録債権を利用する場合にどんな手数料が発生するのか………………………………………………………119

　Q38　個別行の電子記録債権を利用した決済スキームに切り替えると何がよくなるのか…………………………………………121

　Q39　でんさいネットを利用する場合の申込手続はどうなっているのか……………………………………………………………124

　Q40　でんさいネットはインターネット経由でしか利用できないのか………………………………………………………………128

　Q41　でんさいネットを利用する場合にどんな手数料が発生するのか………………………………………………………………130

　Q42　電子記録債権を受け取る場合の会計処理はどうなるのか………133

(2) **いま、手形で支払を受けているケース**………………………………136

　Q43　電子記録債権の支払に切り替えたいといわれたがどう対応したらよいのか…………………………………………………136

　Q44　電子記録債権を取引金融機関で割り引いてもらったり、第三者に譲渡することはできるのか……………………………138

  Q45 譲渡担保手形と同様に電子記録債権を担保として使えるのか……142
(3) いま、**期日現金振込み**で支払を受けているケース……………144
  Q46 電子記録債権に切り替えることでどんなメリットがあるのか……144
  Q47 でんさいネットと振込みで異なる点は何か………………147
  Q48 売掛債権譲渡担保と同様に電子記録債権を担保として使える
    のか……………………………………………………………150
(4) いま、**債権流動化（売掛債権・手形）**しているケース………153
  Q49 手形のかわりに電子記録債権を流動化の対象にすることはで
    きるのか………………………………………………………153
  Q50 売掛債権のかわりに電子記録債権を流動化の対象にすること
    はできるのか…………………………………………………156
  Q51 売掛債権や手形が電子記録債権にかわった場合に同じ条件で
    流動化できるのか……………………………………………158
  Q52 電子記録債権を流動化した場合にオフバランスの効果はある
    のか……………………………………………………………160
  Q53 譲渡禁止特約付きの売掛債権も電子記録債権化の対象になる
    のか……………………………………………………………162

【支払企業（バイヤー）の場合】
(1) 共通事項……………………………………………………………164
  Q54 電子記録債権を支払手段として利用する場合のメリットは何
    か………………………………………………………………164
  Q55 個別行の電子記録債権を利用する場合の申込手続はどうなっ
    ているのか……………………………………………………167
  Q56 個別行の電子記録債権はインターネット経由でしか利用でき
    ないのか………………………………………………………169
  Q57 個別行の電子記録債権を利用する場合にどんな手数料が発生
    するのか………………………………………………………171

Q58　でんさいネットを利用する場合の申込手続はどうなっている
　　　　のか………………………………………………………………… 173
　Q59　でんさいネットはインターネット経由でしか利用できないの
　　　　か………………………………………………………………… 177
　Q60　でんさいネットを利用する場合にどんな手数料が発生するの
　　　　か………………………………………………………………… 179
　Q61　複数の電子債権記録機関を利用することが事務負担の増加に
　　　　つながることはないのか……………………………………… 181
　Q62　電子記録債権で支払う場合の会計処理はどうなるのか……… 185
(2)　いま、手形で支払を行っているケース………………………………… 188
　Q63　支払手形を廃止したいがどんな方法があるのか……………… 188
　Q64　電子記録債権に下請法の適用はあるのか……………………… 192
　Q65　せっかく電子記録債権を導入しても紙の手形が残ってしまう
　　　　可能性はあるのか……………………………………………… 195
(3)　いま、一括決済方式で支払を行っているケース……………………… 198
　Q66　一括決済方式から電子記録債権に移行できるのか…………… 198
　Q67　一括決済方式から電子記録債権に切り替えることのメリット
　　　　とデメリットは何か…………………………………………… 200
　Q68　一括決済方式導入後も手形が残っているがどのように合理化
　　　　すればよいのか………………………………………………… 205
　Q69　一括決済方式における支払企業の二重払リスクについてはど
　　　　のように考えればよいのか…………………………………… 208
　Q70　電子記録債権を導入するまでの手順はどうなっているのか… 211
(4)　いま、期日現金振込みで支払を行っているケース…………………… 213
　Q71　期日現金決済を行っている場合に電子記録債権はどんなスキ
　　　　ームを導入することができるのか…………………………… 213
　Q72　期日現金決済から電子記録債権に移行した場合の仕入先のメ

リットは何か···216
　Q73　電子記録債権を導入するまでの手順はどうなっているのか······218
　Q74　電子記録債権に譲渡禁止特約をつけることはできるのか········219
　Q75　電子記録債権に抗弁をつけることはできるのか·····················221
　Q76　でんさいネットと振込みで異なる点は何か····························224

第3章　一括決済方式編

【一括決済方式】
　Q77　一括決済方式とは何か···228
　Q78　一括決済方式にはどういう方式があるのか····························231
　Q79　債権譲渡担保方式とはどういうものか····································233
　Q80　ファクタリング方式とはどういうものか································237
　Q81　将来債権譲渡を利用したファクタリング方式とはどういうも
　　　のか···243
　Q82　併存的債務引受方式とはどういうものか································247
　Q83　電子記録債権を利用したファクタリング方式とはどういうも
　　　のか···252
　Q84　一括決済方式と動産・債権譲渡特例法の関係はどうなってい
　　　るのか···255
　Q85　一括決済方式における仕入先のスクリーニングとはどういう
　　　ものか···259
　Q86　一括支払システムと国税の関係はどうなっているのか···········263
　Q87　一括決済方式にいろいろなスキームがあるのはなぜか···········267
　Q88　仕入先が一括決済方式に加入するメリットは何か··················270
　Q89　一括決済方式に加入した仕入先はどうやって期日前資金化を

　　　　行うのか……………………………………………………………273
Q90　一括決済方式の対象債権を担保にして別途ファイナンスを受
　　　けられるのか…………………………………………………………275
Q91　一括決済方式で支払を受ける仕入先の会計処理はどうなるの
　　　か…………………………………………………………………………279
Q92　支払企業が一括決済方式を導入するメリットは何か……………283
Q93　支払企業が一括決済方式を導入する場合に必要なコストは何
　　　か…………………………………………………………………………285
Q94　一括決済方式を導入するまでの手順はどうなっているのか……287
Q95　一括決済方式に下請法の適用はあるのか…………………………292
Q96　一括決済方式で支払う場合の会計処理はどうなるのか…………296
Q97　一括決済方式がもつファイナンス手法としての特徴は何か……300
Q98　一括決済方式を取り扱う提携金融機関の保全強化方法にはど
　　　んなものがあるのか……………………………………………………303
Q99　銀行以外に一括決済方式を提供している会社はあるのか………306
Q100　海外でも一括決済方式と同じようなサービスはあるのか………309

第1章

電子記録債権　基本編

基本的共通事項

Q1 電子記録債権とは何か

A1 電子債権記録機関が管理するシステム上の記録原簿への電子記録を発生・譲渡等の効力要件とする、手形や売掛債権とは異なる新たな金銭債権である。

── 解　説 ──

1　電子記録債権とは

　電子記録債権は、平成20年12月に施行された「電子記録債権法」に基づく金銭債権である。新聞などが電子記録債権について報道する場合には、「電子手形」という表現を使うことが多いため、株券の電子化のように手形や売掛債権を電子化したものではないかと誤解されやすいが、電子記録債権は手形や売掛債権とはそもそも適用される法律も異なっており、これらとは別のまったく新しい金銭債権である。

2　電子記録債権の効力要件

　まず、電子記録債権は、関係当局（法務省および金融庁）から指定を受けた「電子債権記録機関」が管理するコンピュータシステム上の帳簿である「記録原簿」に、電子的にデータを記録することで発生や譲渡の効力が生じる。

　そして、この記録原簿に電子的なデータとして記録を行うことで、たとえば「債権者」や「債務者」、「債権の金額」や「支払期日」といった電子記録

債権の具体的な中身が規定されるとともに、「発生記録」と呼ばれる記録を行うことにより債権が発生し、「譲渡記録」と呼ばれる記録を行うことで、債権の権利が債権者から第三者に移転することとなる。なお、記録原簿に記録を行うには、原則として債権者と債務者の双方から、電子債権記録機関に対して記録の請求という意思表示を行うことが必要となる。

3　電子記録債権の安全性と流動性

次に、電子記録債権法には、「善意取得」や「人的抗弁の切断」といった、取引の安全性と流動性を高めるために手形法に規定されているのと同趣旨の規定が設けられている。さらに、電子記録債権を譲り受ける側が安心して譲渡を受けられるように、民法に規定されている「錯誤による意思表示の無効」や、「詐欺又は強迫による意思表示の取り消し」の適用を一定の範囲内で除外し、善意無重過失の第三者を保護するための規定も設けられている。これは、電子記録債権法が制定された背景に、企業が金銭債権を活用して資金調達を容易に行えるようにするというねらいがあったことから、規定されたものである。ただし、消費者契約法上の消費者に該当する個人については、消費者保護の観点から、これら民法の規定の適用除外はない。

4　電子債権記録機関に対する規制

また、電子記録債権を記録する記録原簿を管理するのは電子債権記録機関であるが、この電子債権記録機関は公的機関ではなく株式会社という民間企業であるため、電子記録債権の利用者が安心して電子債権記録機関を利用できるように規制が設けられている。電子債権記録業を営むためには、当局からの指定を受ける必要があるほか、財産的基礎として最低資本金は5億円以上かつ純資産も5億円以上を維持することが求められる。公平性や中立性の確保に加え、事業に失敗して多額の毀損を被り、会社が立ち行かなくなるリスクを遮断する観点から、電子債権記録業以外の事業を兼業することも禁止

＜基本的共通事項＞

[表] 電子記録債権の制度内容

〈法的特徴〉
・磁気ディスク等をもって作成される記録原簿への電子記録を発生・譲渡の効力要件とする金銭債権
・発生・譲渡等の記録請求は、電子記録権利者および記録義務者の双方請求
・記録原簿の記録により電子記録債権の内容が規定され、発生記録により発生し、譲渡記録により権利移転
・善意取得、人的抗弁の切断等、手形法と同趣旨の規定
・消費者契約法上の消費者に該当する場合には譲渡性を制限

〈電子債権記録機関の業法規制〉
・電子記録を行う電子債権記録機関は主務大臣からの指定が必要
・財産的基礎は、最低資本金5億円以上、かつ純資産5億円以上
・兼業の禁止（公正性・中立性の確保、リスク遮断の観点）
・定期的な報告書の主務大臣への報告義務、検査・監督規定

されている。このほか、当局に対して定期的に報告書を提出する義務を負っているなど、検査・監督も受けることが求められている。

　以上まとめると、電子記録債権は、コンピュータの技術を活用して電子的な記録により権利の内容を定めるとともに、取引の安全と流動性の確保と利用者保護の要請にも応えた、新しい制度に基づく新しい金銭債権ということになる。

（栗田　俊紀）

＜基本的共通事項＞

Q2　電子記録債権は手形とどのように違うのか

A2　手形のように現物を必要としないので、紛失・盗難のリスクがなく、保管のためのコストもかからない。また、債権の一部を分割して第三者に対して譲渡することが可能になっている点で、手形とは大きく異なる。

（解説）

1　手形が利用されている理由

　わが国において、これまで手形は長い間にわたって企業間の商取引における決済手段として広く用いられてきた。これは、支払を行う側と支払を受ける側の双方に、手形を利用することに大きなメリットがあるからである。

　まず支払を行う側には、延払いを行うことができる、すなわち支払を行う時点では現金を用意しておく必要がないというメリットがあげられる。たとえば、約束手形により支払を行う場合は、自分の取引金融機関から交付してもらった手形用紙に、受取人の名前、支払金額、振出日、満期日、自分の署名と捺印をしたうえで支払う相手方に対して手形の券面を交付すればいいのである。後は満期日までに自分の取引金融機関の口座に資金を用意さえしておけば、手形交換によって手形の決済が行われる。

　一方、支払を受ける側にとっては、すぐに現金を手にすることはできなくても、手形の券面を所持することにより、券面上に記載された内容の権利を手形の振出人や第三者に対して主張することができるので、債権の帰属を明確にすることが可能になっている。加えて、手形の所持人は保有する手形の裏面に自分の署名と捺印をしたうえで第三者に交付するだけで、その手形を簡単に譲渡することができる。譲渡先が事業会社や個人であれば、現金を用

意することなく、自分の支払に充当することができることになるし、譲渡先が金融機関であれば、割引というかたちで資金調達をすることになるので、高い流動性が確保されているといえる。

2　手形が抱えるデメリット

　このように決済手段としての利便性が高い手形であるが、企業の経済活動が非常に大きくなるなかで、デメリットも顕在化している。まず手形は紙媒体という現物を伴うことから、どうしても紛失したり盗難にあったりというリスクがある。このため、紛失・盗難に備えて保険をかけているケースも多いようであるし、券面の保管に際しては、金庫を用意することが必要になったりもしている。また、手形を振り出す場合には、券面1枚ごとに署名、捺印が必要となるが、大量に手形を振り出す場合など、手間が非常にかかるので、ひどい場合など、支払日の直前に1日がかりでひたすら捺印をし続けるようなケースもあるようである。

3　手形に対する電子記録債権の優位性

　これに対して、電子記録債権では、手形のような有価証券としての現物が存在しない。窓口金融機関を通じて電子債権記録機関に対して電子データを送信し、記録原簿にそのデータを記録することで、債権を発生させたり譲渡したりすることができるので、支払の手続や譲渡の手続を簡単に行うことができる。また、電子記録債権は、手形の券面に書かれていたような権利内容を電子債権記録機関が記録原簿上に電子データとして管理することになるので、盗難にあったり紛失したりするおそれはない。また、保管のために金庫を用意する必要もなくなる。さらに、電子記録債権は、電子データとして管理されていることから、一部を分割したうえで譲渡することが可能になっている。手形の場合は、券面そのものを譲渡する相手方に手渡す必要があることから、分割して譲渡することは絶対に不可能である。もし、分割して譲渡

<基本的共通事項>

することがはじめから予定されているような場合には、手形の受取人は振出人に対して金額を指定して複数枚の手形を振り出してもらうことを依頼しておく必要がある。しかし、電子記録債権を譲渡する場合には券面を交付する必要がなく、電子データとして扱われる特徴を生かして、債権者が分割するという記録を行ったうえで、第三者に一部を譲渡する使い方ができるようになっている。

このほか、手形は金額に応じて印紙税が課されていることから、印紙税負担を抑えるために、1件の支払に対して金額を分けた複数の手形を振り出すケースもあるが、電子記録債権には印紙税が課されないことから、税負担を抑えるためにわざわざ金額を分けて債権を発生させる必要もない。当然、受取側の都合で、金額を分けて債権を発生させる必要もなくなるので、支払にあたって余計な手間をかけずにすむという利点も持ち合わせている。

また、もう1つ、手形と電子記録債権では大きな違いがある。それは、支払を受ける側にとっての違いだが、手形の場合、取引金融機関に取立てを依頼しても、手形の支払地によっては、満期日当日に資金が使えないケースがある。これは手形交換制度によるものであるが、手形を入金したとしても、手形が不渡りになってないことを確認するまでの間、取引金融機関は取立依頼人に対して、その資金を使えないようにしている。一方、電子記録債権の場合、手形の満期日に相当する日に、おもに口座間送金決済という方法により資金決済が行われるが、これは振込みと同じような仕組みであるので、入金になった当日から資金を使うことができる。したがって、支払を受ける側にとってみれば、電子記録債権のほうが資金を有効活用できるということになる。

(桒田　俊紀)

＜基本的共通事項＞

Q3 電子記録債権は売掛債権とどのように違うのか

A3 売掛債権は、債権が存在しているのか否か、また債権がだれに帰属しているのかを容易に確認することができないうえに、二重に譲渡されてしまう可能性がある。一方で、電子記録債権は、記録原簿の記録内容によって債権の存在確認や正当な権利者を確認できるとともに、二重譲渡のおそれもないという点で、売掛債権とは大きく異なる。

解 説

1 売掛債権がもつ特徴

　売掛債権は商取引に伴って発生するが、手形の券面に記載されているように債権の内容が定型化されておらず、中身を当事者間で自由に取り決めることができるので、非常に柔軟性に富んでいる。手形のような紙媒体を利用することもないので、紛失・盗難のリスクはないし、保管のコストや印紙税もかからない。しかし、現物がないということは、債権の存在を確認することが困難ということにつながり、だれが債権を保有しているのかを確認するのも容易ではない。このことは、売掛債権を譲り受ける側の金融機関のような立場に立つと、事前に債権がどういうプロセスで発生し、どうすればその具体的な内容を確認できるのかといったことを十分に調査する、すなわちデューデリジェンスを入念に行ってからでないと、安心して譲り受けることができないということを意味している。

2 売掛債権の譲渡手続

　また売掛債権の譲渡の手続は、当事者である債権者と譲受人の双方が合意

しさえすればすむので簡単であるが、それだけでは債務者や他の第三者に対して確かに債権を譲り受けたあるいは譲り渡したということを主張することはできない。法律用語では、債務者対抗要件であったり、第三者対抗要件と呼ばれるものを取得するための手続が必要になる。具体的には、債務者に対して内容証明郵便のように確定日付のある通知を行うことで売掛債権を第三者に譲渡したことを知らしめる必要があったり、売掛債権を第三者に対して譲渡することについて債務者から承諾書を得て、その書面に公証人役場で確定日付を押してもらうといった、民法にのっとった手続が必要になる。近年では、動産・債権譲渡特例法に基づき、債務者に対して通知をしたり、あるいは承諾を求めるといった手続を経ずに、法務局で、債権譲渡登記を行うことによって債務者を除いた第三者に対する対抗要件を取得することが可能になっている。

それでも、売掛債権そのものは手形のような現物が存在しないことから、債権者がある人に対して私はA社に対する債権をもっているのでこれを譲渡するといって譲渡し、その後、別の人に対しても私はA社に対する債権をもっているので譲渡するというように、同じ債権を別々の人に対して二重に譲渡してしまうということも、可能性としては十分にありうる。このようなことから、売掛債権の流動性は、手形と比べてきわめて低いものにとどまってしまっている。

3　電子記録債権が売掛債権と異なる点

しかし、電子記録債権は現物が存在しないといった点では売掛債権と変わらないものの、記録原簿に記録された内容が債権の内容そのものを表していることから、電子債権記録機関から、記録された内容を示す証明書等を取得すれば、内容を容易に確認することが可能という点で大きく異なっている。また、電子記録債権を譲渡する場合には、記録原簿に電子記録を行う必要があるので、債権を二重に譲渡しようとしても、先に記録された譲渡の内容と

<基本的共通事項>

整合性が保たれないことから、2度目の譲渡については、記録そのものが行われない。つまり、二重譲渡しようとしても、同じ電子記録債権を別々の人に対して二重に譲渡することが、制度上不可能になっている。ここが、売掛債権と電子記録債権の大きな違いなのである。

（粂田　俊紀）

<基本的共通事項>

Q4　電子記録債権はどうやって発生するのか

A4　債権者および債務者の双方から、電子債権記録機関に対して電子記録債権の発生を記録するように請求し、電子債権記録機関が記録原簿に記録を行うことによって発生する。

解説

1　売掛債権の発生の仕方

　指名債権である売掛債権等は、債権者と債務者の間で商取引等が行われ、物品が納品される、あるいは役務の提供が行われることによって発生する。したがって、なんらかの商取引・役務提供等が行われればその逆側の給付として、特段の手続を要することなく、半ば自動的・反射的に債権が発生する。

2　手形債権の発生の仕方

　これに対して手形債権は、たとえば約束手形を例にとってみると、債務者が取引金融機関から交付してもらった手形用紙（支払地、支払場所および支払約束文句が記載されたものが交付されるのが一般的である）に、受取人名、手形金額、振出日、満期日（支払期日）、振出地の住所と振出人名を記載して捺印をし、手形金額に応じた収入印紙を貼付したうえで、債権者に交付することで、債権は発生する。手形債権は売掛債権等とは別個の債権であるため、自動的に発生するものではなく、手形の作成と交付という行為を行うことによって、はじめて債権が発生することになるのである。

<基本的共通事項>

3　電子記録債権の発生の仕方

　一方、電子記録債権の場合には、手形債権と同様に、売掛債権等とは別個の債権なので、自動的に発生するものではない。電子記録債権を発生させるための手続を別途とることが必要になる。具体的には、次のような手続を踏むことになる。

(1)　利用契約の締結

　まず、債権者、債務者ともに、あらかじめ電子債権記録機関との間で利用契約を締結することが必要になる。このとき、債権者と債務者が利用契約を締結する電子債権記録機関は、同一のものであることが必要である。これは、電子債権記録機関がそれぞれ独自の業務規程を設けたうえで営業しており、たとえばA電子債権記録機関で記録された電子記録債権をB電子債権記録機関で扱うことができない、つまり記録機関同士が記録の連携を行うことがそもそも予定されていないことに起因するものである。

(2)　発生記録の請求

　次に、実際に電子記録債権を発生させる際には、債権者と債務者の双方が、政令で定められている記録を行うために必要な情報（たとえば、債権金額、債権者の名称および住所、債務者の名称および住所、支払期日等）を、電子債権記録機関に対して当該電子債権記録機関が定める方法で提供することで、記録を行うように依頼する。これを「発生記録の請求」と呼ぶ。実際の発生記録の請求手続は、前述の内容を記載した書類を電子債権記録機関の窓口となっている金融機関に対して直接またはFAX等により提出したり、インターネットバンキングのようにインターネット等を経由してデータをやりとりすることで行われる。なお、債権者と債務者の双方が行う必要があるとされている記録請求手続については、債権者が債務者に対して包括的な委任を行うことにより、債務者が債務者の立場と債権者の代理人の立場の双方の立場で事実上単独で行うことも可能と考えられる。また、債権者と債務者が

<基本的共通事項>

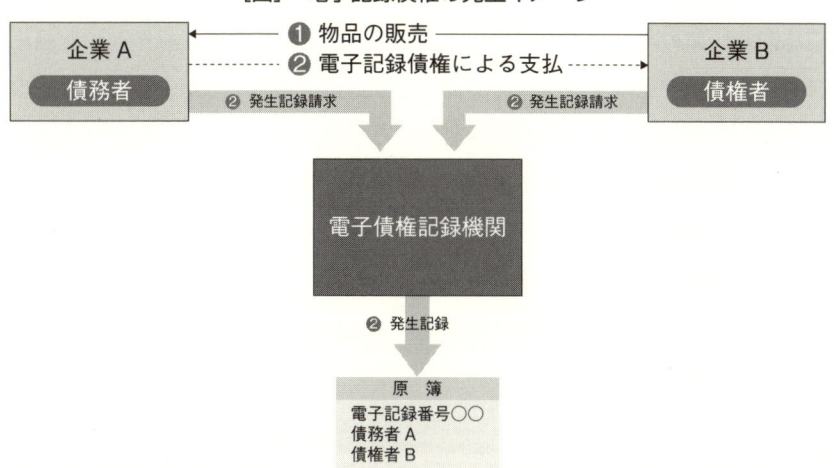

[図] 電子記録債権の発生イメージ

あらかじめ電子債権記録機関との間で合意をしたうえで、どちらか一方が記録請求を行い、一定期間内に他の当事者が異議を述べなければ記録を請求したものとみなすといった取扱いも想定されている。実際にどのような方法で発生記録の請求手続を行うのかについては、電子債権記録機関によって異なるので、個別に確認をすることが必要である。

(3) 記録原簿への発生記録の記録

債権者および債務者から発生記録の請求を受けた電子債権記録機関は、提供された情報に基づき、記録原簿上に記録を行う。記録される内容には、記録を行わなければならないとされ必要的記録事項といわれるものと、記録を行うことができるとされ任意的記録事項といわれるものがある。前者の必要的記録事項には、①債務者が一定の金額を支払う旨、②支払期日、③債権者の氏名等、④債務者の氏名等、⑤記録番号、⑥電子記録の年月日がある。また、後者の任意的記録事項についても、法令でその具体的内容が定められている。なお、必要的記録事項と任意的記録事項の一部については、電子債権記録機関が定めた業務規程で、記録をしないこととしたり、記録を制限して

＜基本的共通事項＞

いる場合があるので、実際にどのような記録ができるのかについては、電子債権記録機関の業務規程で確認する必要がある。電子債権記録機関の記録原簿に発生記録が記録されることで電子記録債権は発生するが、必要的記録事項のうち⑤の記録番号と⑥の電子記録年月日が記録されなかった場合には、たとえ他の必要的記録事項と任意的記録事項の記録請求がされていたとしても、電子記録債権は発生しない。⑤および⑥については、電子債権記録機関が発生記録の請求の内容を確認のうえ、電子債権記録機関自らが記録すべき事項となっているからである。

（粂田　俊紀）

<基本的共通事項>

Q5　電子記録債権はどうやって譲渡するのか

A5　譲渡人および譲受人の双方から、電子債権記録機関に対して電子記録債権の譲渡を記録するように請求し、電子債権記録機関が記録原簿に記録を行うことによって譲渡される。

解説

1　手形の譲渡方法

　手形債権の譲渡は、譲渡の対象となる手形の裏面に、手形を所持している譲渡人が自分の記名・捺印を行うとともに、譲受人名を記入する裏書と呼ばれる手続を行ったうえで、譲受人にその手形を交付することで行われる。譲渡対象となる手形の現物を授受することにより譲渡が成立するので、比較的簡単、確実に行うことが可能である。また、手形の振出人（債務者）に対して、手形を譲渡したことを伝える必要も特にない。ただし、現物の授受を伴うことから、所在地が離れている者同士の間で手形を譲渡する場合には、郵送でやりとりしたり、人が実際に相手先に手形を受取りに出向いて持ち帰ったりする必要があるので、一定のコストがかかってくる。また、デリバリーに際して、紛失・盗難にあうリスクを回避するために、保険をかけた場合には、さらにコストがかさむことになる。

2　売掛債権の譲渡方法

　売掛債権の譲渡の場合は、譲渡人と譲受人との間の契約により譲渡が成立する。手形の券面のような現物は存在しないので、現物を受け渡すための手続は不要である。しかし、売掛債権が発生するもとになる譲渡人と債務者との間の契約には、売掛債権の第三者への譲渡を禁止する譲渡禁止特約条項が

＜基本的共通事項＞

盛り込まれている場合があるが、この譲渡禁止特約がある場合には売掛債権を譲渡することができないことから、譲受人としては事前に譲渡禁止特約条項の有無を調査するといった手間がかかる。また、現物が存在しないということから、本当に譲渡が成立しているのかどうかを譲渡人と譲受人以外に対して立証するのは簡単なことではない。このため、売掛債権を譲渡する場合には、債務者から債権譲渡についての承諾を得て承諾書に確定日付を取得する、あるいは譲渡人から債務者に対して債権譲渡をした旨を内容証明郵便等の確定日付のある通知により知らせるといった手続を要する。ただし、多数の債権を一括して譲渡する場合には承諾書の取得や通知を行うのに多くの手間とコストがかかるので、債務者以外の第三者に対してのみ債権譲渡をしたことを対抗していくために、動産・債権譲渡特例法に基づく債権譲渡登記を行うケースもある。しかし、いずれの方法をとるにしても、譲渡人と譲受人の間の契約とは別の手続を行う手間がかかってくる。

3　電子記録債権の譲渡方法

一方、電子記録債権を譲渡する場合には、売掛債権の譲渡の際と同様に現物を授受する手続はないが、次のような手続を行う必要がある。

(1) 利用契約の締結

電子記録債権の譲渡人については、すでに発生記録の請求を行う段階で電子債権記録機関との間で利用契約の締結手続はすんでいるが、譲受人も同様に譲り受けようとする電子記録債権を記録している電子債権記録機関との間で利用契約の締結手続を踏んでいる必要がある。これは、発生記録を行う場合と同じ理由によるものである。

(2) 譲渡記録の請求

次に、実際に電子記録債権を譲渡する場合には、譲渡人と譲受人の双方が政令で定められている記録を行うために必要な情報（たとえば、譲渡人の名称および住所、譲受人の名称および住所、譲渡対象となる電子記録債権の記録番

＜基本的共通事項＞

号等）を電子債権記録機関に対して当該電子債権記録機関が定める方法により提供することで、譲渡記録を行うように依頼する。具体的な手続の方法としては、前述の内容を記載した書類を電子債権記録機関の窓口となっている金融機関に対して直接またはFAX等により提出したり、インターネットバンキングのようにインターネット等を経由してデータをやりとりすることで行われる。また、譲渡人と譲受人の双方が行う必要があるとされている譲渡記録の請求手続については、発生記録を行う場合と同様に、譲受人が譲渡人に対して包括的な委任を行うことにより、譲渡人が譲渡人の立場と譲受人の代理人の立場で単独で行うことのほか、両者があらかじめ電子債権記録機関との間で合意したうえで、どちらか一方が記録請求を行い、一定期間内に他の当事者が異議を述べなければ記録を請求したものとみなす取扱いも想定されている。

　なお、手形の代替手段として電子記録債権を利用する場合の譲渡に際しては、手形の遡及義務と同様に譲渡人に対して担保責任の効果をもたせるために、譲渡記録の請求とあわせて、譲渡人を電子記録保証人とした保証記録の請求を行うこととなる。売掛債権の譲渡の場合のように、買切り、売切りの譲渡を行う場合や、手形の買戻義務を負担させないように無担保と記載して裏書譲渡する場合と同じように電子記録債権を譲渡する場合には、保証記録の請求は不要である。

(3)　**記録原簿への譲渡記録の記録**

　譲渡人および譲受人から譲渡記録の請求を受けた電子債権記録機関は、提供された情報に基づき、記録原簿上に譲渡記録を行う。もし、同一の電子記録債権に対して2つ以上の譲渡記録の請求が行われた場合には、電子債権記録機関は、請求の早いものから譲渡記録を行うので、後から請求された譲渡記録請求は記録されないことになる。もしかりに、2つ以上の譲渡記録の請求が電子債権記録機関に同時に到達した場合には、電子債権記録機関は法律に基づきいずれの請求も記録しない。記録原簿に記録される内容には、やは

第1章　電子記録債権　基本編　17

<基本的共通事項>

[図] 電子記録債権の譲渡イメージ

り発生記録と同様に、必要的記録事項と任意的記録事項があり、必要的記録事項のなかには譲受人の氏名等が含まれる（譲渡人は、現在の債権者であることが自明であることから、原則必要的記録事項には含まれない）。手形を裏書譲渡する場合には、被裏書人の氏名等を記載せずに譲渡することも可能であるが、電子記録債権の場合は、記録されている内容が権利そのものであるので、譲受人の氏名等を特定しないで行う譲渡の記録はできない仕組みとなっている。また、発生記録の段階で、電子記録債権の譲渡を禁止したり制限したりする旨の記録が行われていた場合、すでに記録されている内容に反する記録を行うことはできないので、この場合も譲渡記録は行われないこととなる。正しく譲渡記録の請求がなされて、電子債権記録機関自ら記録する電子記録年月日等を記録のうえ、記録原簿への譲渡記録が適正に行われると、電子記録債権の譲渡の効力が発生する。

(4) 電子記録債権の一部譲渡

手形の譲渡については、券面単位で譲渡が行われることになるが、電子記録債権の場合は、債権の一部譲渡を行うことも可能である。この場合、譲渡

<基本的共通事項>

記録に先立って、分割記録を行うことが必要である。分割記録を行う場合、債権者単独で記録請求を行うことが可能である。もっとも、当初の発生記録の際に分割記録を行うことを禁止または制限する旨が記録されている場合や、電子債権記録機関の業務規程等により分割記録を行うことが禁止または制限されている場合もあるので、注意が必要である。電子債権記録機関が分割記録を行うと、分割された一部の債権を対象として譲渡人と譲受人が電子債権記録機関に対して譲渡記録の請求を行うことになり、この記録請求に基づき電子債権記録機関は分割された一方の電子記録債権について譲渡記録を記録することとなる。

(棗田　俊紀)

＜基本的共通事項＞

Q6 電子記録債権の存在はどのように確認できるのか

A6 開示により、電子記録債権の存在を確認することができる。

解説

電子記録債権には手形のような現物が存在しないため、債権の存在や、その内容を確認するためには、記録原簿に記録されている内容について電子債権記録機関に確認する必要がある。

1 法律に基づく開示の内容

法律上、電子記録債権を確認する方法としては開示があり、開示請求をした利用者の立場に応じて、開示してよい項目等が定められている。具体的には、①債権者については、現在の権利にかかわる内容が、②債務者、保証人に対しては、自分の負担している債務にかかわる内容が、③かつては電子記録債権の当事者で、譲渡等により、現在では関係がなくなっている利用者に対しては、発生記録および自分が請求にかかわった記録の記録事項が開示されることとなる。上記に共通して開示されない項目としては、債務者口座および現在の債権者になる途中の譲渡記録（現在の当事者とは無関係の譲渡記録）があげられる。各電子債権記録機関は、一義的にはこの規定にのっとって開示を行うこととなる。

法律にのっとった開示は、以上のようになる。しかし実務的には、開示以外の方法によっても、債権の内容を確認することができる。

2 目的ごとの確認方法

電子記録債権の存在を確認する目的は、大きく分けて①特定の期日にどれだけの金額を受け取れるのか（支払う必要があるのか）確認する、②電子記

録債権の譲渡に際して、譲受人となろうとする利用者が、対象となる債権の内容を確認する、③裁判などで、電子記録債権の存在を証明する必要がある、という3点をあげることができる。

　法律で定められた記録事項をそのまま開示した場合、その様式は不動産登記簿謄本に近いものになる。これを参照すれば、特定の電子記録債権に対していつ、どのような電子記録がされたのかについて詳細に知ることができるが、単に上記①の目的であれば、不要な内容が多くなってしまうとともに、電子記録の履歴を最後まで確認しなければ、その電子記録債権が現時点で有効なのかどうかもよくわからない。さらにいえば、このような作業が電子記録債権ごとに必要となるだけでなく、開示に必要な手数料を支払わなければならなくなる。

　したがって、組織内部での資金管理等の目的のため、単に期日と金額を確認するという①の場合であれば、電子債権記録機関に対して記録請求を仲介した窓口金融機関が、付帯サービスとして、たとえば帳票のような形式で記録の結果を利用者に還元していると考えられるため、それを確認するということも考えられる。ただし、このような確認方法は、法律で定められた開示ではなく、対外的な証明にはならないことに留意する必要がある。前述した②および③のような場合、つまり、第三者に対して、電子記録債権の存在を証明する必要がある場合には、やはり電子債権記録機関に対して開示請求を行い、発行された開示資料を活用することが必要となる。

3　開示請求の具体的な手続

　平成23年6月現在、電子債権記録機関は3社が開業しているが、開示請求の共通点は、銀行もしくは銀行グループのファイナンス会社が窓口金融機関となり、開示請求を仲介すると考えられる点である[1]。

　開示請求の具体的な方法は、開示請求を代行する窓口金融機関に対しておもに①依頼書を提出する、②インターネット上から請求する、という2通り

<基本的共通事項>

の方法が想定される。両方の手段を提供する電子債権記録機関もあれば、書面による請求のみを受け付けている電子債権記録機関もあるので、請求方法の詳細については、電子債権記録機関か、窓口金融機関に具体的な手続を確認する必要がある。

4　開示に関する電子債権記録機関ごとの特色

　開示を請求できるのは、前述のとおり、現在の債権者および債務者、保証人と、かつて電子記録債権の当事者だったが譲渡等によって現在は関係がなくなった利用者に限られる。このため、まったく関係のない他人に対して、勝手に債権の内容が開示されることはない。

　ただし、利用者の同意を前提にして、各電子債権記録機関では開示できる項目や、請求できる利用者の範囲を拡張することができる。たとえば、でんさいネットでは、手形代替機能を提供するという目的で、紙の手形券面に表示される債務者の金融機関名や支店名等の情報は開示できることとしており[2]、窓口金融機関に対しても、でんさいネットへ自らが請求を仲介した記録の開示を認める予定となっている[3]。

（森榮　倫）

1　SMBC電子債権記録「業務規程」21条2項、三菱東京UFJ銀行・日本電子債権機構『電子記録債権の活用』金融財政事情研究会、平成22年、85頁、および、みずほ電子債権記録「業務規程【電子債権決済サービス用】」27条。
2　全国銀行協会「電子債権記録機関要綱　別紙編」平成21年、45頁。
（http://www.zenginkyo.or.jp/news/entryitems/news210324_2.pdf）
3　全国銀行協会電子債権記録機関設立準備室『「でんさいネット」による電子記録債権の実務Q＆A』銀行研修社、平成22年、109頁。

<基本的共通事項>

Q 7 電子記録債権の債権者はどうやって資金を受け取るのか

A 7 電子記録債権の支払期日に債務者から債権者の口座への振込み等により資金を受け取ることになる。

―― 解　説 ――

1　手形の場合の資金受領方法

　手形の債権者が支払期日に資金を受領する場合、手形券面に記載された支払場所となっている銀行等の金融機関に手形を呈示し、手形と引き換えに資金を受領する。しかし、手形の所持人の所在地と手形の支払場所が離れているケースでは、いちいち手形を支払場所に持ち込むのは大変である。したがって、通常は自分の取引金融機関に手形を持ち込んで手形の取立てを依頼し、依頼された金融機関が手形交換所を通じて手形の支払場所となっている金融機関に呈示する。支払場所となっている金融機関は、手形を持ち帰ったうえで、手形の振出人の口座から資金を引き落とす。取立てを依頼された金融機関は支払期日に取立依頼人の口座に入金処理を行う（ただし、決済確認前につき、通常入金された資金は決済確認後まで利用できない）。万が一、手形が不渡りになっていたことが事後的に判明した場合には、金融機関は、取立依頼人の口座への入金を取り消すことになる。このように、手形での資金の受領には券面のデリバリーを伴う手続を要するため、ある程度日数がかかる。必ずしも手形の支払期日に資金を利用できるわけではない。

2　売掛債権の場合の資金受領方法

　一方、売掛債権の債権者が支払期日に資金を受領する場合には、あらかじめ債務者に対して債権者の取引金融機関の口座を伝えておき、その口座に対

して債務者から資金を振り込んでもらうことにより資金を受領する。もし、売掛債権の発生原因となる契約において支払方法に関して特に定めていなかった場合には、債務者に債権者の所在地まで現金を持参してもらって受領することになるが、一般的な商取引においては支払方法についても定めたうえで、振込みにより資金を受領することのほうが多いと思われる。振込みにより受領する場合と現金を受領する場合のどちらであっても、支払期日までに資金を受領することができるという点で手形とは異なるが、支払期日当日中に資金が債権者の手に渡らないと債権者と債務者の間で支払遅延として取り扱われることになると思われる。

3　電子記録債権の場合の資金受領方法

　これに対して、電子記録債権の債権者が支払期日に資金を受領する場合は、発生記録の際に支払方法についての定めが記録されていればその定めに従い、記録がされていなければ債務者に債権者の所在地まで現金を持参してもらって受領することになる。発生記録の際に支払方法の定めを記録する場合には、口座間送金決済契約に基づく支払や債権者の口座に対する払込みによる支払を選択するケースが多いと思われるが、この2つの支払方法による場合は、債権者が指定する金融機関の口座に対する債務者からの振込みにより資金が支払われる。つまり電子記録債権における資金の受取方法は、どちらかというと売掛債権で資金を受け取るのに近く、手形の取立てのように債権者の側からアクションを起こして資金を受領しにいく必要はない。

4　電子記録債権の消滅と支払等記録

　なお、電子記録債権の発生や譲渡については、電子債権記録機関の記録原簿への記録が効力要件とされているが、電子記録債権法には消滅について記録原簿への記録を効力要件とする規定がないことから、売掛債権と同様に、債務者から債権者への支払が行われることにより、両者の間では電子記録債

＜基本的共通事項＞

[図] 電子記録債権の支払イメージ

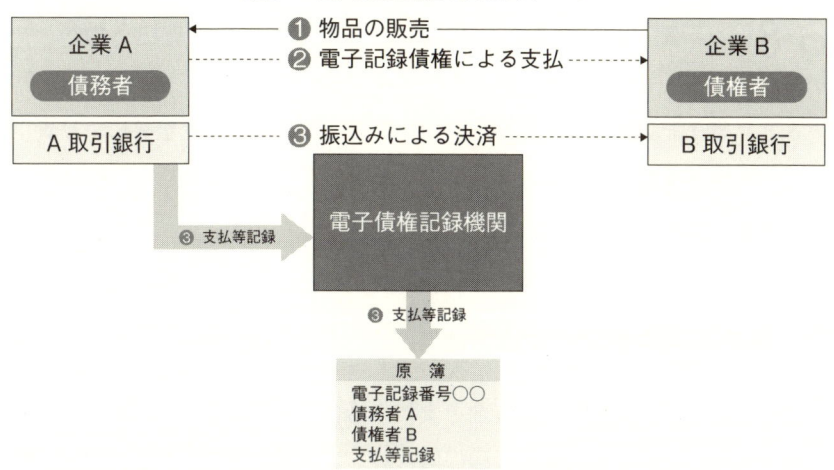

```
         ← ❶ 物品の販売 ─────
企業A    ← ❷ 電子記録債権による支払 ──    企業B
債務者                                    債権者

A取引銀行 ─── ❸ 振込みによる決済 ──→   B取引銀行
    │
    │ ❸ 支払等記録
    ↓
  電子債権記録機関
    │
    │ ❸ 支払等記録
    ↓
  原　簿
  電子記録番号○○
  債務者A
  債権者B
  支払等記録
```

権は消滅する。当事者の間では電子記録債権は消滅していても、電子債権記録機関の記録原簿上では、支払が行われた旨の記録はなされていないので、支払等記録と呼ばれる記録を行うことになるが、口座間送金決済契約等に基づき債権者の口座に対する払込みがなされた場合には、支払等記録の請求によらず、電子債権記録機関が金融機関から決済がなされた旨の情報を受け取ったうえで職権で支払等記録を行う。口座間送金決済契約等に基づかない決済を行った場合には、債権者もしくは債権者から承諾を得た債務者が電子債権記録機関に対して支払等記録の請求を行い、この請求に基づき電子債権記録機関が支払等記録を行う。

（栗田　俊紀）

<基本的共通事項>

Q 8　電子記録債権の債務者はどうやって資金を支払うのか

A 8　電子記録債権の支払期日に債権者の口座に対する送金等により資金を支払うことになる。

解　説

1　手形の場合の資金支払方法

　手形の債務者が支払期日に資金を支払う場合、手形の券面に記載された支払場所となっている銀行等の金融機関に対して手形の所持人が支払期日以降に手形を呈示してくるので、呈示を受けた金融機関は引き換えに債務者の口座から資金を引き落とす。したがって、債務者としては手形の支払期日までに自分の口座に資金を入金しておきさえすれば、後は特段の手続をする必要はない。ただし、口座に入金をすることができず、金融機関が資金を引き落とすことができなかった場合には、呈示された手形は不渡りとして取り扱われるので、注意が必要である。

2　売掛債権の場合の資金支払方法

　一方、売掛債権の債務者が支払期日に資金を支払うためには、あらかじめ債権者から債権者の取引金融機関の口座番号等の情報を連絡してもらっておき、その口座に対して振込みを行う必要がある。もし、売掛債権の発生原因となる契約において支払方法に関して特に定めていなかった場合には、債権者の所在地まで現金を持参して支払うことになるが、一般的な商取引においては支払方法について定めたうえで、振込みにより資金を支払うことのほうが多いと思われる。振込みにより支払をする場合と現金を持参して支払う場合のどちらであっても、支払期日までに相手側に資金が渡らなければ、債務

<基本的共通事項>

者との間では支払遅延として取り扱われるが、手形のような不渡り制度の適用は受けない。

3　電子記録債権の場合の資金支払方法

　これに対して、電子記録債権の債務者が支払期日に資金を支払う場合は、発生記録の際に支払方法についての定めが記録されていればその定めに従い、記録がされていなければ債権者の所在地まで現金を持参して支払を行うことになる。発生記録の際に支払方法の定めを記録する場合には、口座間送金決済契約に基づく支払や債権者の口座に対する払込みによる支払を選択するケースが多いと思われるが、この2つの支払方法による場合は、債権者が指定する金融機関の口座に対して債務者側から振込みに準じた送金を行うことで支払を行う。一見すると電子記録債権による支払は、売掛債権の支払方法に近いように思われるが、口座間送金決済契約に基づく支払の場合には、振込みを行うのに必要な情報は、電子債権記録機関から債務者の口座がある金融機関に対して提供され、その情報に基づいて金融機関が振込みの手続を行うことから、債務者は支払期日までに自分の口座に資金を入金しておくだけですむので、このケースでは手形の支払方法に類似しているともいえる。

4　電子記録債権の消滅と支払等記録

　なお、電子記録債権の発生や譲渡については、電子債権記録機関の記録原簿への記録が効力要件とされているが、電子記録債権法には消滅について記録原簿への記録を効力要件とする規定がないことから、売掛債権と同様に、債務者から債権者への支払が行われることにより、両者の間では電子記録債権は消滅する。当事者の間では電子記録債権は消滅していても、電子債権記録機関の記録原簿上では、支払が行われた旨の記録はなされていないので、支払等記録と呼ばれる記録を行うことになるが、口座間送金決済契約等に基づき債権者の口座に対する払込みがなされた場合には、支払等記録の請求に

第1章　電子記録債権　基本編　27

<基本的共通事項>

よらず、電子債権記録機関が金融機関から決済がなされた旨の情報を受け取ったうえで職権で支払等記録を行うので、債務者としては支払った旨の記録が自動的になされるので非常に安心である。口座間送金決済契約等に基づかない決済を行った場合には、債務者としては、債権者に対して支払等記録の記録請求を依頼する、あるいは債権者にかわって支払等記録の記録請求を行うことについての承諾を得たうえで電子債権記録機関に対して支払等記録の請求を行う必要がある。

(粂田　俊紀)

<基本的共通事項>

Q 9 　電子記録債権はどのように消滅するのか

A 9 　支払等記録を行うことにより、当事者は電子記録債権が消滅したことを第三者に対抗できる。

解　説

　法律に規定されている記録の一種に、支払等記録がある。これが記録されることは、当該電子記録債権に対して支払が行われ、債権が消滅したということが明らかになる（物的抗弁化する[1]）ということを意味している。

　この記録があることにより、たとえ債権者が当該電子記録債権の取立てを行ったとしても、債務者は支払を拒否することができる。

　発生、譲渡等、他の記録の請求については、当事者双方による請求が原則となっているが、この支払等記録については、支払を受けた債権者が単独で請求することにより、記録できることになっている。

1　支払と電子記録との関係

　ここで問題になるのが、実際の支払と、支払等記録との関係である。

　具体的には、債務者が電子記録債権について支払を行ったにもかかわらず、本来であれば支払等記録を請求すべき債権者が、支払等記録の請求をしないまま、再び当該電子記録債権に基づいて支払を求めてくる、という事態が想定しうる、ということである。

　この点については、債務者が、電子記録債権について支払を行った場合、債権者に対しては、支払った事実により対抗することができる。つまり、1度支払を行ったことがはっきりしていれば、たとえ支払等記録が行われてい

1　池田真朗・太田穣『解説電子記録債権法』弘文堂、平成22年、145頁。

＜基本的共通事項＞

なくても、債務者は同じ債権者に対して支払を行う義務はない。ただし、上記はあくまで「同じ債権者に対して」であって、支払等記録がされないまま当該電子記録債権が他人に譲渡されてしまうと、譲受人から取り立てられた場合には、債務者は支払を拒否することができなくなってしまう（ただし、電子記録債権について支払期日後に譲渡記録請求がなされた場合には、人的抗弁切断の効力はないため、債務者も一定の抗弁を債権者に対して主張することができる）。

2　問題への対策

このような問題への対策としてまずあげられるのが口座間送金決済であり、これによって、支払とほぼ同時にもしくは遅くない時期に支払等記録がされるようになっている。

口座間送金決済では、金融機関から口座間送金決済を行ったという通知に基づき、電子債権記録機関が職権で支払等記録を行うため、実際の支払と支払等記録との間に時間的間隔がほとんどなく、上に述べた問題は発生しない。

しかし、債務者あるいは債権者の都合により、振込み等の、口座間送金決済によらない方法で支払を行いたい、という場合もありうる。このような場合には、やはり前述の問題が生じる可能性がある。

この場合の対策としては、支払を行った債務者自身による支払等記録の請求がある。法律では、債務者が支払を行うのと引き換えに、電子債権記録機関に対して債務者自身が支払等記録の請求を行うことを認めるよう、債権者に求めることができるようになっている。これにより、支払を行った債務者自身が、当該電子記録債権を消滅させることができる。もちろん、支払を受けた債権者がすみやかに支払等記録の請求を行うのであれば何も問題は発生しない。

<基本的共通事項>

3　電子債権記録機関の対応と利用者の留意点

　では、実際の支払について、各電子債権記録機関ではどのような対応を行っているのか。平成23年6月現在、開業している電子債権記録機関3社は、いずれも業務規程において口座間送金決済に関する契約を「締結することができる」と規定している[2]ことから、汎用性を確保するため、口座間送金決済以外の支払もできるようになっていると考えられる。これらの電子債権記録機関を利用する場合には、これまで述べてきたような問題について、なんらかの配慮が必要となってくる。もしも、口座間送金決済によらない支払を行う必要がある場合には、これまで述べてきたような、①支払等記録がされないまま譲渡がされてしまう、②支払を行ったにもかかわらずいつまでも支払等記録がされない、といった問題について、各電子債権記録機関において具体的にはどのように取り扱われるのか、利用者が利用しやすいようにシステム的な手当がされているのかどうか、利用者はどのような点に注意しなければならないか、等々について、あらかじめ確認しておく必要がある。

　でんさいネットでは、口座間送金決済による支払が基本とされているが、それ以外の支払方法および当事者の請求による支払等記録についても条件付きで認める予定となっている。ただし、請求にはいくつかの制約があり、口座間送金決済を実施してその決済結果を確認するための期間として、支払期日の前後3営業日間は記録停止期間が設けられていることに留意が必要である。

　このように、なんらかの理由で口座間送金決済以外の方法で支払を行う必要がある場合には、債務者が、支払を行うことによって確実に免責されるために、どのように支払等記録を行うべきか、当事者間でなんらかの取決めを

---

[2]　SMBC電子債権記録「業務規程」17条1項、JEMCO「電子債権記録業（電手決済サービス）に関する業務規程」23条1項、および、みずほ電子債権記録「業務規程【電子債権決済サービス用】」15条1項。

＜基本的共通事項＞

しておく必要がある。

（森榮　倫）

＜基本的共通事項＞

Q 10　口座間送金決済とはどういうものか

A 10　口座間送金決済とは、電子記録債権の支払方法の1つで、電子債権記録機関の記録原簿に記録された支払期日直前の時点の債権者の受取口座の情報と債務者の支払口座の情報に基づき、電子債権記録機関から金融機関に対して振込みに準じた支払指示が自動的に行われる仕組みである。決済完了後には、電子債権記録機関の記録原簿に請求手続を経ることなく、支払等記録の記録も行われる。

解　説

1　電子記録債権の決済と支払等記録

電子記録債権では、決済が完了した後に支払等記録を行うことになるが、決済の完了と支払等記録の記録原簿への記録をできるだけ同じタイミングで行うことが望ましいといえる。そこで、電子記録債権法では、このように債権者と債務者の間で行われる決済と電子債権記録機関の記録原簿への記録という2つのことについて同期をとりながら行える仕組みを構築するために、口座間送金決済と呼ばれる支払方法を規定している。

2　口座間送金決済の概要

口座間送金決済に関しては、法律で次のように規定されている。

「口座間送金決済とは、電子記録債権に係る債務について、電子債権記録機関、債務者及び銀行等の合意に基づき、あらかじめ電子債権記録機関が当該銀行等に対し債権記録に記録されている支払期日、支払うべき金額、債務者口座及び債権者口座に係る情報を提供し、当該支払期日に当該銀行等が当

＜基本的共通事項＞

該債務者口座から当該債権者口座に対する払込みの取扱いをすることによって行われる支払をいう」（法62条2項から一部抜粋）。

つまり口座間送金決済とは、電子記録債権の支払義務を負っている債務者が支払期日当日に債権者に対して振込み等による決済を行うにあたって、債務者自身がいちいち取引金融機関に対して振込み等の手続をしなくてもすむように、①あらかじめ電子債権記録機関と銀行等の取引金融機関との間で契約を結んでおくことで、②電子債権記録機関の記録原簿に記録されている情報に基づき、電子債権記録機関から債務者の取引金融機関に対して振込み等の手続を行うのに必要な情報を提供し、③その情報に基づき債務者の取引金融機関が債務者の口座から資金を引き落としたうえで債権者の指定する口座に対して振込み等の手続を行う決済方法、ということができる。

3　振込みに際しての記録事項の利用

口座間送金決済を利用する場合には、発生記録を行う際に債務者の取引金融機関の口座に関する情報と債権者の取引金融機関の口座に関する情報を記録することが義務づけられるので、その後、電子記録債権が転々と譲渡される場合にも、新たな債権者の取引金融機関の口座に関する情報も記録原簿に記録されていくことになる。したがって、電子債権記録機関の記録原簿には振込み等による支払手続を行うのに必要な情報がすべて記録されているので、この情報に基づいて振込み等の手続を行うことにしておけば、債務者側はいちいちだれが最終的な債権者であるのかを気にすることなく正当な債権者に対して支払手続を行うことができるし、債権者側も自らに対して確実に支払手続をしてもらえると安心できることになる。近年では金融機関と利用者との間でデータをやりとりすることで振込みなどの処理を行うEBが普及しているが、電子記録債権では記録原簿への記録はすべてデータ化されているので、記録原簿と金融機関のシステムを連動させることで大量の振込み等による支払手続が可能になっている。

<基本的共通事項>

4　支払結果の電子債権記録機関への情報還元

　また、振込み等の手続を行った金融機関は、支払がきちんと処理できたかどうかについての情報をもっている。振込み等による支払手続が行われれば、支払等記録を行うことになるが、債権者から、あるいは債権者から承諾を得た債務者からの支払等記録の記録請求がすぐに行われるとは限らない。しかし、支払処理の結果に関する情報を金融機関側から電子債権記録機関に渡せば、電子債権記録機関としてはいちいち当事者からの記録請求がなくても支払が行われたのかどうかについて知ることができることから、電子記録債権法では口座間送金決済が行われる場合に、電子債権記録機関が金融機関からの債権者に対する決済がなされたとの情報を入手した場合には、その情報に基づいて遅滞なく支払等記録を記録することを定めている。このことにより、電子記録債権の債権者と債務者の間での支払手続と電子債権記録機関の記録原簿への支払等記録の記録という2つの手続が、同期をとって行えるようになっている。

　　　　　　　　　　　　　　　　　　　　　　　　　（粂田　俊紀）

＜基本的共通事項＞

Q 11　電子記録債権を差し押えることはできるのか

A 11　電子記録債権も差し押えることができる。ただし、これまでの金銭債権に関する差押手続とは異なる部分があり、特に電子記録債権の債務者にとって、留意が必要な点がある。

解　説

　一般的に債権者は、債務者が自らの資産として保有している金銭債権を差し押えることにより、自分の権利を守ることができる。電子記録債権も金銭債権なので、同様のことができる。

　裁判所は、民事執行規則の第9款で、「電子記録債権の執行」を定め、電子記録債権に対する差押えの手続を定めているとともに、民事保全規則において、電子記録債権に対する仮差押えおよび仮処分の手続を準備している[1]。

　本書は、電子記録債権の差押手続を解説することを目的としていないため、ここでは、電子記録債権の差押手続が、これまでの金銭債権に対する差押手続と比較してどのように異なるのか、留意すべき点は何か、という点に限定して説明することにしたい。

　これまでの金銭債権の差押えと異なる点は、大きく分けて①申立ておよび②執行手続に電子債権記録機関が関与する、ということになる。

1　差押命令の申立て

　差押命令の申立手続については、従来と比較して必要となる項目が異なってくる。電子記録債権を差し押えようとする債権者（以下「差押債権者」と

---

[1]　民事保全規則42条の2、同45条の2。

いう）が差押命令を申し立てる場合には、①その電子記録債権を記録している電子債権記録機関の名称および住所、②電子記録債権を特定する事項、をあげることが必要となった[2]。

電子記録債権を特定する項目を把握するためには、開示等の方法によることが考えられる。ただし、電子記録債権は原則的には当事者にしか開示されないことに留意が必要である。

2　電子債権記録機関の役割

電子債権記録機関の手続への関与については、①電子記録債権に関する情報の陳述、②電子記録により、差押えがされたことを明らかにする、ということがあげられる。

従来の金銭債権では、差押えの対象となった債権の債務者（以下「第三債務者」という）が、裁判所に対して、対象となった債権の存否、その種類および額などを陳述する必要があった。電子記録債権については、電子債権記録機関も、同様の内容を裁判所に対して陳述することとされた。電子債権記録機関は、差押えの対象となった電子記録債権が存在するかどうかについて、最も実態を把握しているはずなので、これは当然のことだと考えられる。

また、差押命令が送達されると、電子債権記録機関は、当該電子記録債権に対して、差し押えられているということを明らかにするために「強制執行等記録」を行うこととなる。

3　電子債権記録機関の対応

これまで述べたような、法律および裁判所規則で定められた内容に加えて、電子債権記録機関での対応についてあげられるのは、口座間送金決済の

---

[2] 民事執行規則150条の15において準用する同規則133条。

<基本的共通事項>

中止であろう。第三債務者は、差押命令の送達を受けた場合、対象となった電子記録債権についての支払を禁止される[3]。ここにおいて、口座間送金決済をどのように取り扱うかが問題となる。口座間送金決済では、電子債権記録機関の通知により、金融機関で自動的に決済が行われ、それに基づく支払等記録が電子債権記録機関の職権により行われる。

万が一、電子記録債権の債務者に対して、差押命令が送達された後に、口座間送金決済が行われてしまった場合には、第三債務者は、その効力を主張することができなくなってしまう。これでは、差押債権者が、電子記録債権の債権者にかわって取立てを行った場合に、第三債務者は拒否することができず、二重に支払を行わなければならなくなってしまう。

一般的には電子債権記録機関は、このような状況になるのを防ぐため、差押命令が送達され、強制執行等記録を行った場合には、口座間送金決済に関する取扱いを中止すると考えられるが、この点は、債務者が二重に支払を請求されるかどうか、という重要な問題であるため、各電子債権記録機関において、具体的にどのように取り扱う方針なのか、債務者としては確認しておく必要があるものと考えられる（ただし、上記債務者側のリスクは、振込み等により支払を行う場合でも基本的に同様のことがいえる）。

平成23年6月現在、電子記録債権に対して差押えが行われたかどうかについては明らかではないが、電子記録債権が普及してくると、これまで述べてきたような、電子記録債権の差押えが頻繁に発生する可能性もある。

(森榮 倫)

---

[3] 民事執行規則150条の10。

<基本的共通事項>

Q 12 すでに設立ずみの電子債権記録機関にはどんなものがあるのか

A 12 平成23年6月現在、SMBC電子債権記録、日本電子債権機構、みずほ電子債権記録の3社が電子債権記録機関として営業中である。また、平成24年5月には、全銀電子債権ネットワーク(以下「でんさいネット」という)も開業予定である。

解 説

電子債権記録機関は、信頼性、業務運営の安定性、公正性・中立性の確保、他業のリスク遮断の観点から、主務大臣の指定を受け、「専業」の株式会社として設立されることとなった。そして、電子債権記録機関は、おもに電子記録を行うとともに、記録原簿の管理や債権内容の開示業務を行う機関であり、管轄する電子記録債権のインフォメーションセンターのような役割を果たす電子記録債権制度の中核的な存在である。

開業ずみおよび今後開業予定の電子債権記録機関の概要は各種公表資料等からまとめると下記の通りである。

1 SMBC電子債権記録(平成22年7月開業)

SMBC電子債権記録は、三井住友銀行が100%出資し設立した会社であり、おもに電子記録債権版一括ファクタリングサービスを提供している。

従来の一括決済方式(ファクタリング方式)との相違点は、対象債権を「売掛債権」から「電子記録債権」に変更することにより、支払企業の二重払リスクを払拭し、あわせて債権譲渡登記に関するスクリーニングを不要とした点等である。詳細については、別途Q83を参照願いたい。

今後は電子記録債権個別譲渡サービス(資金調達等を目的として、債務者お

<基本的共通事項>

よび債権者が相対で発生させた電子記録債権を、個別にSPC等にて買い取る債権流動化サービス）も提供予定である。

2　日本電子債権機構（平成21年7月開業）

　日本電子債権機構は、三菱東京UFJ銀行が100％出資し設立した会社であり、電子記録債権による決済・買取サービスを提供している。また、シンジケートローンへの活用を行っているとのことである。

3　みずほ電子債権記録（平成22年10月開業）

　みずほ電子債権記録はみずほ銀行が100％出資し設立した会社であり、電子記録債権を活用した決済サービスの提供およびシンジケートローンへの活用を検討しているとのことである。

4　でんさいネット

　でんさいネットは全国銀行協会が100％出資し設立した会社であり、従来の手形決済を電子記録債権化したいわゆる「手形的利用」による社会インフラとしての決済基盤が提供される予定となっている（平成24年5月営業開始見込み）。

（髙窪　祥文）

<基本的共通事項>

[表] 電子債権記録機関の概要

設立母体	三井住友銀行	三菱東京UFJ銀行	みずほ銀行	全国銀行協会
記録機関	SMBC電子債権記録㈱ (平成21年4月設立)	日本電子債権機構㈱(略称:「JEMCO」(ジェムコ)) (平成20年6月設立)	みずほ電子債権記録㈱ (平成22年1月設立)	㈱全銀電子債権ネットワーク (略称:「でんさいネット」) (平成22年6月設立)
出資	三井住友銀行100% (資本金:5億円)	三菱東京UFJ銀行100% (資本金:22億円)	みずほ銀行100% (資本金:7.5億円)	全国銀行協会100% (資本金:未公表)
記録を行う対象業務	・「一括ファクタリング」 おもに三井住友銀行アレンジのSPCが買取り(譲渡必須・譲渡先限定) ・「個別譲渡」 個別に発生させた電子記録債権をSPC等が買取り(転々流通も可能)	・「電手(注1)」 おもに三菱東京UFJ銀行、その他提携金融機関への譲渡、または事業者宛てに裏書譲渡が可能 ・「高流動性シンジケートローン」	・「電ペイ(注2)」 「e-Noteless(注3)」 おもにみずほ系金融機関が買取りおよび事業者宛裏書譲渡が可能 ・シンジケートローンなど貸付債権	・「でんさい(注4)」 おもに手形的利用における電子記録 手形の取引停止処分と同等のペナルティあり(詳細検討中)
開業時期	平成22年7月	平成21年7月	平成22年10月	平成24年5月 (当局から指定取得後に開業予定)
対象先	支払企業は優良大企業中心	支払企業は優良大企業中心	支払企業は優良大企業中心	一般の法人・個人事業者
全銀協との関係	全銀協に参加	全銀協に参加	全銀協に参加	
他行連携	地域金融機関、事業会社系ファクタリング会社等に電子記録債権記録機能を提供	地域金融機関とは割引・買取金融機関の立場で提携中	地域金融機関に対する電子記録債権記録機能提供を想定	全銀協加盟行のほか、内国為替制度参加金融機関合計約1,300金融機関が参加予定

(注1) 「電手」:㈱三菱東京UFJ銀行の登録商標。
(注2) 「電ペイ」:㈱みずほ銀行の登録商標。
(注3) 「e-Noteless」:みずほ信託銀行㈱の登録商標。
(注4) 「でんさい」:㈱全銀電子債権ネットワークの登録商標。
出所:各社ホームページ、報道発表資料等をもとに作成。

<基本的共通事項>

Q 13　でんさいネットとはどういうものか

A 13　全国銀行協会が設立した全銀電子債権ネットワーク（通称：でんさいネット）のことをいい、また同社が電子債権記録機関となって提供が予定されている電子記録債権の手形的利用のインフラそのものをいうこともある。でんさいネットでは、中小企業の資金調達の円滑化に役立つ最も汎用的な利用方法として、現行の紙の手形と同様の利用方法を想定して制度がつくられている。

― 解　説 ―

1　でんさいネット

　全国銀行協会は、これまで手形交換制度や内国為替制度（振込システム）など重要な決済インフラを企画・運営してきたが、電子記録債権法の施行をふまえ、新しい制度に対応した従来の手形にかわる新しい決済インフラの構築を目指して、でんさいネットを設立している。

2　でんさいネットの特徴

(1)　手形的利用
　中小企業の資金調達の円滑化に役立つ最も汎用的な利用方法として、現行の紙の手形と同様の利用方法を想定して制度がつくられている。銀行取引停止処分を含む手形の不渡り制度と類似の制度を整備している点が、他の電子債権記録機関と大きく違う点である。

(2)　全銀行参加型
　同協会に加盟する、都市銀行、信託銀行、地方銀行、第二地方銀行のみならず、信用金庫、信用組合など国内のほぼすべての金融機関が参加する。信

＜基本的共通事項＞

頼できる銀行ネットワークのもとで社会インフラを構築する必要性が強く認識され、「全銀行参加型」が採用されたものである。参加金融機関の幅広さという点では、わが国の電子債権記録機関のなかで圧倒的な存在となる予定である。

　実際の資金決済にあたっては、すでに存在する内国為替制度を活用することにより、安心して資金決済・回収が行える仕組みとなっている。

(3) **間接アクセス方式**

　利用者は、金融機関を経由してでんさいネットにアクセスする方式であり、現在取引をしている金融機関をそのまま利用することができ、安心してサービスを受けられる。

　また、たとえば記録請求の受付にあたり、インターネット以外に窓口で受け付ける方法など、利用顧客のニーズにあわせたサービス内容については、窓口となる金融機関が工夫することによって対応していくこととなる。

3　でんさいネットの特徴

　でんさいネットは、以下の説明からわかるように、紙の手形とほぼ同じ特徴を備えたものとなっている。

(1) **記録事項**

　手形が金額や支払期日など必要最低限の事項を記載すれば振り出せるように、記録できる事項を限定し定型化している。

(2) **債務者単独での発生記録請求**

　手形の券面作成が債務者単独で行うことが可能であるのと同様、あらかじめ債権者からの包括委任により、事実上債務者単独の手続による発生記録請求が基本となるよう工夫されている。

(3) **譲渡人による保証記録**

　手形の裏書譲渡において裏書人が原則遡及義務を負うのと同様に、でんさいネットの電子記録債権を譲渡する場合、原則として譲渡人を電子記録保証

＜基本的共通事項＞

[図]　でんさいネット仕組み図

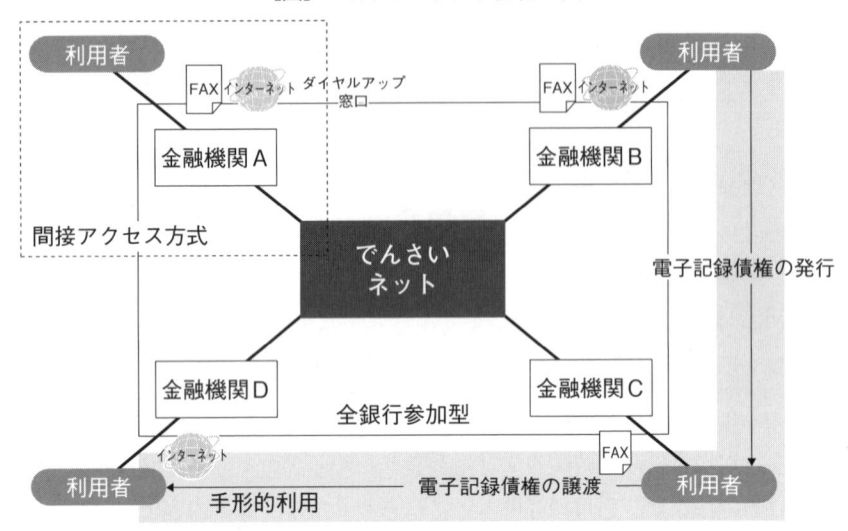

人とする保証記録請求がセットされる仕組みである。

(4)　不渡り制度

　銀行取引停止処分を含む手形の不渡り制度と類似の制度を整備予定である。

4　今後のスケジュール

　システム開発、テスト、主務大臣への指定申請を経て、平成24年5月に開業する予定となっている。

（山口　博司）

（参考文献）
全銀電子債権ネットワーク「でんさいネットの仕組みと実務」平成22年

＜基本的共通事項＞

> **Q 14** でんさいネットでどんなことができるのか。利用者のメリットは何か
>
> **A 14** でんさいネットでは電子記録債権での決済を行うにあたり、簡易な決済が可能になるほか、従来取引のある取引金融機関を通じて利用することが可能である。また、支払企業、仕入先双方にさまざまなメリットがある。

 解　説

1　でんさいネットの利便性

　でんさいネットの電子記録債権は、紙の手形にかわる手形的な決済方法を新たに提供するものである。

　全国約1,300の金融機関がでんさいネットに参加を予定しているため、支払企業（債務者）・仕入先（債権者）の双方とも現在の取引金融機関を通じて利用することができ、安心してでんさいネットを利用することが可能である。また、参加する金融機関の数も非常に多いため、紙の手形と同様の流通性をもつことができると期待されている。

　さらに、支払企業と仕入先の双方がこれまで抱えていた諸問題と比較して次のようなメリットがある。

2　支払企業のメリット

(1)　手形発行事務の効率化

　でんさいネットの電子記録債権は、債権の取引が電子記録として管理されるため、ペーパーレス化が実現できる。支払においては、口座間送金決済により支払期日になると自動的に支払企業の口座から仕入先の口座に対する送

＜基本的共通事項＞

金処理が行われる。そのため、手形の発行、振込みの準備などの支払に関する面倒な事務負担が軽減できる。

(2) **手形の印紙税負担軽減**

印紙税は「文書」に課されるものであることから、ペーパーレスの電子記録債権には印紙税は課されない。そのため、これまで負担の大きかった手形の印紙税を削減することが可能となる。またペーパーレスであるため、手形の搬送コストの削減も可能となる。

3　仕入先のメリット

(1) **手形の盗難・紛失リスクの排除**

これまで手形は現物として紙で存在していたため、仕入先は手形の盗難や紛失のリスクを減らすべく多くの管理コストを支払ってきた。先般の東日本大震災の影響などにより、現物である手形の管理負担をより回避しようとする動きが今後ふえていくことは想像にかたくない。でんさいネットの電子記録債権は、債務者および債権者の間の権利義務の内容を電子記録として管理することでペーパーレス化を実現しているため、盗難または紛失のリスクを排除することができる。

さらにでんさいネットでは、不正アクセスによる記録の改ざんやシステムダウンによる記録の消滅などを防ぐための対策もとっているため、心配されるようなシステムリスクに対しても必要な対応を行っている。

(2) **分割による効率的な資金調達**

でんさいネットの電子記録債権では、手形ではできなかった債権の分割利用が可能であるという大きな特徴がある。手形では、満期まで保有するか、金融機関等に全額割引を依頼することでしか現金化できなかった。しかし、でんさいネットの電子記録債権では債権の分割譲渡が可能となるため、取引時に保有している電子記録債権を必要な額だけ譲渡（割引）することができる。

<基本的共通事項>

[図] 支払期日と資金化時期の関係

手形：支払期日 → 翌日以降に資金化

でんさいネット：支払期日当日から資金として利用可能

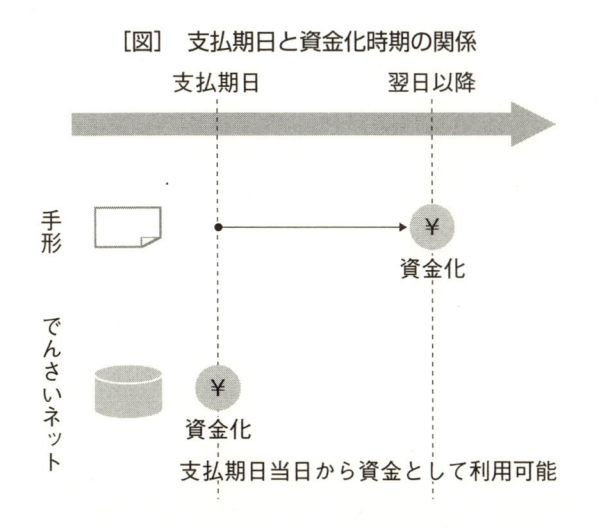

[表] でんさいネットのメリット

支払企業のメリット	
手形発行の事務効率化	ペーパーレス化により手形の発行事務不要
手形の印紙税コスト削減	手形とは異なり、印紙税は非課税
支払事務の効率化	期日になると自動入金されるため振込準備不要
仕入先のメリット	
手形の保管リスク削減	ペーパーレス化により紛失・盗難の心配不要
債権の分割が可能	債権を必要な分だけ分割して譲渡・割引が可能
取立手続不要	期日になると自動入金されるため取立手続不要

　これは電子記録債権の目的である中小企業金融をはじめとした金融の円滑化・効率化を大きく果たすもので、その効果が期待されている。

(3) 取立事務の削減

　手形の場合、満期が到来すると手形の振出人に支払を求めるため手形の呈示を行う必要がある。でんさいネットの電子記録債権では、支払期日の決済は基本的に口座間送金決済と呼ばれる債務者の口座と債権者の口座間の自動

＜基本的共通事項＞

送金によって行われるため、取立手続が不要となる（支払企業は振込手続が不要）。

　手形では、取立依頼人は入金があったとしても、資金決済確認のため数日間資金として使えないということもあったが、電子記録債権は口座間送金決済によるため、債権者は振込入金と同様、支払期日当日から資金を利用することが可能となり、これもまた資金の効率的利用に資するものとして期待されている。

(山口　博司)

<基本的共通事項>

Q 15 電子債権記録機関は相互に連携しているのか

A 15 ある電子債権記録機関で発生させた電子記録債権が、別の電子債権記録機関において流通することはない。窓口金融機関におけるデータのワンストップ化は今後具体化していく見込みである。

解 説

1 電子債権記録機関間の連携とは

電子債権記録機関間の連携という場合に、
① 異なる電子債権記録機関の間で電子記録債権の流通が可能かどうか（電子債権記録機関間の流通）。
② 異なる電子債権記録機関に記録請求を行う際に、窓口となる取引金融機関が請求データをまとめて受け止め、異なる電子債権記録機関宛てにデータ振分けを行うことができるのかどうか（データのワンストップ化）。
という別のテーマが含まれている。

①に関しては、すでに開業ずみの複数電子債権記録機関のなかで、支払企業にとってどのサービスを利用すればいいのか、特定の電子債権記録機関に決めていいのかという疑問が生じると思われるが、その際に、ATMが銀行間で相互に利用可能なように、異なる電子債権記録機関の間で電子記録債権が流通するのかという疑問が生じるのではないかと思われる。

②に関しては、特にでんさいネットが開業した際に、支払企業がでんさいネットと他の電子債権記録機関のサービスを併用する場合に、データ処理の効率化を図るサービスとしてワンストップ化への期待があることを背景としたものである。

第1章 電子記録債権 基本編 49

<基本的共通事項>

2 異なる電子債権記録機関の間での電子記録債権の流通

　法令上、ある電子債権記録機関において発生した電子記録債権が別の電子債権記録機関において譲渡の対象とされ、流通するということはありえない。

　もし、その必要がある場合には、1度電子記録債権を消滅させ、別の電子債権記録機関にあらためて発生記録を行う必要がある。

3 データのワンストップ化

　支払企業の利便性を考えた場合、なんらかのかたちでデータのワンストップ化を行うことは必要であり、これまで参入した電子債権記録機関に関する報道においてもワンストップ化の構想が報じられており、でんさいネットの開業およびでんさいネットの電子記録債権が利用者に普及していくのにあわせて構想が現実化していくものと思われる。

（髙窪　祥文）

＜基本的共通事項＞

Q 16　電子債権記録機関はどのような性格をもつ法人なのか

A 16　電子債権記録機関は、電子記録債権の権利者やその権利内容を定め、電子記録によって法律上の特別の効果を付与することのできる存在であり、その業務運営の安定性・公正性・中立性の確保が保たれるよう、当局から「指定」を受けることによって業務を行うことができる、電子債権記録業を専業とする株式会社である。

解　説

1　株式会社である

資金調達における柔軟で機動的な業務運営、会社法のコーポレートガバナンス機能の活用による効率的業務運営を期待し、「株式会社」で運営されることとなっている。

2　業務は専業

取扱可能な業務は「電子債権記録業」のみとなっており、兼業は禁止されている。これは、記録原簿に記録された内容の目的外利用や、電子債権記録業以外の業務で被った損失の影響が電子債権記録業に及ぶことを避ける必要があるとの考えに基づくものである。

また、第三者に業務の一部を委託する場合には主務大臣の承認が必要となる。

3　当局からの「指定」が必要

法51条1項の規定により主務大臣（内閣総理大臣・法務大臣）から「指定」を受ける必要がある（同法2条2項）。

＜基本的共通事項＞

このため、当局の検査・監督に服することになる。

(1) **財産的基礎**

最低資本金、最低純資産額は5億円以上と規定されている。

(2) **業務遂行能力**

定款や業務規程が法令に適合し、電子債権記録業を適正かつ確実に遂行するうえで十分なものになっていることが必要とされている。

このため、情報管理体制の整備、情報セキュリティ水準の確保、不正アクセス防止やシステムダウン時への対応など、十分な態勢整備を行うことが求められている。

(3) **欠格事由**

法人およびその役員に欠格事由がないことが求められている。

（髙窪　祥文）

<基本的共通事項>

Q 17 電子債権記録機関を利用する場合にはどんなコストがかかるのか

A 17 電子債権記録機関利用に関するコストとしては、発生記録手数料、譲渡記録手数料、支払等記録手数料がおもなものだが、これ以外のものも含めて利用者が負担する利用料については、電子債権記録機関ごとに独自の判断で決定されるところである。

解　説

1　電子記録債権の仕組みから想定される手数料

　そもそも、電子記録債権は、電子債権記録機関の記録原簿への電子記録を発生・譲渡の効力要件とする金銭債権であり、記録原簿の記録により電子記録債権の内容が規定され、発生記録により発生し、譲渡記録により権利移転するものとなっており、善意取得、人的抗弁の切断等手形法と同趣旨の規定により流通性の確保が図られているところである。

　一方で、電子債権記録機関の業務規程、および電子記録内容により、上記のような流通性確保のための規定の全部または一部の適用を排除することが可能であり、利用者が自らのニーズに応じて、適切と考える業務規程を有する電子債権記録機関を選択することにより、自由な内容の電子記録債権をつくりだすことが可能である。

　これらのことから、電子債権記録機関利用に関するコストとしては、発生記録手数料、譲渡記録手数料、支払等記録手数料、保証記録手数料、変更記録手数料、分割記録手数料、質権設定記録手数料等、記録の内容に応じた手数料の設定が想定されるが、利用者が負担する利用料については、電子債権記録機関ごとに独自の判断で決定されることとなる。

第1章　電子記録債権　基本編　53

<基本的共通事項>

2 電子記録債権の活用法からみた手数料

　また、電子記録債権を企業間の決済手段としての利用方法からみた場合、「手形的利用」と「一括決済方式としての利用」に分類することができる。いずれの場合も従来の手形や一括決済方式において債権を電子記録債権化することが想定されているが、従来のコスト負担を大きく上回るようなコスト構造は利用者メリット等を考えると容易ではなく、「手形的利用」であれば紙の手形における「取立手数料」「印紙税」等との兼ね合い、また「一括決済方式としての利用」であれば電子記録債権化することで不要となる「対抗要件具備費用」「債権譲渡登記の調査費用」等との兼ね合いがどうなるかがポイントであると考えられる。

3 業法規制等による電子債権記録機関の負担

　その一方で、電子債権記録機関については、Q16にもあるように、電子記録債権制度の信頼性を確保すべく、公正性・中立性が保たれ、国民から信頼される存在として、電子記録債権制度の利用者の情報が蓄積された電子記録債権の記録原簿等を厳正に管理することが期待されているところである。このため、電子債権記録機関の業法規制としては下記の遵守が求められる。

① 電子記録を行う電子債権記録機関は主務大臣からの指定が必要
② 財産的基礎は、最低資本金5億円以上、かつ純資産5億円以上
③ 兼業の禁止（公正性・中立性の確保、リスク遮断の観点）
④ 定期的な報告書の主務大臣への報告義務、検査・監督規定
⑤ その他業務規程の制定等が必要（口座間送金決済に関する契約を含む）

　「財産的基礎」および「兼業の禁止」の観点から、電子債権記録機関の収入源は限られている一方で、これに対して負担する義務としては、「システム管理」「決済の同期性確保」等があげられる。特に、システム管理については「なりすまし」や「ハッキング」等への対応が必須であり、これらへの

＜基本的共通事項＞

セキュリティ対応強化で相応の費用負担が強いられているところである。
　このように、利用者側からみた利用コストの許容範囲と、サービス提供側からみた提供コストについては乖離も想定されるが、電子債権記録機関は株式会社による運営が前提とされており、利用者に対して適正な手数料率の設定を行う一方で、電子記録債権の記録量を増加させることで単位コストの低減を図り、採算を確保していくことが求められる。

（髙窪　祥文）

＜基本的共通事項＞

Q 18 電子記録債権は現時点で具体的にどう活用されているのか

A 18 電子記録債権の活用方法について、法律で定められたものはなく、利用者の創意工夫に委ねられているが、いまのところは企業間の決済手段として活用されている。

解　説

1 決済手段としての利用

すでに設立ずみの電子債権記録機関は、いずれも企業間の決済手段として電子記録債権を活用することを目的に掲げているが、決済手段としての活用の仕方にも、いくつかの違いがある。

(1) 手形的利用

現在、買掛債務の決済手段の1つとして使われている「支払手形」にかわり、「電子記録債権」を支払手段として利用するものである。

債務者側においては、手形発行に伴う印紙代・事務コスト等の削減のため、手形を廃止したいというニーズは非常に根強いものがある一方で、債権者側においても、手形受取りに際しての手間や期日までの管理負担を削減しつつ、資金調達にも使える手段を確保したいというニーズは強い。

これらのニーズに応えるものとして、平成24年5月には、全国銀行協会のでんさいネットの稼働が予定されており、でんさいネットの電子記録債権による手形代替機能の早期普及が望まれるところである。

(2) 一括決済方式としての利用

一括決済方式とは、下請法上支払手形にかわる決済手段として認められ、昭和60年頃から活用されている手形の削減スキームで、継続的取引関係にあ

<基本的共通事項>

る取引先間の決済に利用されているものである。

これまでのスキームでは、売掛債権を対象として包括的・継続的な債権譲渡契約を締結しているが、この契約における譲渡対象債権を電子記録債権としたうえで同じような決済手段として利用することができる。対象債権を売掛債権から電子記録債権に変更することで、債務者にとっては売掛債権を対象にした場合に残る二重譲渡リスクの排除と、動産・債権譲渡特例法に基づく先行登記の有無確認や対抗要件具備といった事務負担の削減を図ることが可能である。一方で、債権者にとってはこれまでのスキームと同様のメリット（事務手間・現物管理負担の削減、低利な資金調達手段の確保）を享受することが可能となっている。

2　決済手段以外の利用方法

すでに営業を開始している電子債権記録機関では、決済手段としての活用以外に、シンジケートローンや債権流動化への活用を掲げているところもある。具体的な活用方法については以下の通りであるが、現状、実際の活用状況は決済手段としての利用と比較してかなり少ないと思われる。

(1) シンジケートローンとしての利用

現状、シンジケートローンの流動化については、動産・債権譲渡特例法に基づく債権譲渡登記を行うことで第三者対抗要件のみを具備したうえで実施する場合もあれば、当初に債務者から包括的な譲渡承諾をとりつつ、債権譲渡時には個別に債権譲渡を依頼する場合もある。これらの場合と比較した場合、ローン債権を電子記録債権化することにより、債権譲渡に伴う法的安定性の向上を図れるものと期待されている。

(2) 売掛債権流動化としての利用

企業が保有している売掛債権の規模は、平成19年で200兆円以上となっており、電子記録債権の当初目的等からも流動化への活用が望まれているところである。

＜基本的共通事項＞

　従来、売掛債権の流動化を実施するに際しては、①債権の存否確認、②各種抗弁の存在、③譲渡禁止特約がある場合の解除手続、④二重譲渡リスク、⑤対抗要件具備、⑥債権譲渡に対する心理的抵抗感（業績が悪化しているのではないかという風評が立つ等）、といった課題をクリアする必要があり、検討はするものの実際に流動化を実施するまでには至らないケースも見受けられた。これらの課題に対して電子記録債権を活用することで、②および⑥以外の課題を解決することが可能となり、売掛債権流動化の拡大につながることが期待されているところである。

(3) **そ の 他**

　以上のほかにも、電子記録債権法の立法化の過程においては、リース・クレジット債権の流動化、CMS、ABCP、電子商取引、3PL等への活用も検討されているが、いまのところ実現には至っていない。

（髙窪　祥文）

<基本的共通事項>

Q 19 電子記録債権は今後の活用方法としてどうイメージされているのか

A 19 利用者のいちばんの関心は、決済の合理化、特に支払・受取りの両面における手形の合理化手段としての電子記録債権の利用である。手形的な活用については、でんさいネットを利用したいという意向が圧倒的に多い。

解　説

1　電子記録債権の活用方法

　電子記録債権自体は、手形と同様、法律上どのような用途で利用するべきかについては特に記載されておらず、電子債権記録機関のビジネスモデルやそれぞれの利用者の意思に委ねられている。

　現在、電子記録債権の実際の活用方法としては、手形と同様、おもに企業間の決済手段としてである。決済手段としての電子記録債権の利用は、手形的利用と一括決済方式としての利用に分かれるが、いずれも従来の手形の代替手段としての利用であり、手形のデメリットを排除することを目的としたものとなっている。

　その他、Q18に記載されているとおり、電子記録債権制度の検討段階における各種審議会や研究会において、シンジケートローンへの活用・CMSでの活用が想定されている。

2　今後の活用方法についてのアンケート

　三井住友銀行では、平成22年11月24日に東京で開催した電子記録債権セミナーにおいて、企業の経営者や実務担当者等の出席者に対して、電子記録債

<基本的共通事項>

権の活用についての興味に関するアンケートを実施した（複数回答あり、有効回答数418名）。

また、その後の同種セミナーにおいて実施したアンケートにおいてもほぼ同じ結果となっており、利用者が今後の活用についてどう考えているのかについて、現時点で得られる情報としては、ほぼ利用者の実態を反映したものとなっていると思われる。

(1) **手形の合理化**

（質問）　電子記録債権の活用についてどういう観点からご興味がありますか（複数回答あり）。

アンケート結果によると、「支払手形の合理化」が70％、「受取手形の合理化」が46％と第1位と第2位を占めた。企業側としては、支払・受取のいずれにおいても現在の手形による決済を合理化したいと考えていることがうかがえる。

特に支払側は、手形発行事務を自ら行い、印紙代も負担しているため、これらの負担をなくすことができる決済手段を求めており、受取手形と比較してもより関心が高い結果となっていると思われる。

振込みも含めた支払の合理化は39％と第3位であったが、これは支払側が、これまで手形から期日現金振込みへのシフトや一括決済方式へシフトを部分的に進めてきた結果、支払方法が複数となってしまったため、支払方法を一元化して合理化を図りたいという意向の表れといえる。

債権流動化が29％と第4位であったが、従来手形や売掛債権を流動化していた受取側の企業にとっては、決済手段が電子記録債権に変更になった場合に、従来と比較して債権流動化に影響がないかどうか、関心があると考えられる。

その他については、いずれも回答が10％以下にとどまっており、シンジケートローンやCMSでの活用については、ほとんど関心がない結果となっている。

<基本的共通事項>

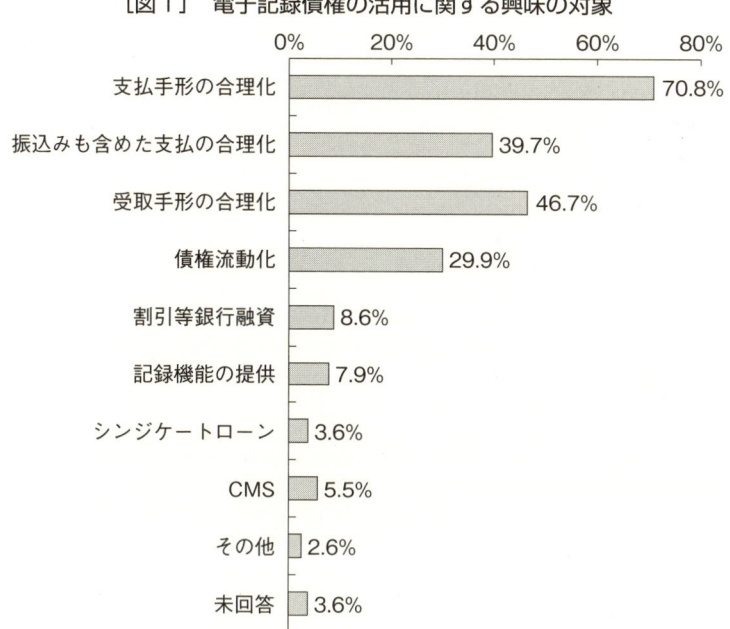

[図1] 電子記録債権の活用に関する興味の対象

- 支払手形の合理化　70.8%
- 振込みも含めた支払の合理化　39.7%
- 受取手形の合理化　46.7%
- 債権流動化　29.9%
- 割引等銀行融資　8.6%
- 記録機能の提供　7.9%
- シンジケートローン　3.6%
- CMS　5.5%
- その他　2.6%
- 未回答　3.6%

(2) 電子的な手形取引について

(質問) 電子的手形(一括ファクタリングは含まず)取引の利用について現段階でどのようにお考えですか(複数回答あり)。

(1)で関心が非常に強かった手形の合理化については、具体的には「でんさいネット」が始まればすぐにまたは、世の中に普及してくれば利用したいという回答が全体の81%を占めており、手形と同様にほぼすべての金融機関が取り扱うでんさいネットに対する関心や期待が圧倒的であることがわかる。

＜基本的共通事項＞

［図2］ 電子的手形取引の利用意向

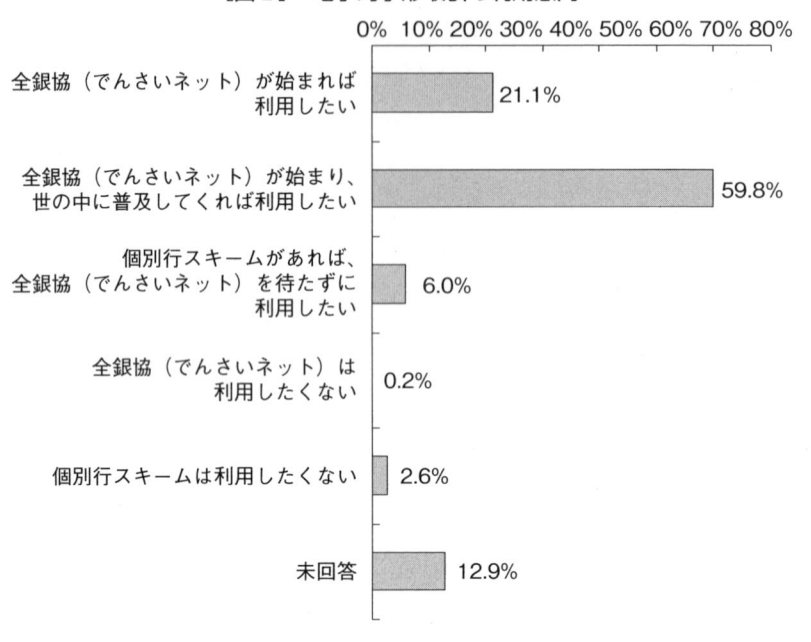

選択肢	割合
全銀協（でんさいネット）が始まれば利用したい	21.1%
全銀協（でんさいネット）が始まり、世の中に普及してくれば利用したい	59.8%
個別行スキームがあれば、全銀協（でんさいネット）を待たずに利用したい	6.0%
全銀協（でんさいネット）は利用したくない	0.2%
個別行スキームは利用したくない	2.6%
未回答	12.9%

（庄司　義光）

<基本的共通事項>

Q 20 電子手形と電子記録債権は同じものなのか

A 20 電子記録債権のことを新聞報道等で「電子手形」と表現されることがあるが、両者は別のものであり、「電子手形」は法律上・制度上の概念でもない。

解説

　電子記録債権には、さまざまな活用の可能性があることが、制度検討時より議論されてきたが、すでに開業した電子債権記録機関の業務状況をみると、おおむね企業間決済、特に手形の代替手段や一括決済方式への応用がおもな活用方法となっている。

1　手形的利用

　手形的利用については、従来より新聞紙上等で、読者のわかりやすさを重視し電子記録債権のことを「電子手形」と表現されることが多く、電子記録債権＝電子手形であると誤解されているケースもあると思われる。
　「電子手形」は、現時点においては日本においては法律上・制度の概念ではなく、電子記録債権を活用したスキームのうち、紙の手形に近い性質をもったものの「呼び方の1つ」であるというのが正確な理解であると思われる。

2　でんさいネット

　実際に、平成24年5月に開業する「でんさいネット」は、ほぼすべての金融機関が参加し、利用者の層が紙の手形と同等レベルになると思われることや、銀行取引停止処分を含む手形の不渡り制度と類似の制度を整備予定であることから、電子記録債権が手形と同様の発生・譲渡・消滅時の法的効力を

＜基本的共通事項＞

もっていることとあわせて、法律上・制度上も「電子手形」と呼ぶにふさわしい実態を備えたものであるといえる。

3　利用者の留意点

　利用者にとっての注意点は、「電子手形」と呼ばれているスキームに加入する場合に、紙の手形の機能とどこが違うのかを十分に確認し、理解したうえで利用するということではないかと思われる。

（山口　博司）

<基本的共通事項>

Q 21 電子記録債権により手形はなくなるのか。小切手との関係はどうなっているのか

A 21 株券電子化と違い、手形はなくならない。また小切手の代替手段としての活用は考えにくいと思われる。

解 説

1 手形がなくなるか

でんさいネットが普及し、紙の手形の代替手段として活用されることによって、手形からでんさいネットへのシフトは進んでいくものと思われるが、法律によって、手形という制度が廃止されるわけではない。

また、手形法は、ジュネーブ統一手形条約に基づいて制定されたものであり、手形の無券面化は、同条約を廃棄しない限り困難である。つまり、手形制度については今後も存続していくとみることが妥当であると思われる。

2 新たな金銭債権である電子記録債権

電子記録債権は、手形とも指名債権とも異なる類型の金銭債権として創設されたものであり、手形や指名債権について、変更を行うものではない。つまり、電子記録債権は、株券電子化と異なり、あるタイミングですべて電子化されるのではなく、電子記録債権を利用するかどうかは当事者の自由であり、電子記録債権を利用せずに、従前通り、手形や指名債権を利用することもできる。

3 機能面からは手形に近い

電子記録債権は、発生記録によって電子記録債権という債権が発生し、そ

<基本的共通事項>

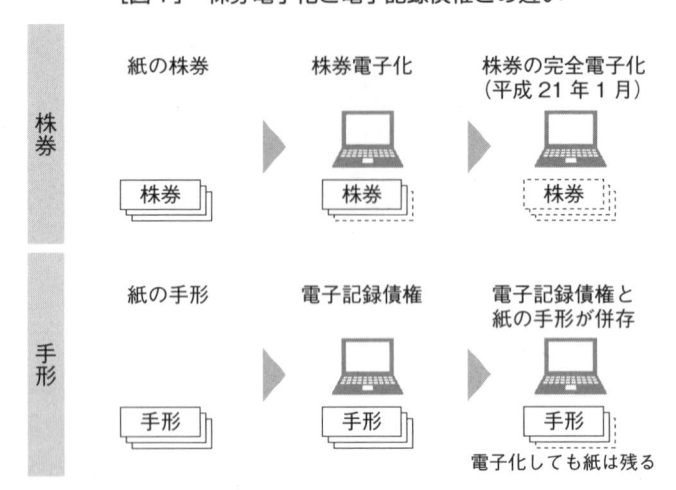

[図1] 株券電子化と電子記録債権との違い

（図：株券は「紙の株券」→「株券電子化」→「株券の完全電子化（平成21年1月）」と移行。手形は「紙の手形」→「電子記録債権」→「電子記録債権と紙の手形が併存」。電子化しても紙は残る）

の電子記録債権の譲渡も譲渡記録によってその効力が発生するものである。

また、善意取得（法19条）や人的抗弁の切断（法20条）など、手形法と類似の規定がいくつもある。

さらに、電子記録債権の内容は記録（文言）のみによって決定されたり、電子記録債権の消滅時効が3年になっていたりと、ほぼ手形と同様の機能をもつものと考えてさしつかえない。

ただし、銀行間の手形交換によって決済される手形のように、不渡り制度が必ず備わっているわけではない点には注意を要する。

4 今後の展開

電子記録債権は、手形と同様の安心感を得ることができ、かつ手形と比較してコストが低くなるので、手形から電子記録債権へシフトすると考えられ、近い将来、企業間における主要な決済手段になることは十分に考えられる。しかしパソコン等に不慣れな企業担当者やどうしても紙の存在でしか信

＜基本的共通事項＞

用できない（かたちのみえない電子化データでは信用できない）という利用者も一定数存在すると考えられるので、紙の手形が強制的になくならない以上、手形自体は、完全になくなることはないと考えられる。また、手形帳とペン、印鑑があれば、パソコン等がなくとも、どこでも発行できるといった手形の利便性や柔軟性には及ばない部分もあるのも事実である。

ただし、今般の東日本大震災などを機に、物理的な保管行為を必要とする「手形＝紙」に対するリスク意識は増大していることから、いままでは電子化することに抵抗感をもっていた企業についても従来の考え方を見直し、電子記録債権に切り替えるスピードは予想以上に早まる可能性もある。

5　小切手との関係

電子記録債権においては、確定期日を記録することが必須であり、小切手のように「一覧払い」を想定していないので、現状は小切手の代替手段として機能することはできない。

また、現状の小切手の特徴を考えると、手形から電子記録債権へシフトしたいというニーズほど強いニーズが今後利用者に生じてくるかどうかは不透明である。理由としては、手形と違い、印紙などの発行コストがほとんどかからず、発行コスト削減のために電子記録債権へシフトしようという動機づけがそもそもないと考えられるからである。

一方で、小切手を1枚1枚発行する作業、取引先が集金に来なかった場合における金庫での保管や書留による郵送の手間、取引金融機関へ入金する手

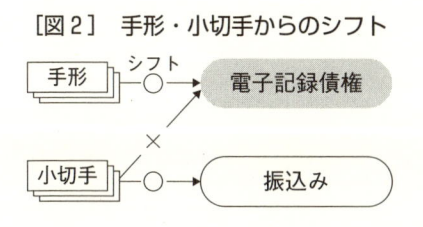

［図2］　手形・小切手からのシフト

<基本的共通事項>

間、また資金化に市内交換でも最低2日、遠隔地交換であるとさらに1日以上日数がかかるなど、手形とほぼ同様な、利便性に関する問題点を抱えているのも事実である。電子記録債権が普及し、電子化への抵抗がなくなったとしても、小切手は電子記録債権ではなく、通常の振込決済にシフトが進んでいくことが想定される。

(青島　克浩)

(参考文献)
金融庁・法務省「電子記録債権」(http://www.fsa.go.jp/ordinary/densi02.pdf)

<基本的共通事項>

Q 22　電子記録債権は債権流動化に使えるのか

A 22　電子記録債権は、債権流動化にも応用が可能である。電子記録債権制度はもともと債権流動化を促進し、中小企業による資金調達の円滑化につながるように制度が創設されたという経緯がある。具体的には電子記録債権の保有者と譲受人が譲渡記録を行うことによって債権流動化取引を行うことができる。

解説

　従来、債権流動化取引において対象となっていた金銭債権は、主として手形債権と売掛債権である。電子記録債権は、その制度創設の経緯にもあるように、手形債権と売掛債権の長所を取り入れた新しい金銭債権として生まれてきたものであり、まさに債権流動化取引を行うものとしてつくられたといってもよい。

1　債権流動化の手続

　電子記録債権の債権者を譲渡人とし、譲受人とともに電子債権記録機関に対して譲渡記録請求を行い、譲渡記録が行われることにより、電子記録債権の譲渡の効力が生じる。

　通常、債権流動化取引において、譲渡人は債務者が倒産した場合に償還請求を受けない前提となっているが、電子記録債権でいえば譲渡人が自身を電子記録保証人とする電子記録保証を行わずに、単に譲渡記録のみを行うことにより、同じことが可能となる。

2　手形を流動化している場合

　手形にかえて電子記録債権を流動化する場合には、前提として、当事者間

第1章　電子記録債権　基本編　69

で売掛債権の支払のために振り出されている手形にかえて、電子記録債権を支払のために発生させる必要がある。

債権者側が、恒常的に手形を流動化しているような場合には、譲渡の対象を電子記録債権に切り替えて引き続き譲渡するということが想定され、手形を振り出していた債務者は、手形廃止に伴う合理化メリットを享受することができる。

3　売掛債権を流動化している場合

売掛債権にかえて電子記録債権を流動化する場合には、前提として、当事者間で売掛債権の支払のために電子記録債権を発生させるという合意を行うことが必要となる。電子記録債権を対象とすることにより、売掛債権を流動化する際に債務者からの代金回収を譲渡人に委託した場合に譲受人が負担していたサービサーリスクがなくなることから、債務者が優良な場合には、案件の質が高まって譲受人にとっては買い取りやすくなることで、譲渡人にとっては流動化の条件が改善する可能性もある。債務者にとっては電子記録債権を発生させることは、一定の事務負担などのコストを負うことになるため、債権者に対する支援等、電子記録債権の支払に応じるためのなんらかの債務者としての理由づけが必要となることになると考えられる。

4　債権流動化のなかでの位置づけ

電子記録債権は、原因となる売掛債権とは別個独立した債権であり、通常は売掛債権の支払のために当事者で発生させることになると思われる。電子記録債権の法的な性質は、手形に似通っており、どちらかといえば従来の手形債権の流動化の延長線上の取引として整理することができると考えられる。

（髙窪　祥文）

<基本的共通事項>

Q 23 目的に応じて複数の電子債権記録機関を利用することはできるのか

A 23 利用者のニーズはさまざまであり、どれか1つの電子債権記録機関ですべてのニーズに対応することはむずかしい。したがって、複数の電子債権記録機関を利用することが、よりきめの細かい対応につながるが、費用対効果を考えながら検討していく必要がある。

解 説

　電子記録債権を利用するためには、電子債権記録機関と利用契約を締結することが必要となるが、このことは、複数ある電子債権記録機関のなかから特定の電子債権記録機関を1社選択し、当該電子債権記録機関のみと取引しなければならないというわけではない。当然、複数の電子債権記録機関を利用することは可能である。

　ここでは、支払手形を電子記録債権による支払にシフトするという場合を1つの例として、複数の電子債権記録機関を利用することの必要性について具体的に考えてみたい。

1　紙の手形が望まれる理由と対策

　電子記録債権を利用しようとする場合、支払企業のニーズとしては、支払手形の合理化をまずあげることができよう。

　これに対し、仕入先が紙の手形の存続を望む場合、おもな理由としては①自分の取引金融機関に割引を申し込みたい、②第三者への支払のために裏書譲渡したい、③取引があることの確証としたい、という諸点をあげることができ、このような受取側のニーズに応えられる代替手段を提供することが、

＜基本的共通事項＞

支払手形の合理化を進めていくうえで重要であると考えられる。③のニーズについては、電子記録債権は記録原簿に記録されるので、それを開示等の方法で取得することにより、対応することが可能となる。この点は、各電子債権記録機関に共通する基本的な機能である。

上記以外の仕入先におけるニーズにどのように対応していくか、ということを考えるためには、各電子債権記録機関が提供するサービス内容を検討する必要がある。各電子債権記録機関は、それぞれ異なるビジネスモデルをもち、それに沿ったサービスを提供している。

2　手形的利用

でんさいネットは、自らの特徴を電子記録債権の「手形的利用」とし、従来の手形の機能を再現しつつ、保管にかかわるリスクや、口座間送金決済による取立事務の省力化など、手形よりも使いやすい決済インフラとなる予定である。これに加え、約1,300の金融機関から利用できることにしているのも、大きな特徴といえるだろう。

でんさいネットを利用して、電子記録債権を自らの取引金融機関に譲渡することにより、仕入先は手形割引と同様の資金調達ができるようになる。また、自社の取引先に対する支払手段として、電子記録債権を譲渡することも可能となる予定である。取引先は、自らの取引金融機関を介して電子記録債権を譲り受けることになる。

このように、でんさいネットが提供するサービスは、仕入先の①取引金融機関での割引および②第三者への支払のための裏書譲渡のニーズを満たすことができる、と考えることができる。

3　一括決済方式としての利用

手形的利用に対して、一括決済方式において電子記録債権を利用することにより、従来の一括ファクタリングに残存していた支払企業の二重払リスク

＜基本的共通事項＞

を払拭することができる。一括決済方式を利用することで、仕入先は支払企業の信用力に基づき、より低利で資金を調達することができる（Q88・Q92参照）。このような一括決済方式の機能については、でんさいネットにはない機能となっている。ただし、電子記録債権を利用した一括決済方式の場合、電子記録債権の譲渡先は限定されるものと考えられるため、上記①②のニーズを完全に満たすことはできない。

4 効率的な利用方法

このように、複数ある仕入先のニーズに対して、単独ですべてのニーズに応えている電子債権記録機関は存在しない。したがって、支払企業としては、可能であれば複数の電子債権記録機関を利用するほうが、仕入先のニーズをよりきめ細かく満たすことができ、このことが結果的に支払手形の合理化につながると考えることができるだろう。

複数の電子債権記録機関を利用する一例として、低利調達を希望する仕入先に対しては、SMBC電子債権記録の提供する電子記録債権版一括ファクタリングにより資金調達コストの削減というメリットを提供しつつ、取引金融機関との関係や、第三者への支払手段としての機能を重視する仕入先に対し

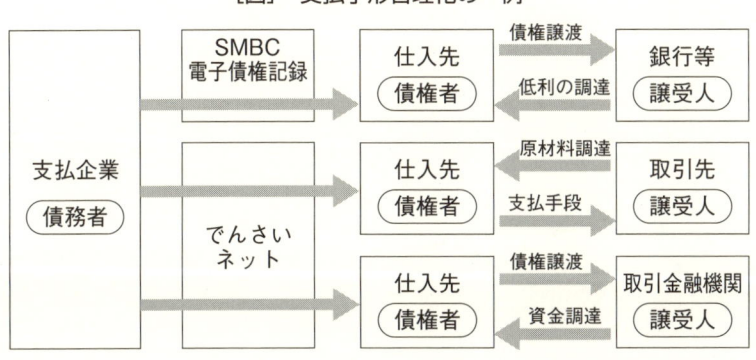

［図］　支払手形合理化の一例

第1章　電子記録債権　基本編　73

＜基本的共通事項＞

ては、手形代替機能を有するでんさいネットを利用することにより、自由譲渡性を提供することが考えられる。

5　複数利用の際の留意点

　ここで留意する必要があるのは、これまで述べた利用方法はあくまで一例であり、支払企業、仕入先の個別的な事情により、別の考え方もありうる、ということである。また、複数の電子債権記録機関を利用することによって、利用者としての手間やコストが増加するという一面もあるため、利用者としては費用対効果を意識しながら方針を決めていくことが必要になると思われる。

（森榮　倫）

＜基本的共通事項＞

Q 24 電子記録債権に関する商品・サービスを提供している主体はだれなのか

A 24 現状では、金融機関等が、電子記録債権を組み込んだ商品・サービスを提供する。電子債権記録機関は、そのサービスに対して、記録機能を提供することにより関係することになる。

解説

　電子記録債権は、電子債権記録機関が当事者からの請求を受け付けて記録原簿に記録しなければ発生しない。この意味で、電子債権記録機関の存在は、電子記録債権にとって不可欠なものとなる。しかし、平成23年6月現在、開業している電子債権記録機関が、利用者と直接的なやりとりを行うことは少ない。もろもろの手続には、銀行等の金融機関が介在し、利用者の直接的な窓口の役割を果たしている[1]。平成24年5月に開業予定のでんさいネットにもこのことは当てはまり、全国の約1,300の金融機関が、利用者の窓口となる予定である。

　このように、電子記録債権に関するサービスを利用するためには、金融機関を窓口とする必要がある。このことは、利用者、電子債権記録機関、そして金融機関にそれぞれのメリットがある。

1 利用者が手続的煩雑さを意識せずにすむ

　電子記録債権のあり方を規定する法律では、記録請求の基本原則を「双方

---

[1] SMBC電子債権記録「業務規程」11条2項、三菱東京UFJ銀行・日本電子債権機構『電子記録債権の活用』金融財政事情研究会、平成22年、47頁、および、森俊二「〈みずほ〉における電子記録債権への取り組みと今後の課題」月刊金融ジャーナル654号、平成23年。

＜基本的共通事項＞

請求」、つまり電子記録債権の発生であれば債権者と債務者、譲渡であれば譲受人と譲渡人、のように、権利義務が影響を受ける当事者双方によって請求しなければならない、と規定されている。これは、電子記録債権の内容を当事者の合意により決めるためには重要な規定だが、当事者が足並みをそろえてまったく同じ内容の請求を行うのは実務的にはむずかしいと思われる。法律の原則通りであれば、事務手続の誤り等により少しでも内容に齟齬があれば電子記録債権は発生しないし、時間的な制限も特に考慮されていない。

　このような手続上の不要な煩雑さを回避するため、金融機関は請求のための手続および契約を整備し、たとえば債権者による委任と債務者単独による記録請求という手続にすることにより、利用者は手続の煩雑さを意識せずにすむようになる。

　上記に加え、債務者単独による記録請求を金融機関が代行することにより、利用者にとっては、実績のある既存の手続を一部変更して電子記録債権に対応することができる。こうすることで、利用者が新たなサービスの利用に伴い、事務負担がふえるのを最小限に抑えることができる。

　このように、利用者と電子債権記録機関との間に金融機関が介在することで、利用者は手続をそれほど意識することなく、なおかつ法律に適合した手順で請求を行うことができるようになる。

2　電子債権記録機関が記録の管理に集中できる

　電子債権記録機関は、法律により電子債権記録業以外の業務を営むことを禁止されている。加えて、利用者の権利義務にかかわる記録原簿を管理するため、システムの整備や、種々のリスク管理を行うことも義務づけられている。これだけではなく、記録請求を電子債権記録機関が直接的に受け付けることになる場合には、窓口等で利用者に対応するための体制整備が必要になってくる。

　このような、さまざまなコストをすべて電子債権記録機関自身で負担する

＜基本的共通事項＞

のは不可能ではないものの、容易ではない可能性がある。とすれば、システム管理等については、そのノウハウをもっている金融機関に委託することが望ましい、ということになる。実際に、平成23年6月現在、開業している電子債権記録機関は、業務規程において、金融機関等へ委託する業務を明記している[2]。

このように、金融機関へ委託したほうが利用者にとっての利便性の向上にもつながるような場合には外部に委託することで、電子債権記録機関は、記録原簿の管理という最も重要な業務に専念できることになる。

3　金融サービスとしての選択肢が広がる

金融機関にとってのメリットは、電子記録債権の機能を組み込んだ商品およびサービスを自身の顧客に提供することができる、ということである。

前述の通り、電子債権記録機関は専業であることを義務づけられているため、記録上には表れない権利義務関係、たとえば、電子記録債権を譲渡したその対価がどのように取り扱われるか、といった問題には関知しえないし、電子債権記録機関自身が電子記録債権を買い取り、利用者の資金調達を支援するといったこともできない。つまり、電子債権記録機関単独では、「手形的利用」や「電子記録債権版一括ファクタリング」という「記録機能」を提供することはできるが、総体としての金融サービスを提供することができない、ということになる。

このような意味で、金融機関が介在し、電子債権記録機関の記録機能を活用したサービスを開発、提供することは必然的なものとなる。これは、金融機関にとってのメリットであると同時に、利用できる金融サービスの選択肢が広がるという意味で、利用者にとってのメリットでもある。

---

[2] SMBC電子債権記録「業務規程」4条、JEMCO「電子記録債権業（電子決済サービス）に関する業務規程」5条、および、みずほ電子債権記録「業務規程【電子債権決済サービス用】」31条。

<基本的共通事項>

4　電子記録債権関連サービスの基本的構図

　以上のように、電子記録債権に関連するサービスには、利用者、金融機関、および電子債権記録機関の三者が関係することになる。その契約関係は、利用者が金融機関とサービス提供に関する契約を締結するとともに、電子債権記録機関と利用契約を締結する、というものになる。この利用契約には、利用者自身が電子記録債権に記録されるための準備という性格がある。そして、以下のような手順を踏むことにより、利用者はサービスを利用するとともに、電子債権記録機関を利用できるようになる。
① 　金融機関は、利用者との契約内容に従い記録請求を代行する。
② 　電子債権記録機関は請求の内容に従い記録し、その結果を金融機関に還元する。
③ 　金融機関は、記録されたことを確認したうえで、契約内容に沿ったサービスを提供する。
　これから電子記録債権に関するサービスおよび電子債権記録機関の利用を検討する場合、電子債権記録機関がどのような機能をもっているか、という点もさることながら、それにも増して重視すべきは、電子債権記録機関と連携した金融機関が、どのようなサービスを提供しているのか、ということであろう。

(森榮　倫)

<基本的共通事項>

Q 25 電子債権記録機関を設立した各銀行と取引がないが各銀行設立の電子債権記録機関を利用できるのか

A 25 取引がなくても利用はできるが、その利用形態は限定されており、今後、電子債権記録機関の記録機能の提供によるサービス拡大が期待される。

解説

　平成23年6月現在、銀行が親会社となって設立された電子債権記録機関は、SMBC電子債権記録（三井住友銀行）、JEMCO（三菱東京UFJ銀行）、およびみずほ電子債権記録（みずほ銀行）、の3社であり、いずれもすでに当局から指定を受けて開業している。

　これらの電子債権記録機関は、親会社の取引先を利用者の中心として想定していると考えられるが、上記の銀行と取引関係がなければ、各電子債権記録機関を利用できないわけではない。

1　現状は受取側としての利用にとどまる

　前述した電子債権記録機関が提供しているサービスを前提に述べると、共通していることは、電子記録債権の債務者が、親会社の銀行と取引関係にある大企業が中心であり、この大企業の支払に関して電子記録債権が利用されているということである[1]。

　したがって、結果的には上記の銀行と直接的に取引がない企業等で、これ

1　庄司義光・村嶋健「三井住友銀行による電子債権記録機関設立の狙い」週刊金融財政事情2844号、平成20年、三菱東京UFJ銀行・日本電子債権機構『電子記録債権の活用』金融財政事情研究会、平成22年、22頁、および、みずほ電子債権記録「みずほ電子債権記録株式会社による電子債権記録業の指定取得及び開業について」平成22年（http://www.mizuho-er.co.jp/news/pdf/20101004.pdf）。

<基本的共通事項>

らの電子債権記録機関を利用しようとする場合は、このような大企業に対して製品を納入する、あるいはサービスを提供する等の取引関係にある仕入先であることが条件となり、利用の形態は、電子記録債権の債権者としてのものとなってくる。

このように、各銀行と直接的に取引がない企業等は、上記電子債権記録機関においては、おもに電子記録債権の受取側としての立場で利用するということになる。

一方で、支払企業としての利用については、手形の発行事務負担の軽減や印紙代の削減などのコスト削減だけでなく、口座間送金決済により支払事務そのものの合理化といったメリットがあるが、上記の銀行と直接取引がない限り支払側としての立場では利用することができない。単に、電子記録債権を受取側としてのみ利用するだけでは、こうしたメリットを享受できていないというのが現状である。

2 取引金融機関を介した電子記録債権の利用

ただし、上にあげた各電子債権記録機関を電子記録債権の支払企業として利用するには、制約が大きくなる。前述の通り、各電子債権記録機関および連携する各銀行が提供するサービスの対象は、取引のある大企業が中心となっている。また、各銀行との取引関係がそれほど強くない場合には、支払企業としてもこれらの銀行からサービスを受けるということにそもそも抵抗があると思われる。

これに対して、地域金融機関等の、普段から取引実績のある取引金融機関が提供するサービスであれば、支払企業としても利用しやすくなるため、地域金融機関が既存の電子債権記録機関と提携することによって、自ら電子記録債権を活用したサービスを提供することが期待されている。

一例として、SMBC電子債権記録では、地域金融機関等に対して記録機能を提供するサービスを開始している。これは、支払企業・仕入先と一括ファ

<基本的共通事項>

クタリングの契約をした地域金融機関等が、SMBC電子債権記録に対して記録請求データを伝送することにより、電子記録債権を発生させるものである。

　このようにして、地域金融機関等は、独自で電子債権記録機関を設立するのにかかるコストを抑えつつ、その取引企業等に対して電子記録債権を利用した商品の提供が可能となるわけだが、こうした取組みは、今後電子記録債権の普及に伴って他の電子債権記録機関にも拡大していくと思われる。

（森榮　倫）

<基本的共通事項>

Q 26　電子記録債権を利用する際のリスクは何か

A 26　電子記録債権のリスクとしてあげられるものとしては「システムリスク」や「事務リスク」などがある。

解　説

1　電子債権記録機関が抱えるシステムリスク

　電子記録債権は、コンピュータシステム上に存在する記録原簿に記録を行うことで発生や譲渡の効力が発生する債権であることから、一般的なコンピュータシステムが抱えるシステムリスクとは切っても切り離せない関係にあるといえる。

　たとえば、記録原簿を管理するコンピュータシステム自体がダウンしたり、誤作動を起こしたりすることによって、正しく記録をすることができなくなる、あるいは正しく記録されていたはずの内容が正しくなくなってしまった場合には、利用者や電子債権記録機関はなんらかの損害を被ってしまうおそれがある。

　また、インターネット時代を迎え、コンピュータシステムのネットワーク化も進んだことにより、電子債権記録機関においても不正アクセス（なりすましやハッキング）による記録内容の改ざんや、記録情報そのものの外部流出といった危険に常にさらされている。

　したがって、電子記録債権に対する信頼を高めるために、記録原簿を管理する電子債権記録機関はシステムリスクの問題にしっかりと対応することが求められているが、電子債権記録機関を監督する金融庁においても、電子債権記録機関関係の事務ガイドラインのなかでシステムリスクに対する着眼点を具体的に明示することにより、電子債権記録機関がシステムリスク管理体

＜基本的共通事項＞

制の充実強化を図ることを求めている。

2 事務リスク

　電子債権記録機関が管理する記録原簿に対する記録請求の手段としては、インターネットや公衆回線を通じてデータをやりとりすることによる方法のほかに、記録請求の窓口となる金融機関に対して請求内容を記載した書面を直接持参、あるいはFAXを送信するなどの方法で提出して依頼する方法が認められるケースがある。この場合、窓口となる金融機関において、提出された書面に基づき電子債権記録機関と連携するシステムに対して請求内容を入力する作業が発生すると思われるが、人の手を介在させる必要があることから、どうしても事務ミスが発生する可能性は否定できない。ただし、金融機関においても、事務ミスを防ぐためのダブルチェック体制を確立するなど一定の対策を講じているものと思われ、リスクが顕在化する可能性は極小化されている。

3 利用者に求められるもの

　電子債権記録機関は、利用者が電子記録債権の発生記録の請求を行ったり、譲渡記録の請求を行う場合の手続方法として、インターネットを通じて請求する方法を用意していることがある。この場合、利用者は電子債権記録機関が用意したインターネット上のサイトにアクセスして、IDとパスワードを入力する等して、手続を行うことになる。インターネットを通じたサービスでは、請求をしようとしている相手が正当な権限をもっているのかどうかを判別するのは、入力されたIDとパスワードが登録ずみの内容と一致しているかどうかで判断するので、このIDとパスワード等については厳重な管理を行う必要がある。

　万が一、ずさんな管理により、IDとパスワード等が第三者に流出した場合には、当該第三者が本人になりすまして勝手に発生記録を行ったり、譲渡

<基本的共通事項>

記録を行ってしまうといった事態を招き、大きな損害を被るおそれがある。

4　法律による手当

　不正アクセスによる「なりすまし」や「ハッキング」に対しては、法律でその責任分担について一定の手当を行っている。

　まず、「なりすまし」に対しては、代理権を有しない者または他人になりすました者の請求に基づいて電子債権記録機関が電子記録をした場合には、記録した結果により第三者に生じた損害を賠償する責任を電子債権記録機関が負わなければならないとしている。

　これは、当事者の請求に基づき電子記録をするにあたり、電子債権記録機関が当該請求につき請求権限を有する者によってなされたものであることを確認する義務（請求者が本人であることを確認する義務や、代理人による請求の場合に代理人が代理権を有することを確認する義務等）を負っていることを前提として、電子債権記録機関が請求権限を有する者による請求かどうかの確認を怠ったことによって電子記録がなされた場合には、これにより損害を受けた者に対して電子債権記録機関が損害賠償を負担しなければならないという考えに基づくものである。

　このように、電子債権記録機関は、請求権限のない者の請求に基づいて電子記録をした場合には損害賠償責任を負うが、電子債権記録機関の側で記録請求を受け付ける際の注意義務を怠らなかったことを証明した場合には、賠償責任を免れるとされている。

　次に、「ハッキング」に対しては、電子債権記録機関は電子記録の記録内容に誤りがある場合には当該電子記録の訂正をし、電子記録を保存すべき期間の経過前に電子記録が消去された場合には当該電子記録の回復をしなければならないとされている。ただし、電子記録上の利害関係を有する第三者がある場合には、当該第三者の承諾を得ることが必要とされている（法10条ただし書）。

＜基本的共通事項＞

　立法過程においては、電子記録債権法に特段の規定を設けず民法上の不法行為責任規定により処理すべきとの意見や、電子債権記録機関に無過失責任を負わせるべきとの意見もあったものの[1]、不実の電子記録等についての損害賠償責任の規定と同様、電子債権記録機関が無過失の証明責任を負担することとなった。

（髙窪　祥文）

1　法務省民事局参事官室「電子登録債権法制に関する中間試案の補足説明」平成18年、29頁。

<基本的共通事項>

Q 27 電子債権記録機関は地震などの大規模災害やシステム障害にどう備えているのか

A 27 各電子債権記録機関は、電子記録が消滅するという事態を起こすことのないように、さまざまな対策を講じている。

解説

　手形のような「現物」に伴うリスクの1つとしてあげられるのは、現物を手元に保管している場合に、盗まれたり、災害などが起きたりして現物を紛失した結果、権利そのものまでもなくなってしまうことであろう。

　電子記録債権の特徴の1つは、電子債権記録機関が管理する記録原簿に権利の内容を電子記録することにより現物をなくし、保管リスクを払拭することにある。

　しかし、磁気ディスクの内容のみで権利義務の内容が定まる電子記録債権が、本当に正しく管理されるのか、利用者としては不安に思われることもあるかもしれない。

　法律では、権利義務を定める電子記録を保護するため、記録原簿を管理する電子債権記録機関に対して義務を課している。その内容とは、法律により定められた保存期間までに、電子記録の内容が消去された場合には、電子債権記録機関は、その電子記録の内容を回復しなければならない、というものである。

　加えて、電子債権記録機関を所管する金融庁により事務ガイドラインが公表されており、電子債権記録機関に対し、当該ガイドラインにのっとった社内体制およびシステムの整備が求められている。これらをもとにして、各電子債権記録機関では、義務を果たすために、さまざまな対策がとられることとなる。

<基本的共通事項>

　電子記録を保護するための取組みは、①システム障害への対策、および②大規模災害への備え、に大別することができるだろう。以下では、その具体的内容を説明していきたい。

1　システム障害への対策

　システム障害への対策自体は多岐にわたるが、最初にあげられるのは、ハードウエアの保護である。磁気ディスクである記録原簿は、ハードウエア上に構築されたシステムにより管理される。このため、電子記録を保護するためには、まずシステムの基盤であるハードウエアを保護することが必要となってくる。

　通常、電子債権記録機関におけるシステムの基盤となるハードウエアは、「稼働系」「待機系」というふうに二重化されているケースが多いと考えられる。その場合、万が一、通常稼働しているハードウエアの一部が故障しても、すぐに「待機系」に切り替わるため、ほとんどの場合、システム全体が停止するようなことはなく、局所的な問題がシステム全体に波及することのないような仕組みになっている。

　上記に加えて、磁気ディスクの容量についても定期的に監視することで、記録原簿の空き領域が減少してなんらかの問題が生じることのないように手当されているケースが多いと考えられる。

　このほか、通常はシステム保守が備わっているため、システムが正常に動作しているかどうか、運用担当者により常時監視されており、かりになんらかの問題が発生しても、早期発見、早期対応ができるようになっている。

2　大規模災害への備え

　いくらシステムやハードウエアに対策を施したとしても、施設全体が被災し、電子記録の保護に重大な問題が生じることもありうる。大規模災害への備えはこのような事態を想定してなされており、通常、電子債権記録機関で

は記録原簿を管理するシステムとそのバックアップシステムを、地理的集中を避けるために別々の地域に分散して配置し、常にデータ内容の同期をとるようになっていると考えられる。これにより、たとえ通常稼働している施設全体が被災したとしても、災害の影響がない場所で待機していたバックアップシステムが稼働し、システムの全面停止を防ぐとともに、電子記録を保護することが可能となっている。

3　電子記録の回復への備え

これまで述べてきた電子記録の保護に関する対策とは別に、電子記録の回復への備えも当然求められる。通常、電子債権記録機関では定期的に記録原簿から採取したバックアップデータを、システムが配置されているのとは別の場所に保管しているものと考えられる。この対策を実施することにより、万が一電子記録が消去されてしまったとしても、その回復を行うことができる。

4　恒常的な備え

これまで述べてきたような対策をより完全なものとするために、電子債権記録機関において、大規模災害を想定した訓練を定期的に行うこともあるだろう。このようにして、万が一の事態に備える対策が、何重にも張りめぐらされている。

システム自体についても、監査法人等外部によるシステム監査も定期的に受ける必要があるものと考えられる。

5　各電子債権記録機関の対応

このようにして、電子債権記録機関では電子記録の消失により権利が消滅する、などという事態を絶対に起こさないよう、さまざまな対策をとっている。おそらく各電子債権記録機関が講じている対策には共通点が多いといえ

<基本的共通事項>

るが、上記で触れなかった部分についても、各電子債権記録機関ではさまざまな対策を実施していると考えられる。法令および金融庁の事務ガイドラインにおいて求められる内容は共通していることから、対策の内容もまた、同レベルの高い水準をクリアしているものと考えられる。

　このようにして、多くの利用者が電子記録債権を安心して利用できるよう、各電子債権記録機関では、記録原簿を維持するための相応の備えを実施している。

（森榮　倫）

<基本的共通事項>

Q 28 電子記録債権を他人が勝手に譲渡してしまうことはないのか

A 28 不正な方法で記録がなされるといった事態が生じないよう、電子債権記録機関は各所で必要な対策を講じている。

解説

　電子記録債権の権利義務の内容は、電子債権記録機関が管理する記録原簿の内容により定まるため、なんらかの不正な行為が行われ、記録原簿の内容が書き換えられてしまうと、電子記録債権がいつの間にか他人のものになってしまっていた、という問題が起きる可能性がありうる。

　このような事態が発生する原因としては、①他人が債権者になりすまし、正規の手続を踏んで請求した譲渡記録が記録されてしまう、という場合と、正規の手続にはよらない不正な手段を用いて、記録原簿の内容を書き換える場合、具体的には、②外部からのハッキング等の不正アクセス、および③電子債権記録機関の内部者による不正な操作、の合計3点をあげることができる。

1 なりすましへの対策

　なりすましについては、電子債権記録機関から発行され、記録請求の際に必要となる項目、具体的には、利用者IDもしくは利用者番号、および暗証番号等を、利用者側で厳重に管理することが重要となる。これはシステムを介した非対面での記録請求の場合、本人しか知りえないはずの利用者IDおよび暗証番号等の一致が、本人による請求であることの根拠となるからである。このため、これらの情報を他人に知られてしまうと、電子債権記録機関側では他人による不正な請求であることを判別できなくなってしまう。たし

<基本的共通事項>

かに、不正な記録請求を看過した場合には、電子債権記録機関は損害賠償責任を負うが、利用者側で利用者IDや暗証番号等が正しく管理されていなかった場合には、電子債権記録機関に対して全面的に責任を問うことはできなくなってしまうものと考えられる。

2　外部からの不正アクセスへの対策

　外部からの不正アクセスへの対策については、いずれの電子債権記録機関もセキュリティ上の観点から詳細な内容を明らかにはしていない。しかし、金融庁のガイドラインにおいて各電子債権記録機関には、システムリスク対策を施すことが課されている。ハッキングに代表される不正アクセスへの対策もその一部であり、各電子債権記録機関は、十分な対策を立てているものと考えられる。

3　内部者による不正操作への対策

　内部者の不正行為への対策についても、金融庁のガイドラインで言及されており、電子債権記録機関において対策が講じられている。
　たとえば、SMBC電子債権記録では、記録原簿へのアクセス権限を厳重に管理しており、システムの運用担当者が記録原簿へ容易にアクセスできないようになっている。また、電子債権記録機関のシステムを利用する職員についても、単独でシステムを操作することができないようになっている。

4　電子債権記録機関ごとのその他の対策

　これまで述べた以外の対策としては、記録原簿および記録請求を管理するシステムに、あらかじめ不正な請求を受け付けにくい仕様を組み込むことがあげられる。
　最初にあげられるのが、利用者登録である。平成23年6月現在で開業しているすべての電子債権記録機関では、官庁または公署による嘱託など、特別

<基本的共通事項>

な場合を除き、譲受人として記録されるためには、その電子債権記録機関の利用者であることが必要となっている[1]。これにより、利用者として登録されていない人物または法人に対して電子記録債権を譲渡することはできない。利用者の登録に際しては、犯罪による収益の移転防止に関する法律（平成19年法律第22号）に基づく本人確認のための厳重な手続がとられているとともに、電子債権記録機関により利用者として適格かどうかの審査が行われている。

その他の機能として、以下のような、各電子債権記録機関に特有の機能をあげることができる。

電子債権記録機関によっては、商品の一部に「譲渡制限機能」を備えているものもある。これは、あらかじめ登録された自社取引先以外の利用者を譲受人とする譲渡記録を制限するものであり、この機能を活用すれば、通常の取引以外の目的で、譲渡記録が行われてしまうことを防止することができると考えられる。

そのほか、譲渡先を窓口金融機関に限定する旨の記録をすることを可能とする電子債権記録機関もあり、この機能も、前述の「譲渡制限機能」と同様に活用することができると考えられる。これに加え、「指定許可機能」として、あらかじめ登録した利用者以外からの記録請求を受け付けないようにする機能も予定されている。この機能により、通常の取引以外での譲渡記録を防止するのにある程度の効果があるものと思われる。

このように、基本的なセキュリティ対策は各電子債権記録機関で同様ながら、利用者の利便性、安全性に配慮したシステム仕様のつくりこみという点において、各電子債権記録機関の間で若干の差異が生じている。たしかに、このようなセキュリティに関する問題は、利用する電子債権記録機関を比較

---

1 SMBC電子債権記録「業務規程」11条1項、JEMCO「電子債権記録業（電子決済サービス）に関する業務規程」7条、および、みずほ電子債権記録「業務規程【電子債権決済サービス用】」3条1項。

＜基本的共通事項＞

するうえで、主要な比較材料とはなりにくいかもしれないが、利用に係るリスクを削減するため、考慮されるべき点である。

（森榮　倫）

<基本的共通事項>

Q 29 電子記録債権制度が創設された背景には何があるのか

A 29 金銭債権の取引の安全を確保することにより、事業者の資金調達の円滑化等を図るために、新しい債権制度として電子記録債権制度が創設されたのである。なお、電子記録債権法は、平成19年6月に公布され、平成20年12月に施行されている。

解説

1 中小企業の資金調達円滑化への要請

　金融危機の経験をふまえ、国内では中小企業金融の円滑化策として、保証人や不動産担保に頼らない金融手法への期待が高まった。特に、中小企業による債権流動化取引の活用について注目が集まった。

　金銭債権を活用した事業者の資金調達手段としては、従来から手形や売掛債権を第三者に譲渡して資金を得る方法がある。しかし、手形については現物であるがゆえの保管コストや紛失リスクがあることに加えて印紙税の負担もあり、ITの活用等による企業の事務削減が進む環境下で、手形の利用自体が大幅に減少している（手形残高：平成2年110兆円、平成19年37兆円）。また、売掛債権については、譲渡の対象となる債権自体の存在やそれがだれに帰属しているのかを確認するのに手間とコストがかかることに加えて、二重譲渡リスクの問題があるために流通性に乏しく、早期の資金化が困難という問題を抱えている。これらの問題を解決し、事業者の資金調達の円滑化を図るために、電子的な記録によって権利の内容を定め、取引の安全性・流通性の確保と利用者保護の要請に応える新たな制度として「電子記録債権」が創設されることとなったのである。

<基本的共通事項>

2 IT（情報技術）の活用

　平成12年に国会での首相所信表明演説において、「e-Japan構想」としてITを活用した国家戦略が打ち出され、全国民がインターネットを使える環境を整備するとともに、サービスの低価格化や利便性向上が推進されることとなった。その具体策として平成15年7月にまとめられたのが「e-Japan戦略Ⅱ」であり、その項目の1つに「中小企業の資金効率を向上させ、積極的に事業展開」できるよう、「手形の有する裏書や割引機能等を電子的に代替した決済サービス（電子手形サービス）の普及」や「売掛債権を迅速かつ確実に回収できる決済手段であるエスクローサービスの普及を図る」ことが盛り込まれたのである。

3 法制化に向けた動き

　また、平成16年12月～平成17年3月にかけて、沖縄県銀行協会が中心となって、信金中央金庫が提供する電子手形サービスを利用した「電子手形導入実証実験」が、沖縄県内に事業所を有する125社の参加を得て行われた。

　平成17年12月には、法務省・経済産業省・金融庁により「電子記録債権に関する基本的な考え方」が取りまとめられ、手形債権とも売掛債権とも異なる新たな金銭債権をつくること、そしてその債権を発生・譲渡・消滅させる機関として、民間企業としての電子債権管理機関（当時の呼称）の設立が盛り込まれ、電子記録債権制度の骨格が決まったのである。その後、それを具現化するための議論として、法制審議会電子債権法部会、金融審議会金融分科会等での検討を経て、電子記録債権法が平成19年6月の国会で可決・成立し、国策的に制度が導入されたのである（法制化に向けた当局の動きの詳細はQ30参照）。

<基本的共通事項>

4　海外動向

　なお、海外におけるわが国の電子記録債権制度と類似の制度としては、韓国の電子手形制度および電子債権制度があげられる（詳細はQ33参照）。これらの制度は、既存の手形自体や売掛債権譲渡の対抗要件を電子化するものであり、新たな金銭債権として創設したわが国の電子記録債権制度とはその性格が異なっている。

（髙窪　祥文）

<基本的共通事項>

Q 30 当局は電子記録債権に対してどのように対応してきたのか

A 30 経済産業省、法務省および金融庁による検討が行われ、各種研究会・審議会での議論を経て電子記録債権法が成立した。法律施行後も制度普及に向けた動きが積極的に行われている。

解 説

1 立法以前における当局による各種報告等

電子記録債権の検討の契機は、平成15年7月に政府のIT戦略本部による「e-Japan戦略Ⅱ」の決定がなされ、手形の機能を電子的に代替するサービスの提言がなされたことによるものであるが、実際の立法化に向けては、経済産業省、法務省、金融庁の各省庁により、各種報告がなされている。

(1) 経済産業省

経済産業省からは、おもに電子記録債権を利用したビジネスモデルの研究や中小企業の資金調達の円滑化という観点でさまざまな提言が行われている。具体的な報告については以下の通りである。

・平成16年4月
「金融システム化に関する検討小委員会報告書―電子債権について―」(産業構造審議会・産業金融部会)

・平成17年4月
「電子債権構想―IT社会における経済・金融インフラの構築を目指して」
(電子債権を活用したビジネスモデル検討WG)

・平成18年3月
「電子債権プログラム」(電子債権の管理・流通インフラに関する研究会)

＜基本的共通事項＞

・平成19年2月
「電子債権制度に関する研究会　中間報告」（電子債権制度に関する研究会）
・平成19年5月
「電子債権制度に関する研究会　第二次報告」（電子債権制度に関する研究会）

(2) **法　務　省**

法務省からは、民法上の金銭債権とは異なる特別な金銭債権という位置づけで、電子的な債権の骨格を形成するという観点から、最終的に法務大臣の諮問により法制審議会の審議による答申が行われたことにより、立法化の足がかりができた。具体的な報告については以下の通りである。

・平成17年12月
「電子債権に関する私法上の論点整理」（電子債権研究会）
・平成18年7月
「電子登録債権法制に関する中間試案」（法制審議会電子債権法部会）
・平成19年2月
「電子登録債権法制の私法的側面に関する要綱」（法制審議会）

(3) **金　融　庁**

金融庁からは、電子的な債権においても最終的には決済が伴うことから、利用者が安全円滑に債権を利用できるようにし、また管理・監督上も一定の規制が必要との認識から金融審議会による制度設計が行われた。具体的な報告については以下の通りである。

・平成17年7月
「金融システム面からみた電子債権法制に関する議論の整理」（金融審議会金融分科会第二部会情報技術革新と金融制度に関するWG）
・平成18年12月
「電子登録債権（仮称）の制定に向けて〜電子登録債権の管理機関のあり方を中心として〜」（金融審議会金融分科会第二部会・情報技術革新と金融制

<基本的共通事項>

度に関するWG合同会合）

　なお、上記以外にも、平成17年12月に経済産業省・法務省・金融庁合同で、「電子債権に関する基本的な考え方」が取りまとめられ、公表されている。

2　立法後における当局からの報告等

　また、平成19年6月の電子記録債権法成立後、法務省および金融庁より電子記録債権法に係る政省令案がパブリックコメントに付され、平成20年10月に公布された。これにより、法律上委任されている詳細部分が明らかになり、実務上の準備が整った。その他金融庁より、金融監督上の着眼点を示した事務ガイドライン案（第三分冊：金融会社関係　12　電子債権記録機関関係）がパブリックコメントに付され、平成20年11月に公表され、電子債権記録機関が指定取得を受ける前提が明らかとなった。

　平成20年12月の電子記録債権法施行をふまえ、電子記録債権の周知徹底を図るために、「金融庁・法務省」連名での「電子記録債権」パンフレットを作成し、金融庁のホームページ等にて公表し、普及活動が行われている。

　電子記録債権法公布後2年を経過した平成22年6月には、政府による新成長戦略が公表され、電子記録債権等の先進的な日本的モデルを活用し、長期的な視点（最終平成32年）で、日本の金融機関がアジアマーケットにおけるメインプレーヤーとしての地位を確立することがうたわれている。アジアでは、決済インフラや法制度が未発達の地域も多いことから、日本における電子記録債権等の金融技術を「輸出」し、日系・非日系を含めて現地の大企業や中小企業も活用できるような展開が求められている。

（庄司　義光）

<基本的共通事項>

Q 31 民間は電子記録債権に対してどのように対応してきたのか

A 31 手形的利用を掲げる全国銀行協会の「でんさいネット」が開業予定のほか、メガバンク3行が子会社で独自の電子債権記録機関を開業している。

解 説

前問では、当局の電子記録債権への対応について説明したが、一方で民間の電子記録債権への対応は、具体的には電子記録債権法が施行された以降の動きが中心となる。

1 全国銀行協会の動き

電子記録債権法の成立を受けて、全国銀行協会では、平成20年3月に「電子記録債権の活用・環境整備に向けて」を公表し、手形的利用を取引形態として想定した共同型の電子債権記録機関の設立の検討を打ち出した。これは、電子債権記録機関設立の動きとしては最も早いものであった。その後、平成20年10月に「電子債権記録機関要綱(中間整理)」を公表して、利用者ニーズの把握等の調査を行った。平成21年3月には「電子債権記録機関要綱」を公表し、「手形的利用」「全銀行参加型」「間接アクセス方式」を柱とする電子債権記録機関を設立し、平成24年度上期の業務開始を目指すこととした。

全国銀行協会による電子債権記録機関の特徴は、電子記録債権の利用を「手形代替」と明確化し、銀行だけでなく信用金庫や信用組合を含めて約1,300程度あるすべての金融機関の参加を前提とし、電子債権記録機関へのアクセスについては当該窓口金融機関が参加金融機関となって利用者との間

＜基本的共通事項＞

で記録請求等の取扱いをするところにある。また、手形の不渡り制度と同等のルールを設けることにより、現在の手形と同程度の信頼性および流通性を保つこととしている。その後平成22年6月に準備会社として、「でんさいネット」が設立され、平成24年5月の開業に向けて準備中である[1]。

2　メガバンクの動き

　全国銀行協会の電子債権記録機関設立の動きとは別に、各メガバンクにおいても独自に電子債権記録機関を設立する動きをしている。まず、三菱東京UFJ銀行が、平成20年6月に日本電子債権機構（設立当初の会社名は、日本電子債権機構設立調査）を100％子会社として設立し、平成21年7月より開業した。

　次に、三井住友銀行が平成21年4月にSMBC電子債権記録を100％子会社として設立し、平成22年7月より開業した。

　さらに、みずほ銀行も平成22年1月にみずほ電子債権記録を100％子会社として設立し、平成22年10月より開業した。

　これらの銀行が設立した電子債権記録機関の特徴は、いずれも当該銀行と取引のある優良企業である支払企業を債務者、当該支払企業の仕入先を債権者として、子会社である電子債権記録機関にて発生した電子記録債権を当該銀行自身やその関連会社もしくは当該銀行がアレンジしたSPC、提携金融機関で、買い取ることを主眼としていることである[2]。これは従来からおもに大企業向けの決済手段として利用されている一括ファクタリング等の「一括決済方式」と類似したアプローチであるといえる。したがって、そのような切り口で考えると、これらの銀行の電子記録債権は、部分的には手形的利用としての機能も兼ね備えているが、広い意味で一括決済方式としての利用に近いということができるだろう。そのため、でんさいネットの電子記録債権

1　でんさいネットホームページ（http://www.densai.net/）。
2　月刊金融ジャーナル654号、平成23年、20〜31頁。

＜基本的共通事項＞

とそれ以外の電子記録債権はお互いを補完する面も一方であり、両者のすみ分けや協調も可能であると考えられる。

3　今後の動き

　今後、上記以外にも特徴のある電子債権記録機関が登場する可能性はあるが、当面は上記4社の電子債権記録機関による電子記録債権が世の中に流通することになる。

　なお、電子債権記録機関ごとに業務規程やシステムも異なるため、電子債権記録機関の間で電子記録債権を流通させることはできず、電子記録債権は各電子債権記録機関内でそれぞれ発生・譲渡・消滅するという点には留意が必要である。

（庄司　義光）

<基本的共通事項>

Q 32 金融機関は電子記録債権に今後どのように対応していくのか

A 32 でんさいネットの開業以降の課題としては、サービス内容の拡充があげられる。

解説

1 大企業を債務者とする電子記録債権

　平成21年7月に三菱東京UFJ銀行の子会社であるJEMCOが開業したのをはじめとして、平成22年7月に三井住友銀行が設立したSMBC電子債権記録が、そして同年10月にみずほ銀行の出資によるみずほ電子債権記録が開業した。

　これらの電子債権記録機関と連携した上記各行が提供する商品のスキームはそれぞれ異なっているが、共通しているのは、各行と取引関係にある大企業が電子記録債権の債務者となっていることである[1]。これらのスキームにより、債務者となる大企業は、紙の手形にかえて電子記録債権による支払を行うことで、支払手形の合理化を進めることができるようになり、大企業と取引関係にある仕入先は、従来の一括決済方式と同じような種々のメリットを享受できるようになった。

　上記各行以外でのサービス提供元としては、JEMCOと提携する地域金融機関等をあげることができる。利用できるのは、JEMCOで発生した電子記

1　三菱東京UFJ銀行・日本電子債権機構『電子記録債権の活用』金融財政事情研究会、平成22年、22頁、および、みずほ銀行「みずほ電子債権記録株式会社による電子債権記録業の指定取得および開業について」平成22年（http://www.mizuho-er.co.jp/news/pdf/20101004.pdf）。

<基本的共通事項>

[図1] 個別行スキーム

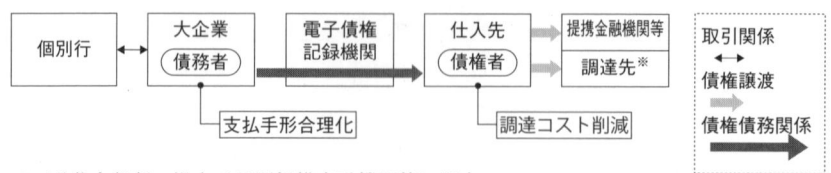

```
個別行 ⇔ 大企業      電子債権  仕入先      提携金融機関等    取引関係
         債務者      記録機関  債権者      調達先※          債権譲渡
                └支払手形合理化┘  └調達コスト削減┘        債権債務関係
```

※三井住友銀行の場合は原則提携金融機関等に限定。

録債権を受け取った仕入先であり、サービス内容は、提携した地域金融機関等による①電子記録債権の割引、②電子記録債権を担保とする融資、が大半を占めている[2]。

このように、平成23年6月現在における、電子記録債権の利用環境は、サービス提供元の金融機関は電子債権記録機関の設立主体となった各銀行と一部の地域金融機関等、利用者としては上記各行を取引金融機関とする大企業である支払企業、および当該支払企業の仕入先となる。この段階では、電子記録債権にかかわるサービスを利用できる企業等も、提供する金融機関もまだまだ限定されている。

2 でんさいネットの開業

利用者の幅が大きく広がる契機となりうるのが、平成24年5月に予定されているでんさいネットの開業であろう。でんさいネットは、約1,300の金融機関を通じて利用できるようになるとともに、紙の手形を代替する「手形的利用」が想定されている。

このため、利用者の範囲は、大企業に限らず、これまで紙の手形を振り出していた企業等が想定され、債務者、債権者ともに、それぞれのメリットを享受することができる(電子記録債権の手形的利用がもたらすメリットについては、Q14参照)。

---

2 電手買取サービス取扱金融機関一覧および各金融機関のニュースリリース等を参照（http://www.den-te.com/banklist/）。

＜基本的共通事項＞

[図2] でんさいネットスキーム

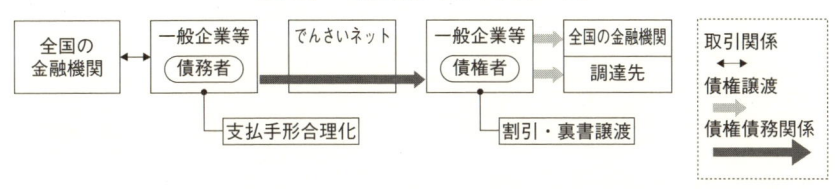

以上より、でんさいネットの開業以降、電子記録債権にかかわるサービスの提供元としては、前述の金融機関だけでなく、でんさいネットに参加する約1,300の金融機関が加わることから、一般の企業等が利用者として広く利用できるようになると予想される。

3 提供商品・サービス内容の充実

でんさいネットの開業を契機として、電子記録債権にかかわるサービスを提供できる金融機関の幅とともに利用者の幅も広がるとすれば、次に求められるのは、提供商品およびサービス内容の充実であろう。

たとえばSMBC電子債権記録では、親会社である三井住友銀行以外の地域金融機関などの金融機関でも、電子記録債権を利用した商品を提供できるようにするため、①記録機能の提供、②個別譲渡サービス、という2種類のサービスを用意している。

①の記録機能の提供については、記録請求のためのデータを伝送することによりSMBC電子債権記録に対して記録請求を行うことで、提携金融機関が電子記録債権版一括ファクタリングを提供することができるようにするものである。これまで支払手形の合理化に踏み切れなかった企業等は、自らの取引金融機関と連携してこのサービスを利用することにより、支払手形の合理化を行いながら、受取側に対して資金調達コストの削減というメリットを提供することができるようになる。

②の個別譲渡サービスについては、個別的な売掛債権を電子記録債権化

<基本的共通事項>

[図3] 地域金融機関スキーム

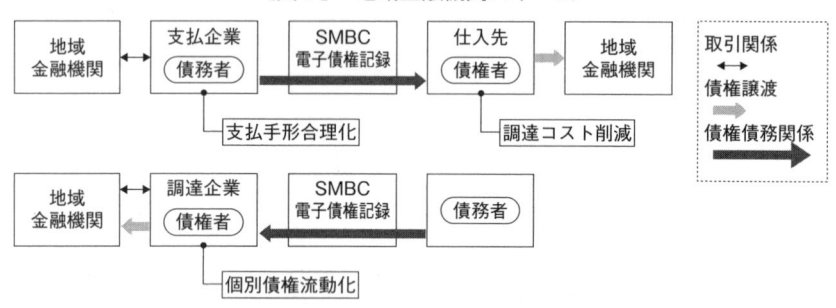

```
地域         支払企業      SMBC        仕入先       地域         取引関係
金融機関  ─  債務者    ─  電子債権記録 → 債権者    ─ 金融機関      ←→
              └─ 支払手形合理化 ─┘      └─ 調達コスト削減 ─┘     債権譲渡
                                                                  債権債務関係
地域         調達企業      SMBC                     
金融機関  ─  債権者    ←  電子債権記録          債務者
              └─ 個別債権流動化 ─┘
```

し、金融機関等に譲渡することにより、債権の流動化ができるようにするものである。一括ファクタリングでは、継続的で反復的な取引関係が対象だったが、本サービスでは個別的な取引が対象となる。

　このように、地域金融機関等が主体となって、これらのサービスを提供することになれば、地域金融機関等と取引のある企業は、単なる手形的利用以外の、電子記録債権関連サービスを利用することができるようになる。このことは、電子記録債権のさらなる普及につながるとともに、より多くの方々が、電子記録債権がもつメリットを多面的に享受できる、ということを意味している。現在は、このような将来像を現実のものとするための準備期間であると考えられる。

（森榮　倫）

<基本的共通事項>

Q 33 海外にわが国の電子記録債権と同じような制度はあるのか

A 33 韓国と中国で、日本と類似した制度が先行して実施されている。

解　説

　日本における電子記録債権法の施行は平成20年12月だが、海外ではそれ以前に類似の制度がスタートしている。

1　韓　　国

　韓国では、平成9年頃のアジア通貨危機の際に、決済の見込みがない手形が乱発され連鎖不渡りが発生したことへの反省と、企業の資金調達の円滑化を目的に、独自の制度が構築された。

(1)　電子売掛債権

　まず、平成14年3月に電子売掛債権制度がスタートした。これは、金融決済院という銀行業界が共同で出資した社団法人が電子債権の中央管理機関となり、債権の発生や譲渡を管理するというものであり、銀行間共通のシステムで従来の資金決済システムと同様のネットワークを用いるものであるが、登録した債権を金融機関に対して担保に提供して資金調達をすることができるという制度であった。この制度は、情報システムを利用して支払企業ごとの発行限度を登録することにより、債務の発生を管理して不渡りを抑制するという政策的な意図が背景にあり、また、譲渡先も自由ではなく保管銀行に対する担保貸出に事実上限定されているため、利用者の利便性というよりは、どちらかというと企業側の債務の管理統制に主眼があったといえる。しかも、当初は単に約款による私人間の合意のみで制度を運営しており、金融決済院に登録された債権は単なる指名債権にすぎなかったので二重譲渡のリ

スクも内包しており、これを解決するためには法制整備が不可欠であり、最終的には平成18年4月に成立した電子金融取引法による電子債権譲渡の対抗要件の電子化を待たねばならなかった。電子売掛債権の特徴として、以下の点があげられる。①債権譲渡の通知または承諾には電子署名法上の公認電子署名をした電子文書によって行われることが必要、②①の手続等一定の要件を満たした債権譲渡には、民法上の債権譲渡の対抗要件があったものとみなされること、③支払サイトは180日以内、④電子債権を発行する企業は法人税等の優遇措置があること。

(2) 電子手形

　一方、電子売掛債権制度とは別に、実際の手形を電子化するニーズは存在しており、平成16年3月に議員立法により「電子手形の発行及び流通に関する法律」が成立した。これは現実の紙の手形を電子化するものであり、平成17年1月に施行され、平成17年9月に稼働している。手形を電子化する目的は、手形のコスト（偽造変造、発行管理）の削減は当然であるが、韓国特有の背景としては、連鎖不渡り防止と脱税防止（資金流通の可視化）に重点が置かれている。電子手形の管理を行う電子手形管理機関は、電子売掛債権と同様、金融決済院が担っており、支払企業の発行総額などが一元管理できる仕組みとなっている。電子手形の特徴として、①発行・裏書等の手形行為は電子署名法上の公認電子署名をした電子文書によって行われることが必要、②支払サイトは1年以内、③裏書は20回まで可能、④分割が不可能、があげられる。

　平成21年11月に法律が改正され、外部監査対象株式会社（資本金100億ウォン）において電子手形の利用が義務化されたため近年利用が急増したが、平成22年の約束手形交換高でみると、電子手形の発行金額は約98兆ウォンと、金額ベースではまだ全体の3.1%程度にとどまっている。

<基本的共通事項>

[表] 電子的記録が債権となる各国の制度

	日本	韓国	中国
利用開始時期	2009年（平成21年）	2005年（平成17年）	2009年（平成21年）
位置づけ	電子記録債権（手形とも指名債権とも異なる）	電子的な手形（手形法準用）	電子的な手形（手形法準用）
用途	手形としてのみならず、法の枠組みのなかで、さまざまな用途に利用可能	通常の手形と同様	商業手形（割引）としての利用
その他		別途、電子売掛債権制度あり（電子的な債権譲渡の対抗要件制度に近い）	

2 中 国

　韓国のほか、中国でも同種の制度がスタートしている。

　平成21年10月より電子商業手形システムが稼働を開始しており、商業手形を電子化し、手形における発生や譲渡等の処理を電子商業手形システム（ECDS：Electronic Commercial Draft System）を通じて行う。これは中国の手形法の規定を準用するものである。電子商業手形システムの特徴は、①従来紙の手形では、サイト6カ月だったものが1年に延長されたこと、②手形上の署名が電子署名とされていること、③割引金利を当事者間で決定可能であること、④分割が不可能であること、があげられる。

　平成22年6月からは全国展開が図られており、システムへの接続が完了した金融機関は、316機関（銀行246行、ファイナンス会社70社）あり、銀行のカバー率は8割程度となっている。

<基本的共通事項>

　実績は、制度開始以降の約1年間で件数は約23万件、取扱金額は約7,700億元となっており、まだ手形取引に占める割合は小さいものの、偽造・変造防止の観点から将来は電子商業手形に統一される方向である。

（庄司　義光）

（参考文献）
野村敦子「Studies韓国の電子売掛債権・電子手形の動向」Business&Economic Review、2008年3月号、41〜57頁、「韓国・中国に学ぶ電子手形普及の条件」週刊金融財政事情2930号、平成23年、32〜35頁
株式会社NTTデータ経営研究所「アジア諸国の企業間取引の実態に関する調査」報告書2011年3月（平成23年6月30日金融庁ホームページ（http://fsa.go.jp/news/22/20110627-9.html））

第 2 章

電子記録債権　利用者編

仕入先（サプライヤー）の場合

(1) 共通事項

Q 34 電子記録債権を導入した場合の仕入先にとってのメリットは何か

A 34 電子記録債権を支払手形の代替として利用する場合、手形的利用と一括決済方式としての利用の2パターンがある。手形的利用の場合には、手形現物がなくなることによるメリット、一括決済方式としての利用の場合には、期日前資金化にかかわるメリットがある。ただし、会計処理の変更を要する場合があるので、留意が必要である。

解　説

1　手形的な利用の場合のメリット

　電子記録債権を支払手形の代替として利用する場合、手形的な利用と一括決済方式としての利用の2パターンがある。

　手形的な利用の場合、紙の手形がなくなり、債権が電子化されることによるメリットがある。紙の手形の場合、仕入先は、以下の流れで手形の処理を行っている。

① 　手形振出人から手形を受領（郵送、窓口交付等）
② 　手形振出人に手形受取領収証を交付
③ 　受領した手形を金庫等で保管

④ 取引相手に裏書譲渡、または金融機関に割引・取立てに持込み

一方、電子記録債権の手形的利用の場合、この流れにおいて、以下の通り処理が簡素化される。
① 債権の受領手続の簡便化（インターネット等での債権発生確認）
② 受取領収証は不要
③ 債権管理は記録機関の記録原簿上で実施
④ 割引・第三者宛支払利用はインターネット等で申込み

さらに、支払期日に資金を受け取る場合には、取立てのような手続は不要で、割引については、債権金額の一部のみの割引もできるというメリットがある。

2　一括決済方式としての利用の場合のメリット

一括決済方式としての利用の場合、紙の手形がなくなり、債権が電子化されることによるメリットに加え、期日前資金化にかかわるメリットがある。

一括決済方式において期日前資金化する場合、期日前資金化の割引率は個別行が定める短期プライムレートとなっているケースが多いため、比較的低利での資金調達が可能である。

また、取引金融機関で手形割引を行う場合、あらかじめ取引金融機関に決算書等を提出し、取引金融機関の審査を経て、手形割引極度を設定する場合が多いが、一括決済方式の場合には、個別行に決算書等を提出して、期日前資金化極度を設定するといった手続はない。

さらに、期日前資金化を実施した場合、債権流動化と同様のオフバランス効果がある。つまり、手形を割り引いた場合、手形振出人が手形を決済できなかった場合には、割引依頼人は当該手形の買戻義務を負うことになるが、一括決済方式で期日前資金化をした場合には、その後に債務者が支払不能になったとしても、期日前資金化を行った金額について返還請求されることはない（公正取引委員会の昭和60年事務局長通達において、「一括決済方式のうち

＜仕入先（サプライヤー）の場合＞(1)共通事項

ファクタリング方式及び併存的債務引受方式により下請代金の支払を行う場合には、理由のいかんを問わず、金融機関が下請事業者に当該下請代金の額に相当する金銭を支払った後にその返還を求めることのないようなものとすること」となっている）。

（髙木　英隆）

<仕入先(サプライヤー)の場合>(1)共通事項

Q 35 個別行の電子記録債権を利用する場合の申込手続はどうなっているのか

A 35 原則、申込みに際しては、電子債権記録機関所定の契約書類のほか、登記事項証明書や印鑑登録証明書等が必要となる。個別行では、受付後に一定の審査(金融機関からの借入れに際しての融資審査とは異なるもの)を行うこととなり、その後、電子記録債権の利用が可能となる。

解説

1 電子記録債権の利用申込みまでの流れ

　個別行の電子債権記録機関を利用する決済スキームについては、支払手形削減等のニーズのある支払企業が、個別行と協議のうえ、導入を決定する。その後、支払企業は、過去の手形支払実績等をもとに仕入先を抽出し、それら仕入先に対してスキームへの参加を案内することとなる。したがって、仕入先が電子記録債権を利用したいと考える場合であっても、支払企業がスキームを導入し、仕入先に対してスキームへの参加を呼びかけない限り、仕入先の希望のみによって利用申込みを行うことはできない。

　なお、スキーム参加のうえで必要な利用申込書類については、一般的には、支払企業から仕入先に対して、参加案内とともに交付される。あるいは、事前にスキーム参加案内とともに、スキーム参加希望を問うアンケートが実施されている場合には、アンケートで参加希望と回答した場合に、別途、支払企業から利用申込書類を交付されることとなる。

＜仕入先（サプライヤー）の場合＞(1)共通事項

2　電子記録債権の利用申込手続

　仕入先は、支払企業から利用申込書類の交付を受けた場合、当該申込書類への記名押印のほか、登記事項証明書や印鑑登録証明書等を取りそろえ、（支払企業を経由して、）個別行の電子債権記録機関の窓口金融機関に提出することとなる。

　提出書類については、個別行所定の書式があるが、おもにスキーム利用のベースとなる契約書や申込書、資金の受取方法や受取口座等の届出書、個別行との通信のためのFAXやWEBサービスの利用申込書が必要となる。

3　電子記録債権の利用申込み後の流れ

　個別行の電子債権記録機関の窓口金融機関では、仕入先から利用申込書類を受付後、登記事項証明書等により、仕入先について一定の審査を行うこととなる（個別行が提供するスキームについては、原則支払企業の信用力に依拠したものとなっているため、仕入先の信用力の審査とは異なる審査を行う）。

　個別行の電子債権記録機関の窓口金融機関では、仕入先の審査を実施後、契約成立した仕入先について、支払企業に連絡を行う。通常、支払企業は、経理システム上、仕入先への支払方法について識別を行っているため、契約成立した仕入先に対する支払方法を支払手形から電子記録債権に変更を行う。その後、仕入先に対する支払について、電子記録債権を利用した支払が開始されることとなる。

（髙木　英隆）

<仕入先(サプライヤー)の場合>(1)共通事項

Q 36　個別行の電子記録債権はインターネット経由でしか利用できないのか

A 36　連絡手段については、一般的にインターネットとFAXを利用することが可能である。

解説

1　個別行の電子記録債権スキームにおける連絡のケース

　個別行の電子記録債権を利用したスキームにおいては、仕入先と金融機関との間でおもに以下の連絡が行われる。

① 　金融機関から仕入先への連絡
　　a　支払企業からのデータ受付に基づく債権明細
　　b　仕入先からの期日前資金化申込みに基づく受付書および計算書
② 　仕入先から金融機関への連絡
　　金融機関に対する期日前資金化申込み
　　(ただし、あらかじめ包括的な割引申込みを行っている場合、つどのインターネットやFAXによる申込みは行わない)

2　連絡手段ごとのメリットとデメリット

　連絡手段については、あらかじめ仕入先がいずれの手段とするかを選択し、選択した手段にかかわる利用申込書を金融機関に提出することとなる(通常、双方の通信手段を併用することはできない)。
　通信手段の選択にあたって、仕入先がポイントと考える点は以下の通りと考えられる。
① 　インターネット

<仕入先（サプライヤー）の場合＞(1)共通事項

 a 金融機関からの連絡について、確認したいときに確認できる。

 b FAXのように紙を保管する必要がない。

② FAX

 a 金融機関からの連絡について、インターネットのように能動的に確認しなくても、受動的に受け取ることができる。

 b 紙として残すことができる（ただし、インターネットを利用する場合でも、PDF等により印刷することは可能）。

3　ダイヤルアップや紙の利用について

　通常、個別行の電子記録債権における通信手段については、効率化の観点から、パソコンソフトのインストールや通信環境の設定が必要なダイヤルアップでの通信や、書類授受の手間や時間を要する紙（郵送または窓口）での授受については、原則として利用できないこととなっている（インターネットもしくはFAXのみ可能である）。

（髙木　英隆）

＜仕入先（サプライヤー）の場合＞(1)共通事項

Q 37 個別行の電子記録債権を利用する場合にどんな手数料が発生するのか

A 37 個別行の電子記録債権では、通常は、期日前資金化時に割引料、支払時に振込手数料が発生する。また、その他、受取口座の変更、支払先の変更（手形の裏書譲渡に相当）等、金融機関に対してなんらかの依頼を行った場合には、それぞれの手続に応じた手数料が発生する場合がある。

解　説

1　個別行の電子記録債権利用時の割引料および振込手数料

　個別行の電子記録債権を利用したスキームでは、手形の場合に割引もしくは期日取立てしていたのと同様に、仕入先は期日前資金化または期日受取りすることになる。期日前資金化の場合、個別行所定の割引料および振込手数料が受取金額から差し引かれることとなる。また、期日受取りの場合、振込手数料が受取金額から差し引かれることとなる。

　割引率については、個別行が定める短期プライムレートとなることが多いことから、多くの仕入先にとっては、一般的に手形割引の場合の割引料よりも負担が軽くなるものと考えられる。また、振込手数料についても、手形の取立手数料と同等か、それよりも負担が軽くなるものと考えられる。

　したがって、個別行の電子記録債権の利用にあたって、多くの仕入先は資金受取りにかかわるコスト負担を軽減できるものと考えられる。

2　その他の手数料

　個別行の電子記録債権を利用したスキームにおいて、仕入先は希望によ

＜仕入先（サプライヤー）の場合＞(1)共通事項

り、受取口座の変更、第三者への支払先変更（裏書譲渡類似機能）等を金融機関に対して申し込むことができる。ただし、申込可能な内容や具体的な手数料は、契約内容等により相違するため、申込みにあたっては、契約内容等を確認する必要がある。

（髙木　英隆）

＜仕入先（サプライヤー）の場合＞(1)共通事項

Q 38 個別行の電子記録債権を利用した決済スキームに切り替えると何がよくなるのか

A 38 個別行の電子記録債権を利用した決済スキームについては、支払手形と比較した場合、①手形受取事務負担の軽減、②手形管理事務負担の軽減、③手形紛失・盗難リスクの削減、④手形受取り時の領収証発行（印紙貼付）が不要、⑤低利資金調達が可能、⑥機動的な資金調達が可能、⑦金融機関での融資審査が不要、⑧期日前資金化によるオフバランス化が可能、といったメリットがある。

解説

1 手形現物がなくなることによるメリット

支払手形から個別行の電子記録債権を利用した決済スキームに切り替えた場合、仕入先にとっては、手形現物がなくなることによる以下のようなメリットがある。

① 手形受取事務負担の軽減

支払企業から手形を受け取る場合、支払企業の経理窓口での交付としているケースがあり、手形現物がなくなることにより、支払企業の経理窓口への訪問が不要となる。

② 手形管理事務負担の軽減

仕入先は、支払企業から手形を受領後、取引金融機関に取立てを依頼するまでの間、期日管理を行っている。個別行の決済スキームの場合、仕入先が期日前資金化をしていなければ、自動的に期日に資金が指定した金融機関の口座に送金されることとなるため、仕入先側で取引金融機関に取立

てを依頼するための期日管理を行う必要はなくなる。
③　手形紛失・盗難リスクの削減
　　仕入先は、支払企業から手形を受領後、現物の紛失・盗難リスクがあるため、自社金庫や金融機関の貸金庫で現物を保管している。手形現物がなくなることにより、そのようなリスクは削減されることとなる。
④　手形受取り時の領収証発行（印紙貼付）が不要
　　仕入先は、支払企業から手形を受領した場合、支払企業に対して手形受取りの領収証を発行することになるが、印紙税法に従い、領収証には金額に応じた印紙を貼付する必要がある。現物がなくなることにより、領収証の発行（それにかかわる印紙の貼付）が不要となる。

2　資金調達にかかわるメリット

個別行の電子記録債権を利用した決済スキームは、従来の一括決済方式と同様に以下のようなメリットがある。
①　低利資金調達が可能
　　個別行のスキームでは、通常仕入先の信用力にかかわらず一律に、個別行が定める短期プライムレートでの期日前資金化が可能となっている場合が多い。手形割引の場合には、相対の交渉を通じて仕入先の信用力も反映したうえでの割引レート設定となることから、一般的に手形割引の場合よりも割引レートが引下げとなるケースが多いと考えられる。
②　機動的な資金調達が可能
　　手形割引の場合、資金調達希望額が手形額面金額より少ない場合であっても、手形金額全額での割引となるが、個別行のスキームでは、債権金額の全額だけでなく、一部のみの期日前資金化も可能となっている（ただし、一部資金化については、契約内容ごとにルールがあるため、実際に一部資金化を行う場合には、契約内容等を確認する必要がある）。
　　また、手形割引を希望する場合は、金融機関に出向いて割引申込みを行

＜仕入先（サプライヤー）の場合＞(1)共通事項

う必要があるが、仕入先が個別行のスキームにおいて期日前資金化を希望する場合、事前に包括的に期日前資金化を申し込んでおけば、つどの期日前資金化の申込手続は不要である。また、つど申込みをすることを希望する場合も、仕入先はWEBかFAXを通じての申込みが可能である（ただし、申込方法は、契約内容ごとに異なるため、実際の申込みにあたっては、契約内容等を確認する必要がある）。

③　取引金融機関での融資審査が不要

　手形割引を希望する場合、仕入先は取引金融機関に決算書等を提出し、融資審査を経たうえで、割引枠を設定する必要がある。

　一方、仕入先が個別行のスキームの利用を申し込む場合、個別行では一定の審査は行うものの、原則、支払企業の信用力に依拠したスキームであるため、仕入先の信用力に基づく融資審査は行わない。

④　期日前資金化によるオフバランス化が可能

　手形の場合、仕入先が割引を行っても、支払企業が倒産した場合には、割引を行った金融機関から当該手形の買戻しを請求されることとなる。したがって、決算書上も、手形の割引残高を表示または注記する必要がある（いわゆる、オンバランス処理となる）。

　一方、個別行のスキームの場合、仕入先が期日前資金化を行い、資金を受け取った後に、支払企業が倒産した場合であっても、仕入先は資金の返還義務は負わないこととなり、決算書上も、期日前資金化残高を表示または注記する必要はないものと考えられる（ただし、資金の返還義務の有無については、契約内容等の確認が必要である。また、実際の会計処理にあたっては、契約内容や実務をふまえ、仕入先自身が顧問会計士等に確認のうえで判断する必要がある）。

（髙木　英隆）

＜仕入先（サプライヤー）の場合＞(1)共通事項

Q 39 でんさいネットを利用する場合の申込手続はどうなっているのか

A 39 申込みを行い、利用開始するためには、でんさいネットおよび各取引金融機関の利用者要件を充足する必要がある。

　解　説

1　でんさいネット申込みから利用開始までの流れ[1]

　まず、でんさいネットの窓口となる取引金融機関に利用申込書を提出して申し込む必要がある。取引のない金融機関で申込みをする場合、利用申込書のほかに、預金口座を保有していることが前提となるため預金口座を開設する必要がある。その際、会社の登記事項証明書や印鑑登録証明書等のほか、申込手続者の本人確認資料等が必要となる。取引金融機関内で利用者要件を充足していることが確認されると、でんさいネットに対する利用者登録が行われ、でんさいネットにて利用者番号（原則1社につき1つ）を採番し、取引金融機関を通じて利用者に利用承認通知が届けられる。利用承認通知を受け取った時点で、でんさいネットを利用する準備が整うことになる。ただ

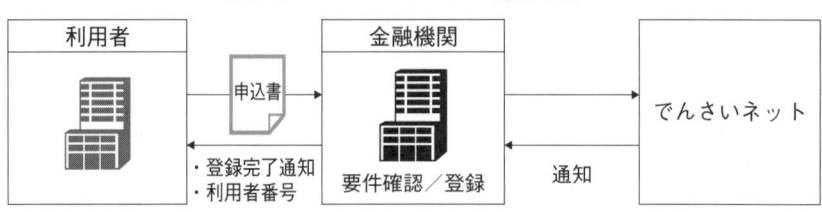

[図1]　でんさいネットの利用申込み

利用者　―申込書→　金融機関（要件確認／登録）　→　でんさいネット
　　　　←・登録完了通知　　　　　　　　　　　←通知
　　　　・利用者番号

1　全銀電子債権ネットワーク「でんさいネットの仕組みと実務」平成23年10月、12頁。

＜仕入先（サプライヤー）の場合＞(1)共通事項

し、実際にでんさいネットの電子記録債権を受け取るためには、債務者に対して、あらかじめ自己の利用者番号等を通知して、債務者から自己を債権者とする電子記録債権の発生記録請求を行ってもらう必要がある。

なお、1度でんさいネットの利用者番号を取得すれば、特定の債務者からだけでなく、他のすべての債務者からのでんさいネットの電子記録債権の受取りについて、同じ利用者番号を使用することができる（ただし、他の債務者にも当該利用者番号等を事前に通知しておく必要がある）。

2　でんさいネットを利用するための前提

でんさいネットを利用するためには、各取引金融機関およびでんさいネットの利用者要件を充足する必要がある。

でんさいネットで電子記録債権の受取りのみを利用する場合には、でんさいネットおよび取引金融機関が定める利用者要件を充足しさえすれば、原則としてすべての会社がでんさいネットを利用することが可能である。

(1) 取引金融機関の利用者要件

各取引金融機関が独自に設定するもので、その内容は取引金融機関によって異なっている。たとえば、三井住友銀行では、法人向けインターネットサービスの窓口であるValueDoorの契約が別途必要である。

(2) でんさいネットの利用者要件[2]

大きく分けて3種類の下記の要件を、すべて充足する必要がある。

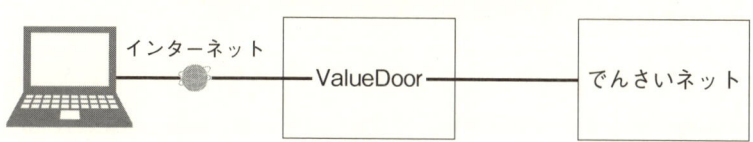

[図2]　三井住友銀行独自の利用者要件

［パソコン］──インターネット──[ValueDoor]──[でんさいネット]

（注）申込みには別途三井住友銀行の法人向けインターネットサービスの窓口であるValueDoor契約が必要。

2　全銀電子債権ネットワーク「でんさいネットの仕組みと実務」平成23年10月、11頁。

① 属性要件
　a　法人、個人事業主、国・地方公共団体
　b　本邦居住者
　c　反社会的勢力に属さないなど、利用者としての適合性に問題がないこと
② 経済的要件
　決済口座を開設していること……取引のない金融機関に申し込む場合、でんさいネットの決済資金を入出金するための口座を開設する必要がある（たとえば、三井住友銀行の場合、受取人としてのみの利用の場合、普通・当座どちらの口座も利用可能）。
③ 利用資格要件
　a　破産、廃業等していないこと
　b　でんさいネットによる「債務者利用停止措置」（注）中でないこと（過去にでんさいネットと契約がある会社等）
　（注）　手形において半年以内に不渡りを２回出した場合に銀行取引停止処分を受けるように、でんさいネットにも罰則が設けられる予定。

3　利用者登録

でんさいネットの利用申込みが完了した後も、取引金融機関によっては、別途パソコンのセットアップやソフトウエアのインストール等が必要となる場合がある。

4　でんさいネットの申込みができる金融機関について

ほとんどの金融機関がでんさいネットへ参加を表明していることから、全国銀行協会の正会員行（都市銀行、地方銀行、第二地方銀行、信託銀行等）のほか、信用金庫、信用組合、農協系統金融機関、商工組合中央金庫などで申込みができる見込みである（参加表明している金融機関は、でんさいネットの

＜仕入先（サプライヤー）の場合＞(1)共通事項

ホームページ（http://www.densai.net/）の参加金融機関一覧で確認可能）。

(妹尾　啓子)

＜仕入先（サプライヤー）の場合＞(1)共通事項

> **Q 40** でんさいネットはインターネット経由でしか利用できないのか
>
> **A 40** インターネットバンキング経由による利用も想定されているが、どのようなアクセス方法を用意するかは、各金融機関に委ねられているため事前に取引金融機関に確認する必要がある。

― 解　説 ―

1　インターネットバンキング

　でんさいネットは、インターネットバンキング経由による利用が多いと思われる。これは電子記録債権が、電磁的記録を要件とすることから、インターネットバンキングとの親和性が高いとみられるからである。

　仕入先は、取引金融機関により一部例外もあると考えられるが、原則各取引金融機関が提供するインターネットバンキングを通じて、電子記録債権の債権情報等の確認をすることになる。なお仕入先はすでに取引がある金融機関を経由してでんさいネットにアクセスすることができる（支払企業側がでんさいネットで利用している金融機関と同じ金融機関を利用する義務はない）。

2　ダイヤルアップ

　でんさいネットの利用希望者のなかには、従来より各金融機関とのやりとりをインターネットバンキングではなくダイヤルアップ方式で行っている事業者も多いものと思われ、そのような事業者を対象に、アクセス方法にダイヤルアップを用意している金融機関もあるようである。

＜仕入先（サプライヤー）の場合＞(1)共通事項

3　FAX・店頭窓口

　一方、パソコンを所有していない事業者がでんさいネットを利用する場合も想定され、そのような利用希望者に対して、FAXや店頭窓口での受付を可能とする金融機関もあると想定される。

　また、記録請求の内容によっては書面提出による手続にのみ限定した記録請求もあり、その場合は、通常のアクセス方法をインターネットバンキングに限定している金融機関であっても、書面によりFAXや店頭で手続を依頼することになる。

［図］　でんさいネットへのアクセス方法

各金融機関によって、利用可能なチャネルはさまざま

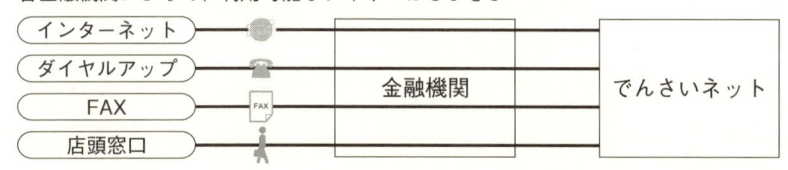

　インターネット ─
　ダイヤルアップ ─
　FAX ─ 　　　　　金融機関 ─ でんさいネット
　店頭窓口 ─

（大坂谷　昭仁）

<仕入先(サプライヤー)の場合>(1)共通事項

Q 41 でんさいネットを利用する場合にどんな手数料が発生するのか

A 41 手数料水準・体系については取引金融機関ごとに異なるが、原則、でんさいネットの記録原簿に「記録請求」をした際に手数料が発生する。

解 説

でんさいネットの手数料の考え方は、でんさいネットの記録原簿に対する「記録請求」(記録原簿への電子的な書込みの依頼)を行うごとに発生するというものである。

でんさいネットの手数料水準(手数料の金額)や体系(従量料金のほか、システム料などの初期費用や固定料金の有無)は、各金融機関が独自に設定することになっている。上記の考え方を参考に、ここでは想定される手数料体系の一例を示すこととする。

1 従量料金

「記録請求」の具体例としては、でんさいネットの電子記録債権を発生させた場合(発生記録)、でんさいネットの電子記録債権を譲渡(分割譲渡も含む)した場合・取引金融機関で割引を行った場合(いずれも譲渡記録)、譲渡等に際して債権者が債務者の支払を担保する場合(保証記録)、期日前に支払った場合(支払等記録)などがあげられる。

また、でんさいネットに対して書面の提出が必要な場合や書面により手続を行う場合等は取引金融機関の窓口を通すなど、人手を介するので、インターネット経由でアクセスする場合と比べて割高な手数料が発生すると想定される(振込みを行う場合、インターネットバンキングを利用する場合やATMを

＜仕入先（サプライヤー）の場合＞(1)共通事項

利用する場合より、店頭で紙の振込用紙を記入し提出する場合のほうが、振込手数料が割高であるのと同じ考え方になる）。

このように、でんさいネットを利用するには手数料がかかるが、基本的な手数料は上記のような体系となっている。

2　固定料金

システム料などの初期費用や月額の固定料金については各取引金融機関が独自に設定するものであるため、その有無については各取引金融機関によって異なる。

3　仕入先のコストメリット

ここでは手形決済との対比で、仕入先にとってのでんさいネットのコストメリットを説明する。

通常、仕入先が受け取る手形についてのコストとしては、①取立手数料、②受領時の領収証にかかる印紙代、③手形の保管コスト（保険料など）があげられる。でんさいネットを利用して支払を受ける場合には、口座間送金決済により期日に自分が指定した口座に自動的に入金になるので、手形交換所が存在しないことから金融機関に対して取立てを依頼する必要がなくなり、

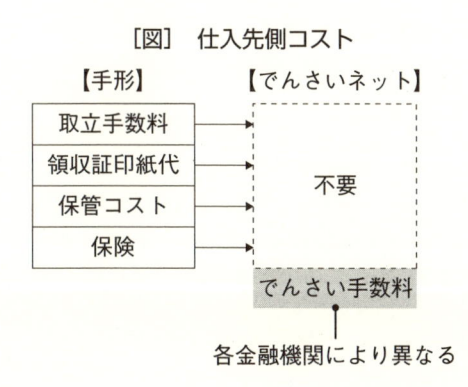

［図］　仕入先側コスト

【手形】
- 取立手数料
- 領収証印紙代
- 保管コスト
- 保険

【でんさいネット】
- 不要
- でんさい手数料（各金融機関により異なる）

<仕入先(サプライヤー)の場合>(1)共通事項

そのことから取立手数料を削減することができる。また一般的に振込みで支払を受ける場合と同様に領収証の発行も行わなくなる場合が多くなることが想定され、その場合は、領収証にかかる印紙代も削減することができる。さらに手形現物を保管する必要もなくなることから、保険をかける必要もなくなる。以上のようなコスト削減効果によって、仕入先はコストメリットが期待できる。

(大坂谷　昭仁)

＜仕入先（サプライヤー）の場合＞(1)共通事項

Q 42　電子記録債権を受け取る場合の会計処理はどうなるのか

A 42　会計関連の指針等が出ており、原則受取手形に準じて、電子記録債権と区分掲記する。

解　説

1　手形にかわる電子記録債権の一般的な会計処理

　電子記録債権の会計処理は、平成21年4月に企業会計基準委員会より、「電子記録債権に係る会計処理及び表示についての実務上の取扱い」が公表されている。

　上記実務上の取扱いによると、手形から電子記録債権への切替えに際しては、会計処理上、今後も並存する手形債権に準じて取り扱うことが適当であると記載されている。そして、売掛金に関連して手形が発行される場合と同様、手形債権が指名債権とは別に区分掲記される取引に関しては、電子記録債権についても指名債権とは別に区分掲記することとし、電子記録債権を示す科目をもって表示することとなっている。そのため、仕入先にとっては新たに「電子記録債権」という勘定科目を設ける必要がある。

　営業取引により発生した売掛債権100を電子記録債権で受領し、途中で電子記録債権60を資金化して、支払期日に電子記録債権残額40を受領した事例の会計処理は以下の通りとなる。

＜仕入先（サプライヤー）の場合＞(1)共通事項

(電子記録債権発生時：100)			
電子記録債権	100 （支払企業）	売掛金	100 （支払企業）

(電子記録債権譲渡時：60)			
現金 譲渡損等	59 1	電子記録債権	60 （支払企業）

(支払期日受領時：40)			
現金	40	電子記録債権	40 （支払企業）

　一般的な会計処理の原則は上記のとおりであるが、本来電子記録債権として区分掲記すべき取引であっても、重要性が乏しい場合は、受取手形に含めて表示することができることとなっている。

　また、電子記録債権譲渡時に、通常の手形割引における遡及義務と同様、仕入先が支払企業の支払を担保するために電子記録債権の譲渡時に仕入先を電子記録保証人とする保証記録を行った場合には、受取手形の割引高または裏書譲渡高と同様に財務諸表に注記を行うこととなっている。

2　電子記録債権を利用した一括ファクタリングの一般的な会計処理

　上記のほかに、従来の手形から、電子記録債権を利用した一括ファクタリング（電子記録債権版一括ファクタリング）に支払方法がかわる場合には、上記の手形的利用のケースとは異なり、電子記録債権が発生すると即時に当該電子記録債権がファクタリング会社等の金融機関に譲渡されることになるため、一括決済方式に近い会計処理が行われるものと考えられる（一括決済方式における会計処理についてはQ91を参照）。

　営業取引により発生した売掛債権100を電子記録債権版一括ファクタリン

<仕入先（サプライヤー）の場合>(1)共通事項

グで受領し、途中でファクタリング会社より60を期日前資金化して、支払期日にファクタリング会社から残額40を受領した事例の会計処理は以下のとおりとなる。

(電子記録債権発生・譲渡時：100)			
電子記録債権	100※	売掛金	100
	（支払企業）		（支払企業）
売掛金等	100	電子記録債権	100※
	（ファクタリング会社）		（支払企業）

(資金化時：60)			
現金	59	売掛金等	60
譲渡損等	1	（ファクタリング会社)	

(支払期日受領時：40)			
現金	40	売掛金等	40
		（ファクタリング会社）	

※ 電子記録債権の発生の同日にファクタリング会社への譲渡が行われるため、顧問会計士等専門家の判断によっては、「電子記録債権」（支払企業）の起票省略（無起票）もありうる。

（庄司　義光）

(2) いま、手形で支払を受けているケース

Q 43 電子記録債権の支払に切り替えたいといわれたがどう対応したらよいのか

A 43 まず電子記録債権がどの電子債権記録機関を利用するものかを確認し、さらに自らが電子記録債権を受け取った際に譲渡や割引に利用する必要があるかによって対処方法は異なってくる。

解説

1 確認すべきポイント

支払企業側から電子記録債権で受け取ってもらえないかと打診された場合、確認すべきポイントとして下記3点があげられる。
① その電子記録債権・電子手形はどの電子債権記録機関のものか。
② その電子記録債権をどうしたいのか（割引・譲渡・裏書）。
③ その電子記録債権の決済における信頼性（不渡り処分制度）。

2 どの電子債権記録機関のものか

電子債権記録機関は、それぞれ業務規程を制定し、電子記録債権に適用されるルールがそこで定められている。したがってまずは、どの電子債権記録機関に記録されている電子記録債権であるのか、その内容や特徴は何かをよく聴取することが必要である。

3 割引・譲渡・裏書

従来、手形で受け取っていた際に、①その手形を取引金融機関で割引して

いたのか、②流動化していたのか、③取引先に裏書譲渡していたのか、④期日に取立てしていたのか、によって対応は異なる。

特に、①〜③の場合、電子債権記録機関ごとに譲渡可能な相手（金融機関・事業法人）が異なっており、その内容をよく聴取することが必要である。でんさいネットであれば、全国銀行協会に加盟する銀行（都市銀行、地方銀行、第二地方銀行、信託銀行等）のほか、振込みのネットワーク（内国為替制度）に加盟している全国の信用金庫、信用組合等あわせて約1,300の金融機関が参加する予定であるため、ほぼすべての金融機関において、割引・譲渡・裏書が可能となると考えてもよい。

一方、でんさいネット以外の電子債権記録機関の場合には、でんさいネットと対比してなんらかの制約条件が存在する可能性があるため、その内容についてよく聴取することが必要である。

4 決済における信頼性

従来、手形で期日に入金を受けていた場合であっても、支払企業が倒産するというリスクは常に存在することになるが、手形の場合には、不渡り制度＝銀行取引停止処分制度があり、これが支払企業の不払いに一定の歯止めをかけていることも事実である。こうした観点からは、電子記録債権においても紙の手形のように、不渡り制度と同様のルールを設けていることが受取サイドからすると重要である。その点、でんさいネットでは、銀行取引停止処分を含む手形の不渡り制度と類似の制度が整備される予定であるため、紙の手形と同様な決済に対する信頼性が確保されるとみられる。

（青島　克浩）

＜仕入先（サプライヤー）の場合＞(2)いま、手形で支払を受けているケース

Q 44　電子記録債権を取引金融機関で割り引いてもらったり、第三者に譲渡することはできるのか

A 44　電子債権記録機関ごとに対応が異なるので一概にはいえない。まず、どの電子債権記録機関の電子記録債権であるかを確認する必要がある。でんさいネットであっても参加する金融機関によって割引の取扱いが異なる可能性があるため、取引金融機関に相談する必要がある。でんさいネットの電子記録債権を第三者宛支払に利用する際（手形の裏書譲渡に相当）は、当該第三者もでんさいネットに利用者登録を行っておく必要がある。

　解　説

1　電子記録債権の譲渡に関する電子債権記録機関ごとの特徴

　電子債権記録機関ごとに電子記録債権の譲渡に関する対応が異なる。利用する際には、まずどの電子債権記録機関の電子記録債権かを確認し、その電子記録債権がどこに譲渡可能であるかを、あらかじめ各電子債権記録機関の窓口金融機関等に確認する必要がある。

2　でんさいネットの場合

(1)　割　引

　割引業務の運用や手続は、各金融機関に委ねられているため、各金融機関が提供するでんさいネットのサービスにおいてどのように割引業務を取り扱うかはさまざまである。また、でんさいネットを利用するための審査基準等も金融機関によって異なってくるため、割引を希望する際は、取引のある金融機関に相談する必要がある。

＜仕入先（サプライヤー）の場合＞(2)いま、手形で支払を受けているケース

通常、取引金融機関で割引を利用するためには、あらかじめ当該取引金融機関と相談のうえ、手形の場合と同様に割引枠を設定するケースが一般的である。その場合、取引金融機関所定の審査が必要になってくる。

(2) **第三者宛支払（手形の裏書譲渡に相当）**

電子記録債権の第三者宛支払のための譲渡については、譲渡人（現在の債権者である仕入先）が取引金融機関を通して譲渡記録請求を行い、でんさいネットにて電子記録債権の譲渡記録が行われることにより、譲渡が有効となる。

でんさいネットでは、電子記録債権に譲渡禁止や譲渡制限をつけることは原則できないので、譲受人となる企業等がでんさいネットに利用者登録を行っていれば（譲受人がでんさいネットの利用者番号を保有していれば）、基本的に譲渡が可能である。また、譲渡回数に制限はなく、何回でも譲渡することができる。

譲渡記録は、発生記録と同様に、一括で請求することができるが、1度に受付できる件数を限定する方向で検討している金融機関もある。また、譲渡記録請求については、1カ月先までの日付を指定した予約請求ができる。最終的に、でんさいネットの記録原簿に譲渡記録が行われると、譲受人の利用者番号をもとに譲受人情報（名称、住所、決済口座等）が記録されて、当該譲受人が現在の有効な債権者であることが明らかとなる。

なお、でんさいネットの電子記録債権を譲渡する際は、原則として譲渡人を電子記録保証人とする保証記録を行うことになる。この保証記録を行うと、手形の通常の裏書と同様、自身が譲り受けた以降の当該電子記録債権の譲受人に対して、当初の債務者が支払えなかった場合の担保責任を負うことになる。

(3) **分割記録**

でんさいネットの電子記録債権は、必要な金額だけ分割して譲渡することができる。この特徴が手形との大きな違いであり、保有する電子記録債権を

より効率的に活用できる。分割記録請求は債権者が単独で行うことができる。分割回数に制限はないが、債権金額が1万円未満となるような分割はできない。分割記録には必ず譲渡が伴う。分割記録に関しては、分割元の電子記録債権には、分割先の電子記録債権の金額のほか、分割先とひもづけができるように分割先の電子記録債権の記録番号が新たに記録される。分割先の電子記録債権には分割元の電子記録債権の発生記録の基本的な情報が転写されるほか、新たに債権者情報、債権金額、当該分割先の電子記録債権の記録番号、分割元の電子記録債権の記録番号等が記録される。

3　銀行が親会社の電子債権記録機関スキームの場合

　銀行が親会社の電子債権記録機関スキームの場合は、各電子債権記録機関の業務規程や利用契約等において、電子記録債権の窓口金融機関や譲渡可能な金融機関などが限定されており、そのような前提を承知したうえで、利用者は、電子記録債権の利用申込みを行うことになる。

　銀行が設立した電子債権記録機関スキームでは、親会社の銀行自身または当該銀行がアレンジするSPC等に対して譲渡可能であることは、ほとんど自明であるが、その他の金融機関に譲渡可能であるかどうかは、各電子債権記録機関の戦略によって異なってくるものと考えられる。これらの電子債権記録機関の利用者になろうとする際には、譲渡可能な金融機関がどこであるかあらかじめ十分に確認をする必要がある。

　また、第三者宛支払（手形の裏書譲渡に相当）で利用することができるかどうかについても、各電子債権記録機関ごとに対応が異なる。また、第三者宛支払が利用可能な電子債権記録機関であっても、譲受人となる第三者は、あらかじめ当該電子債権記録機関に利用申込みを行い、利用者登録を完了している必要がある。そのため、譲受人となる第三者に対しても、当該第三者の取引金融機関で割引が可能かどうか等を含め、どのような特徴がある電子記録債権であるかについて、仕入先から十分に説明を行い、当該第三者から

＜仕入先（サプライヤー）の場合＞(2)いま、手形で支払を受けているケース

理解を得る必要がある。

（妹尾　啓子）

＜仕入先（サプライヤー）の場合＞(2)いま、手形で支払を受けているケース

Q 45　譲渡担保手形と同様に電子記録債権を担保として使えるのか

A 45　電子記録債権においても、手形を譲渡担保に差し入れるのと同じように担保として使うことは理論上可能であるが、担保を差し入れようとする相手が電子記録債権を譲り受けることができない場合もあるので、電子記録債権を利用する前によく確認しておくことが必要である。

解　説

1　手形の譲渡担保

　銀行等の金融機関から借入れを行う場合、なんらかの担保を要求されて手形を譲渡担保として金融機関側に差し入れるケースがある。この場合、借入人である債務者（借入人のために担保を提供する第三者の場合もあり）と金融機関との間で譲渡担保設定契約を締結し、譲渡担保設定契約において担保にすることとされた手形に金融機関を被裏書人とした裏書を行ったうえで金融機関に引き渡す（通常の裏書譲渡をする）ことになる。金融機関側では、担保として預かった手形を保管しておき、手形の期日が到来したら取立てを行ったうえで、その代り金を貸出金の回収に充当することになる。

2　電子記録債権の譲渡担保

　電子記録債権の場合でも、借入人である債務者（借入人のために担保を提供する第三者の場合もあり）と金融機関との間で債権譲渡担保契約を締結して担保を差し入れることは可能である。手形の場合は譲渡担保設定契約を結んだうえで手形の裏書譲渡を行うが、電子記録債権の場合は、担保となる電子

＜仕入先（サプライヤー）の場合＞(2)いま、手形で支払を受けているケース

記録債権を金融機関に対して譲渡することになる。したがって、借入人である債務者と金融機関が共同で電子債権記録機関に対して譲渡記録請求を行い、記録原簿に譲渡記録を行うことが必要となる。

3 注意点

譲渡担保手形の場合は、担保を差し入れる相手先に手形を裏書譲渡すればよいので、通常、どの金融機関であっても取扱いは可能である。しかし、電子記録債権の場合には、担保に差し入れようとする電子記録債権の譲渡を、金融機関側が受けられる状態にないケースもありうる。特に、銀行が親会社の電子債権記録機関の場合、電子記録債権の譲渡が受けられる金融機関が業務規程や利用規約等で限定されているケースがあるので、電子記録債権を取引金融機関に対する担保に活用することを想定している場合には、あらかじめ担保を差し入れる可能性のある金融機関に対する譲渡が認められているのかどうかをよく確認しておく必要がある。

一方、全国銀行協会が設立し、平成24年5月の開業を予定しているでんさいネットの場合には、ほぼすべての金融機関が参加を予定していることから、電子記録債権の譲渡を受けられる金融機関に特段の制限は設けられない見込みであり、銀行が親会社の電子債権記録機関よりも担保としての活用可能性は高いと考えられる。ただし、その場合でもでんさいネットで記録されている電子記録債権を担保として受け入れる体制を整えているかどうかは、それぞれの金融機関の判断によって変わってくるので、やはり事前に確認をしておくことが肝要である。

なお、法令上は電子記録債権に質権を設定することも可能となっているが、手形において質権があまり利用されていないのと同様に、電子記録債権においても質権設定のニーズはあまり高くないものと考えられ、現状では、電子記録債権に質権設定を認めている電子債権記録機関は存在しない。

（桑田　俊紀）

(3) いま、期日現金振込みで支払を受けているケース

> **Q 46** 電子記録債権に切り替えることでどんなメリットがあるのか
>
> **A 46** 電子記録債権で受け取ることで、手形と同様に支払期日における決済に対する安心感を得ることができるとともに、手形と同様に使いやすい資金調達手段を得ることができる。

　　　　　　　　　　解　説

1　受取人のニーズを満たしきれない手形

　現在、期日現金振込みで受け取っているが、現物により債権の存在を確認するため、また手続きの簡易な資金調達手段として利用するため、手形で受け取りたいが、一方で手形は盗難や紛失のリスク、金融機関への取立てに係る煩雑な事務やコストがかかるため、積極的に手形での受取りに踏み切れないという企業は多く存在するものと考えられる。

2　解決方法としての電子記録債権

　期日現金振込みで受け取ることは手形と比べてたしかに簡便であるものの、指名債権であるため、二重譲渡リスクや債権の存在を証明するのに手間がかかり、中小企業にとってはこれを債権流動化することによって資金調達を行うことは容易ではない。したがって、期日現金振込みで受け取っている企業は、資金繰りに余裕がある企業であれば振込期日まで資金が振り込まれるのを待ち、そうでない企業の場合には、金融機関から必要な資金を借り入れるなどして資金調達をしていると思われる。

＜仕入先（サプライヤー）の場合＞(3)いま、期日現金振込みで支払を受けているケース

ただし、運転資金を借り入れるためには不動産担保や第三者からの保証が必要となる場合もあり、十分な不動産等を有していない、あるいは信用保証協会による保証付融資にも一定の限界がある等の理由から、必要なときに必ずしも十分な調達ができていない中小企業等もあると考えられる。

このような環境下での活用が期待されるのが、電子記録債権である。電子記録債権には、①二重譲渡リスクがない、②債権の存在確認が容易、③簡易な手続により譲渡できる、という特徴があるため、債権流動化に活用しやすい債権となっている。

また、債権が電子債権記録機関の記録原簿上で管理されるため、自ら現物を管理するのと比較して盗難や紛失のリスクが大幅に削減されるとともに、期日に自動的に決済されるため取立ての必要もない。

すなわち、電子記録債権を受け取ることができれば、中小企業にとっては、不動産担保や保証に過度に依存せず、なおかつ、手形のわずらわしさをなくしながらも、手形と同様な資金調達手段を得ることができるようになる。

ただし、受取人側の都合のみで、電子記録債権を受け取ることはできず、必ず支払人の協力を得て、電子記録債権の発生記録を行ってもらう必要がある。

3　でんさいネットの窓口金融機関

でんさいネットであれば、全国銀行協会に加盟する銀行（都市銀行、地方銀行、第二地方銀行、信託銀行等）のほか、全国の信用金庫、信用組合等あわせて約1,300の金融機関が参加する予定のため、受取人側からすれば、取引金融機関での割引や手形のような裏書譲渡も可能となる。一方で、銀行が親会社となる電子債権記録機関において取り扱われる電子記録債権の場合、でんさいネットと比較して流通性という観点からはかなりの制限がある点には注意をする必要がある。

<仕入先(サプライヤー)の場合>(3)いま、期日現金振込みで支払を受けているケース

4 電子記録債権の信頼性

　でんさいネットでは、約1,300の金融機関がでんさいネットの窓口となる参加金融機関として加盟し、かつ銀行取引停止処分を含む手形の不渡り制度と類似の制度が創設される予定であるため、紙の手形と同様な決済に対する信頼性が確保される見込みである。つまり、支払不能が発生した利用者の情報は一斉に参加金融機関に通知され、支払不能が発生した利用者は紙の手形と同様のペナルティが課されることとなる。一方、銀行が親会社となる電子債権記録機関における支払不能時のペナルティは、各電子債権記録機関独自の制度であり、その適用範囲や効果は限定されるという点には、注意する必要がある。

(青島　克浩)

＜仕入先（サプライヤー）の場合＞(3)いま、期日現金振込みで支払を受けているケース

Q 47 でんさいネットと振込みで異なる点は何か

A 47 全国銀行協会が運営する全銀ネットワークを使うので、基本的には振込みと同じだが、さまざまな点で通常の振込みとは異なる。

解説

1 でんさいネットと振込決済の比較

でんさいネットでは、支払期日になると自動的に支払企業の口座から資金を引き落し、仕入先の口座へ払込みが行われる。でんさいネットは支払が完了した旨を「支払等記録」として記録するので、手形のように仕入先が取立てを行う必要はなく、支払企業としても新たに振込データを作成するなどの手続はいっさい不要である。

また、手形と異なり、仕入先は支払期日当日から資金を利用することができるので、その点では手形での受取りというよりも振込みでの受取りと同様である。

2 でんさいネットの決済の仕組み

でんさいネットは、通常の振込みと同様、内国為替制度を利用して行われる。具体的には、でんさいネットでは、電子記録債権における債権記録のうち、決済に係る情報（支払期日、支払金額、債権者・債務者口座等）を債権記録に記録された債務者の窓口金融機関（振込みの場合の仕向金融機関）に対して支払期日の2営業日前に提供する。

また、決済インフラが基本的に振込みと同様であるので、受取人側では、でんさいネット経由で送金があったのか、通常の振込みで振り込まれたのか、うまく判別することができるような仕組みが必要であり、このような判

<仕入先(サプライヤー)の場合>(3)いま、期日現金振込みで支払を受けているケース

別がうまくいかないと消込作業に影響するおそれもある。

　その対策として、でんさいネットの電子記録債権を特定するための情報として記録番号が「EDI情報」欄(注)に設定される。記録番号の体系は以下の通りである。

(注)　通常の振込みにおいても、振込依頼人が任意に付加できる情報としてEDI(Electronic Data Interchange)情報が存在する。振込依頼人は、EDI情報のエリアにたとえば請求書番号等を付加して振込みを行うことも可能である(受取人側では、通常普通預金通帳や当座入出金明細票ではEDI情報を確認できないが、取引金融機関のEB等のサービスを利用すれば、EDI情報を確認することができる)。
　　　電子記録債権の口座間送金決済では、EDI情報のエリアにでんさいネットの個々の電子記録債権の記録番号を付加して送金を行う予定である。

　したがって、でんさいネットの電子記録債権の送金があったことを判別するためにはEDI情報によるマッチングが効果的であると考えられる。利用企業で今後、でんさいネットと現金振込み、そして手形が並存しており、かつ社内システムにおいて消込処理を行うのであれば、でんさいネットを特定する記録番号が表示されるEDI情報を社内システムに取り込む必要があると考えられる。

　なお、口座間送金決済が完了した後、でんさいネットにおいて電子記録債権の支払等記録(電子記録債権の抹消の記録に相当)が自動的に行われるが、この支払等記録が行われるのは支払期日よりも少し後になり、支払期日の3

[図]　でんさいネットの記録番号と振込データにおけるEDI情報

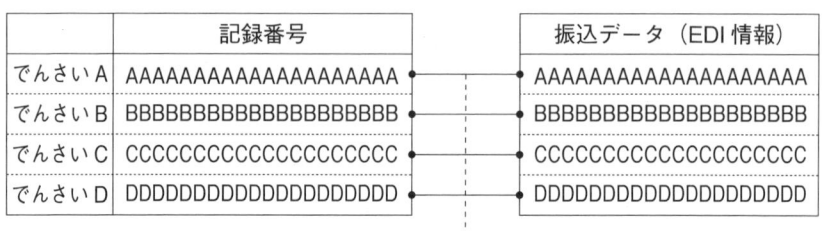

	記録番号		振込データ(EDI情報)
でんさいA	AAAAAAAAAAAAAAAAAAAA	・……・	AAAAAAAAAAAAAAAAAAAA
でんさいB	BBBBBBBBBBBBBBBBBBBB	・……・	BBBBBBBBBBBBBBBBBBBB
でんさいC	CCCCCCCCCCCCCCCCCCCC	・……・	CCCCCCCCCCCCCCCCCCCC
でんさいD	DDDDDDDDDDDDDDDDDDDD	・……・	DDDDDDDDDDDDDDDDDDDD

(この情報でマッチングを行う)

＜仕入先（サプライヤー）の場合＞(3)いま、期日現金振込みで支払を受けているケース

営業日後に電子記録債権の支払等記録を利用者は事後的に確認できることになる（実際には支払期日における口座間送金決済によって送金による口座への入金があれば、当事者間においては電子記録債権が消滅していることになっている）。

（青島　克浩）

（参考文献）
でんさいネットホームページ「電子債権とは」(http://www.densai.net/about/)

<仕入先（サプライヤー）の場合>(3)いま、期日現金振込みで支払を受けているケース

Q 48 売掛債権譲渡担保と同様に電子記録債権を担保として使えるのか

A 48 電子記録債権においても、売掛債権の譲渡担保と同じように担保として使うことは理論上可能であるが、担保を差し入れようとする相手が担保にしようとする電子記録債権を譲り受けることができない場合もあるので、電子記録債権を利用する前によく確認しておくことが必要である。

解　説

1　売掛債権の譲渡担保

　銀行等の金融機関から借入れを行う場合、なんらかの担保を要求されて売掛債権を譲渡担保として金融機関側に差し入れるケースがある。この場合、最初に金融機関のほうから売掛債権の発生プロセスや、債権譲渡禁止特約の有無などもとになる契約内容の確認（デューデリジェンス）を行い、担保として譲り受けるのにふさわしいものかどうかのチェックを行う。ここで金融機関側が担保として譲り受けるのにふさわしいと判断されると、借入人である債務者（借入人のために担保を提供する第三者の場合もあり）と金融機関との間で債権譲渡担保契約を締結することになる。契約締結後は、動産・債権譲渡特例法に基づく債権譲渡登記を行うか、民法に基づき売掛債権の第三債務者から債権譲渡に関する承諾書を徴求のうえ確定日付を取得するか、あるいは債務者に対して内容証明郵便などの確定日付のある通知を送付することで対抗要件を具備することになるが、いずれの方法をとるかは、関係者の判断により異なる。

<仕入先（サプライヤー）の場合>⑶いま、期日現金振込みで支払を受けているケース

2 電子記録債権の譲渡担保

　電子記録債権の場合でも、借入人である債務者（借入人のために担保を提供する第三者の場合もあり）と金融機関との間で債権譲渡担保契約を締結して担保を差し入れることは可能である。債権譲渡担保契約の締結後は、担保となる電子記録債権を金融機関に対して譲渡するために、借入人である債務者と金融機関が共同で電子債権記録機関に対して譲渡記録請求を行い、記録原簿に譲渡記録を行うことになるが、売掛債権の場合と比較した場合には、事前のデューデリジェンスは電子債権記録機関が発行した電子記録債権の内容を示す証明書を取得すれば中身を確認することが可能であり、また譲渡記録が行われることで担保権者としての立場を主張できることから対抗要件の具備手続も不要となるので、担保としては非常に扱いやすくなっている。

3 注 意 点

　売掛債権を譲渡担保にする場合は、指名債権の譲渡の形態をとることから、通常はどの金融機関であっても取扱いは可能である。しかし、電子記録債権の場合には、担保に差し入れようとする電子記録債権の譲渡を、金融機関側が受けられる状態にないケースもありうる。特に、銀行が親会社となる電子債権記録機関の場合、電子記録債権の譲渡が受けられる金融機関が限定されているケースがあるので、電子記録債権を取引金融機関に対する担保に活用することを想定している場合には、あらかじめ担保を差し入れる可能性のある金融機関に対する譲渡が認められているのかどうかをよく確認しておく必要がある。

　一方、全国銀行協会が設立し、平成24年5月の開業を予定しているでんさいネットの電子記録債権の場合には、ほぼすべての金融機関が参加を予定していることから、銀行が親会社となる電子債権記録機関の電子記録債権よりも担保としての活用可能性は高いと考えられる。ただし、その場合でもでん

〈仕入先（サプライヤー）の場合〉(3)いま、期日現金振込みで支払を受けているケース

さいネットで記録されている電子記録債権を担保として受け入れる体制を整えているかどうかは、それぞれの金融機関の判断によって変わってくるので、やはり事前に確認をしておくことが肝要である。

　そのほか、売掛債権を用いて資金調達をする場合には、将来発生する債権を担保にする場合があり、この場合には将来債権の譲渡といったことも行われているが、電子記録債権を発生させる場合には、債務者が一定の金額を支払うことおよび債権の確定期日について記録する必要がある、すなわち債権の金額が確定している既発生の債権であることを要することから、金額が固まっておらず、支払期日も未確定の将来債権を記録することができないことに留意する必要がある。

（粢田　俊紀）

(4) いま、債権流動化（売掛債権・手形）しているケース

Q 49 手形のかわりに電子記録債権を流動化の対象にすることはできるのか

A 49 電子記録債権においても、手形と同様の考え方で流動化することは可能であるが、いくつかの留意点がある。

解　説

　手形が電子記録債権になった場合でも、債権流動化取引は可能である。

　現在、銀行が親会社となる電子債権記録機関で行われている電子記録債権取引は、一般的には、一括決済方式における一括ファクタリングと同様、親会社の銀行自身（提携金融機関を含む）または親会社の銀行がアレンジしたSPC等が電子記録債権を原則ノンリコースで買い取ることが想定されており、手形でいうところの個別手形債権流動化取引の一形態といえる。

1　法律上の留意点

　ただし、電子記録債権の流動化取引を行うには、法律上いくつかの留意点がある。
① 手形の場合には、手形の譲渡人と譲受人が合意し、譲渡人が譲受人に対して無担保裏書のうえ手形を交付すればそれで完了したが、電子記録債権の場合には、まずそれぞれが電子債権記録機関の業務規程や利用規約を承認のうえ、電子債権記録機関に利用申込みを行わない限り、電子記録債権を保有することができず、また手形の裏書のかわりに、電子債権記録機関に対して原則譲渡人および譲受人の双方で譲渡記録請求を行って譲渡記録

<仕入先（サプライヤー）の場合>(4)いま、債権流動化（売掛債権・手形）しているケース

がなされない限り、譲渡が成立しない。
② 手形の場合には、何も条件を留保せずに裏書をすると、譲渡人は自動的に支払を担保することになるが、電子記録債権の場合は、逆に単なる譲渡記録は支払を担保しない取扱いとなる（流動化ではなく、譲渡人が手形と同様の遡及義務を負うような取引を行う場合には、譲渡記録と同時に譲渡人による保証記録を付すことになる）。
③ あまり想定しえないが、電子記録債権には、発生記録の任意的記録事項（法16条2項12号および15号）において、回数等の譲渡制限を付すことができるため、これに抵触するような譲渡はできないことになる。

2　実務上の留意点

法律上以外でも、実体上の留意点としては、以下のようなものがある。
① 譲受人について、電子債権記録機関によっては、利用規約等により、電子記録債権を特定の譲受人に譲渡することがあらかじめ定められていたり、金融を目的として電子記録債権の譲受人の地位に入ってくるものに対して一定の上乗せの参加要件を設けていたりする場合がある。したがって、電子記録債権の流動化に応じる金融機関があったとしても、電子債権記録機関によっては、当該金融機関との流動化取引に至らない場合も考えられる。
② 手形には、不渡り制度による銀行取引停止処分があり、振出人が半年間に2回不渡りを出すと、手形交換所に加盟するすべての金融機関から2年間当座取引および貸出を停止されるという、きわめて重い処分があるため、一般の手形でもその信用力（すなわち事実上の支払強制力）は絶大なものがある。電子記録債権の場合、手形と同じレベルでの支払不能処分制度が予定されているのはでんさいネットのみであり、他の電子債権記録機関ではすべての金融機関に対してそこまでの拘束力はない。したがって、でんさいネット以外の電子債権記録機関の電子記録債権は、譲受人から手形

<仕入先(サプライヤー)の場合>(4)いま、債権流動化(売掛債権・手形)しているケースと比べていくぶん厳しい評価を受ける可能性がある。

　流動化の考え方は、手形でも電子記録債権でも同様であるが、個々の電子記録債権を流動化する場合においては比較的信用力の高い債務者の電子記録債権が対象になると考えられ、譲受人が存在すればすべての電子債権記録機関の電子記録債権が対象になる。一方、複数の電子記録債権を束ねて流動化する場合(特にプール型の場合)については、小口多数の電子記録債権を流動化の対象にすることになるため、異なる電子債権記録機関の電子記録債権を束ねて流動化するのは事務上困難であり、現在の手形振出人であればだれでも電子記録債権の債務者となれることを想定しているでんさいネットの電子記録債権が対象になるであろう。ただし、大量の電子記録債権を一括して適時に譲渡できる体制が整っているかどうかがポイントであり、今後の実務に委ねられることになる。

(庄司　義光)

＜仕入先（サプライヤー）の場合＞(4)いま、債権流動化（売掛債権・手形）しているケース

Q 50 売掛債権のかわりに電子記録債権を流動化の対象にすることはできるのか

A 50 売掛債権が電子記録債権にかわった場合でも、基本的に手形を流動化する場合の考え方と同様である。

解　説

1　一般的な売掛債権流動化の前提

　もともと売掛債権であったものを債権流動化の対象としていた場合には、流動化のネックとして以下のような点があった。
① 　売掛債権の発生原因となっている購買契約等に譲渡禁止特約が存在する場合、そもそも譲渡の対象にならない。
② 　①以外の売掛債権の場合でも、債権譲渡の対抗要件を必要とする（民法467条による債務者に対する確定日付ある証書による通知もしくは承諾、もしくは動産・債権譲渡特例法による債権譲渡通知）。

　売掛債権を流動化の対象とするためには、まず、①について譲渡禁止特約がある場合には、債権譲渡人である仕入先（オリジネーター）から債務者である支払企業の購買窓口に対して「譲渡禁止特約の解除」を申し入れて、支払企業の同意を得る必要があるが、これは支払企業が個別に買掛債務の契約内容を管理することになるため、折衝に相当の困難を伴う。また、②については、債権譲渡に際して、確定日付や債権譲渡登記のコストや手間を負担せざるをえない。

　上記の通り、売掛債権を債権流動化の対象とするには通常一定のハードルがあるが、電子記録債権を流動化の対象とする場合には、記録手数料等は発生するものの、債権譲渡の対抗要件は不要となり、いったん電子記録債権が

＜仕入先（サプライヤー）の場合＞⑷いま、債権流動化（売掛債権・手形）しているケース

発生してしまえば、支払企業に対する通知や承諾も不要となる。

そのため、支払企業から自発的に従来の売掛債権を電子記録債権による支払に変更してほしいという依頼があった場合には、基本的に仕入先には不利益はなく、仕入先は従来よりも資金化しやすい債権を手に入れることができることになる（任意的記録事項に特に記録がない限り、善意取得や人的抗弁の切断が適用されるため、譲渡に適した債権となる）。

ただし、以下の点について留意が必要である。

① 譲渡の制約

電子債権記録機関の業務規程や利用規約等で、譲渡先となる金融機関が限定されているケースがある。そのため、自己の取引金融機関で電子記録債権を流動化しようとしても、電子債権記録機関によってはできない可能性がある。

② コスト

記録手数料等は電子債権記録機関ごとに異なり、流動化のために譲渡記録を行う場合にも記録手数料等が発生する。従来の売掛債権ベースで流動化を行っていた場合に比べてコストが高くなる可能性もある。

③ 会計科目

売掛債権の場合は、従来からある売掛債権の科目を利用して、流動化する際に流動化の対象となる売掛債権をオフバランスする処理を行えば事足りたが、電子記録債権を流動化する場合には、電子記録債権という科目を設けて、いったん売掛金から電子記録債権に振り替えたうえでオフバランス処理を行うことになる。

2 売掛債権にかわる電子記録債権の流動化の考え方

その他の観点については、基本的に手形の流動化を電子記録債権の流動化に置き換えた場合の考え方とまったく同様である。

（庄司　義光）

＜仕入先（サプライヤー）の場合＞(4)いま、債権流動化（売掛債権・手形）しているケース

Q 51 売掛債権や手形が電子記録債権にかわった場合に同じ条件で流動化できるのか

A 51　電子記録債権を一括決済方式として利用する場合、一括決済方式を運営する提携金融機関の定める割引率（基本的には、その金融機関の定める短期プライムレートとなるケースが多い）となる。また、でんさいネットを利用する場合、支払企業のクレジットリスクは同等であるが、その他従来のスキームとの比較によって水準が総合的に決められるものと思われる。

解　説

1　一括決済方式として利用する場合

　一括決済方式のファクタリング方式では、従来は売掛債権を譲渡対象債権としていたが、電子記録債権を譲渡対象債権とするファクタリング方式の取扱いも開始されている。譲渡対象債権を売掛債権とするか、電子記録債権とするかの違いはあるものの、いずれも支払企業（債務者）の信用リスクに依拠するという商品構成は同じであるため、仕入先が調達する際に適用される割引率については、電子記録債権を譲渡対象債権とする場合も、そのスキームを運営する金融機関が定める割引率となる（電子債権記録機関宛ての記録手数料等や金融機関宛ての初期契約手数料等は、別途コスト増の要因としてある）。

　したがって、電子記録債権を一括決済方式として利用する場合の調達レートは、従来の債権流動化の場合の調達レートと同等にはならない可能性が高い（債権流動化の割引率よりも、高くなるケースもあり、低くなるケースもあると考えられる）。

＜仕入先（サプライヤー）の場合＞(4)いま、債権流動化（売掛債権・手形）しているケース

2　でんさいネットを利用する場合

　一方、でんさいネットを利用する場合、金融機関が運営する債権流動化スキームにかかわるSPC等が電子記録債権を譲り受けることになるが、譲受対象債権の信用リスクは、従来の債権流動化（譲受対象債権は支払企業宛売掛債権）と同様であるため、債権流動化にかかわる調達レートは、支払企業の信用リスクの評価という観点からは（特に手形の場合には）従来の債権流動化と同等の水準となる可能性が高い（電子債権記録機関宛ての記録手数料等や金融機関宛ての初期契約手数料等は、別途コスト増の要因としてある）。

　ただし、新しい債権を対象とすることや、従来のスキームのリスク要因との比較（売掛債権の場合に債務者からの代金回収を委託するサービサーリスクの有無など）等を勘案し、総合的に決定されることになると思われる。

3　その他電子記録債権を利用する場合（でんさいネット以外の場合）

　なお、でんさいネット以外の電子記録債権を利用する場合、その電子記録債権の流動化時の割引率は、従来の債権流動化と同様に金融機関と相対で割引率を決めるケースと、ある支払企業の仕入先に対しては一律のレートを適用するケースに分かれると考えられる。これについては、当該スキームを運営する金融機関の運営要領に従うこととなる。

(髙木　英隆)

<仕入先（サプライヤー）の場合>(4)いま、債権流動化（売掛債権・手形）しているケース

Q 52 電子記録債権を流動化した場合にオフバランスの効果はあるのか

A 52 電子記録債権を一括決済方式として利用する場合も、手形的に利用する電子記録債権を流動化する場合も、債権流動化によるオフバランス効果があると考えられる。

解説

1 オフバランス効果とは

オフバランス効果とは、債権流動化により資金調達した場合に、譲渡債権について決算書上に表示（脚注表示を含む）することを要しないことをいう。つまり、資金調達をした後に、たとえ支払企業が倒産した場合であっても、その資金について金融機関等への返還義務がないことをいう。一般的に、債権流動化取引は資金調達とともにオフバランスを目的として実施するものであるため、通常の債権流動化取引では、オフバランスが達成されることになる。これに比べ、手形割引はオフバランス効果はない。これは、手形振出人が手形を決済できなかった場合、割引依頼人は当該手形の買戻義務を負うこととなるためである。

2 電子記録債権を一括決済方式として利用する場合

電子記録債権を一括決済方式として利用する場合、債権流動化によるオフバランス効果があると考えられ、一括決済方式で期日前資金化をした場合には、その後に債務者が支払不能になったとしても、期日前資金化を行った金額について、金融機関から返還請求されることはない（公正取引委員会の昭和60年事務局長通達において、一括決済方式のファクタリング方式および併存的

＜仕入先（サプライヤー）の場合＞(4)いま、債権流動化（売掛債権・手形）しているケース

債務引受方式では、償還請求権の放棄が義務づけられている）。

3　手形的利用の電子記録債権を流動化する場合

　手形的利用の電子記録債権を流動化する場合（譲渡にあたって譲渡人は、電子記録保証を行わないという前提）も、従来の売掛債権の流動化の場合と同じ会計処理になるため、債権流動化によるオフバランス効果はあると考えられる。日本公認会計士協会による金融商品会計に関する実務指針によれば、金融資産の消滅（オフバランス化）の認識にあたっては、「譲受人の契約上の権利が譲渡人及びその債権者から法的に保全されていること」が要件とされており、その判定にあたっては、以下の点を考慮して判定することとされている。

① 　契約または状況により譲渡人は譲渡を取り消すことができるか否か。
② 　譲渡人が破産、会社更生法、民事再生法等のもとに置かれた場合、管財人が当該譲渡金融資産に対し返還請求権を行使できるか否か（これに関して現行法制のもとにおいては、第三者対抗要件を満たす場合に譲渡金融資産は「法的に保全」されているものとして取り扱う）。

　電子記録債権では、記録原簿への譲渡記録が、譲渡の効力要件かつ対抗要件となっているため、譲渡人（オリジネーター）から金融機関等への電子記録債権の譲渡記録を行い、債権流動化が行われた場合、金融資産の消滅の認識の要件を充足していると考えられ、オフバランス効果があると考えられる。

　ただし、上記はあくまでも一般論のため、会計処理上、オフバランスとするかどうかについては、契約や運用方法等に基づき、自ら顧問会計士等に確認する必要がある。

　　　　　　　　　　　　　　　　　　　　　　　　　　（髙木　英隆）

＜仕入先（サプライヤー）の場合＞(4)いま、債権流動化（売掛債権・手形）しているケース

Q 53 譲渡禁止特約付きの売掛債権も電子記録債権化の対象になるのか

A 53 譲渡禁止特約付きの売掛債権も電子記録債権化の対象となるが、電子記録債権を発生させるかどうかについてはおもに支払企業の意向によるものと考えられる。

解　説

1　譲渡禁止特約付きの売掛債権について、電子記録債権を利用する場合の基本的な考え方

　たとえ支払企業および仕入先間の購買契約等に、当該商取引等により発生した売掛債権について譲渡禁止とする定めがあったとしても、その売掛債権の支払のためまたは支払にかえて、電子記録債権を発生させることはできる。これは、電子記録債権を一括決済方式として利用する場合であっても、手形的に利用する場合であっても同様である。

2　譲渡禁止特約付きの売掛債権について、電子記録債権を利用する場合における支払企業および仕入先のスタンス

　電子記録債権を発生させるためには、支払企業と仕入先の双方が電子債権記録機関に発生記録請求を行い、電子債権記録機関が記録原簿に発生記録を行うことになる。通常、電子記録債権においては譲渡禁止が設けられることは想定されておらず、かつ人的抗弁も切断されるのが一般的であるため、そのような電子記録債権を発生させるかどうかについては、支払企業と仕入先の合意が必要となる。このうち、仕入先は、電子記録債権を譲渡することによる資金調達等の選択肢が広がり、自らにとってメリットがあるため、電子

記録債権化することによるデメリットは基本的にない。一方、支払企業は、電子記録債権を発生させた場合、予想外の譲受人が登場し、人的抗弁が主張できなくなってしまう等のデメリットも考えられるため、電子記録債権化することには慎重になることも十分考えられる。したがって、譲渡禁止特約付きの売掛債権の支払のためにまたは支払にかえて、電子記録債権を発生させるかどうかについては、おもに支払企業の意向によるものと考えられる。

3　電子記録債権の譲渡禁止特約の付与について

なお、売掛債権に譲渡禁止特約をつけることができるように、法律上は電子記録債権にも譲渡禁止特約をつけることができる。しかし、法律は、そもそも事業者の資金調達の円滑化等を図ることを目的としているため、電子債権記録機関は、業務規程により譲渡記録の制限を設けることはできても、譲渡禁止を付すことはできないことになっている。

もし、支払企業が譲渡禁止特約付きの電子記録債権を発生させたいと考えた場合、発生記録における任意的記録事項において、当事者の合意する禁止・制限事項（法16条2項12号）として譲渡記録の禁止を記録することによってのみ、譲渡禁止とすることができると考えられる（上記記録がない限り、譲渡禁止の効力はない）。

ただし、実際には各電子債権記録機関の業務規程によって、任意的記録事項のうちどのような事項について記録請求が可能であるかが規定されており、当事者の合意する禁止・制限事項については、記録請求できないことになっているケースが多いと考えられる。

現実的にも、当事者が譲渡禁止特約をつけてまでわざわざ電子記録債権を発生させるニーズは考えにくい。ただし、今後電子記録債権による支払が普及していった場合に、たとえば譲渡先を特定者に限定するような制限的流動性付与の事例も発生する可能性はあると考えられ、譲渡禁止ではなく譲渡制限を活用することによる対象債権の拡大も想定される。

（髙木　英隆）

支払企業(バイヤー)の場合

(1) 共通事項

Q 54 電子記録債権を支払手段として利用する場合のメリットは何か

A 54 メリットとしては、手形における現物保管コストや紛失リスク、印紙税負担、二重譲渡リスクがないことのほか、売掛債権における債権の存在・発生原因の確認コストがないことから仕入先が資金調達手段としても利用しやすいことなどがあげられる。一方、デメリットとしては、利用に際して手数料等が必要なことなどがあげられる。

解 説

1 手形と売掛債権が抱える問題点

　もともと企業の資金決済手段として広く利用されていた手形は、現物を伴うことから保管コストや紛失リスクを抱えていることに加え、印紙税負担も伴うことをおもな理由として、売掛債権のままでの振込みによる決済や一括決済方式と呼ばれる決済への移行がどんどん進んでいる。このため、債権者である仕入先が手形割引というかたちで資金調達を行う機会も失われつつあることから、企業の新たな資金調達手段として売掛債権を活用していくことの必要性が叫ばれてきた。しかし、売掛債権を資金調達に活用するには、そもそも支払企業と仕入先の間の契約で売掛債権の譲渡を禁止する特約が定め

られている場合があったり、資金提供する側にとっては本当に債権が存在するのかを確認することが困難であったり、さらには資金調達側で現物が存在しないことを悪用して担保となるべき売掛債権を二重に譲渡してしまうおそれがあるといった問題を抱えていることから、なかなかその活用は進んでいない。

2 電子記録債権のメリット

こうした状況のなか、手形や売掛債権といった既存の債権が抱える課題を克服し、電子的な記録によって権利の内容を定めることで取引の安全と流動性を確保するとともに、利用者保護の要請にも応える新たな金銭債権として、電子記録債権制度が創設されるに至っている。したがって、電子記録債権は手形や売掛債権といった既存の債権がそれぞれもっているデメリットを解消しているが、具体的には、①電子債権記録機関の記録原簿への電子記録によって手形における紙の券面上に記載するのと同様に債権の帰属の明確化を実現するとともに、②売掛債権と同様に紙による現物を用いないことで紛失、盗難といったリスクやそのリスクを防ぐために保管に際してかけるコストを抑制し、③手形を振り出す際に必要となる印紙税もそもそも紙を使わないことから負担する必要がなく、④債権を譲渡する際にも記録原簿への電子記録を譲渡の効力が発生する要件となっていることから債権が二重に譲渡される可能性も排している。また、仕入先が資金調達に利用する場合、電子記録債権は仕入先の側で1つの債権を額面の範囲内で分割することが可能であることから、債権の一部だけを譲渡することが可能であり、⑤必要以上の金額を資金調達して利息を多く支払わなければならなくなるといった事態も避けられる。さらに、債権の分割が柔軟にできることから、⑥手形の裏書譲渡のような自分の取引先に対する支払手段としての利用もしやすくなっている。このほか、記録原簿への電子記録によって、債権の状態を可視化することが容易であることから、たとえば近年企業間の決済方法として注目されつ

つあるネッティングによる決済を電子記録債権で行った場合には、⑦相殺による支払を行ったことを記録原簿への記録により対外的に明確化することができるといった利点もあげられる。これは、特にCMSと呼ばれる企業グループ内での資金を効率的に管理するための仕組みにおいて、実際に現金をやりとりすることなく決済をするうえで活用することができるのではないかと考えられている。

3 電子記録債権のデメリット

このように、さまざまなメリットがある電子記録債権であるが、デメリットがまったくないわけではない。まず、電子記録債権を発生させるためには電子債権記録機関に対して発生記録を行うように請求する必要があるが、一般的には電子債権記録機関ではこのとき手数料を請求する。つまり手数料を払わないと債権を発生させることができないのである。この点、売掛債権の場合には、債権を発生させるにあたっても手数料はかからないことから、利用者にとっては多少なりともコストアップ要因となる。また、通常、電子記録債権においては譲渡禁止が設けられることは想定されておらず、かつ人的抗弁も切断されるのが一般的であるため、電子記録債権を発生させた場合は、予想外の譲受人が登場し、人的抗弁が主張できなくなってしまう等のデメリットも考えられる。このように、いくつかのデメリットがあるものの、電子記録債権にはそれを補って余りあるメリットがあることから、今後支払手段として広く活用されていくことが期待されている。

(栗田　俊紀)

＜支払企業（バイヤー）の場合＞(1)共通事項

Q 55　個別行の電子記録債権を利用する場合の申込手続はどうなっているのか

A 55　導入基準を満たし、審査を経た場合、支払企業は個別行や個別行の電子債権記録機関との間で契約を行うとともに、支払開始に先立って仕入先にも契約や利用申込みを行ってもらうことが必要になる。したがって、一般的には、支払企業が個別行とスキームの導入を合意してから、支払を開始するまでに4～6カ月が必要であると考えられている。

解　説

　個別行の電子記録債権を支払企業の立場で利用するということは、すなわち、個別行が子会社の電子債権記録機関を活用し、電子記録債権をスキームの一部に組み込んだ商品・サービスを利用するということを意味する。

　ここでは、その1つの例として支払企業が電子記録債権を利用した一括決済方式を利用する場合について以下に述べることとする。

1　支払企業が導入する場合の基準について

　個別行の電子記録債権を一括決済方式として利用する場合、業務効率化の観点から支払金額や支払件数等について一定の規模以上となるような導入基準が設けられている。一般的には、対象となる債権残高は数十億円以上、対象支払件数は月間数百件以上といった基準になっているものと考えられる。

2　個別行における審査について

　一括決済方式は、支払企業が期日に金融機関に決済することを前提に、実質的に個別行が仕入先に対して期日前資金化を実施するスキームであり、支

払企業の信用力に依拠したスキームといえる。また、支払企業がスキームを導入した場合、支払方法を再び手形に戻すことは想定しがたいことから、比較的長期にわたって導入し続けることが前提となるスキームである。したがって、サービスを提供しようとする個別行では、これらの観点で審査を行うこととなる。

3　支払企業の導入手続について

　一括決済方式の場合、導入基準を満たし、かつ個別行の審査を経た支払企業が、スキームの導入を決定後、実際に支払が開始されるまでに4〜6カ月を要すると考えられる。一般的には、導入手続は以下のようなタイムスケジュールで進められることとなる。

Ｘ月　　　個別行との間で基本合意
Ｘ＋1月　仕入先に対するスキーム参加案内・アンケート
Ｘ＋2月　仕入先の利用申込み・契約手続
Ｘ＋3月　仕入先の利用申込み・契約手続状況確認
Ｘ＋4月　窓口金融機関での仕入先契約書等の内容確認・システム登録
Ｘ＋5月　窓口金融機関への支払データ伝送テスト、経理システム等の確認
Ｘ＋6月　支払開始

　　　　　　　　　　　　　　　　　　　　　　　　　　　（髙木　英隆）

＜支払企業（バイヤー）の場合＞(1)共通事項

Q 56 個別行の電子記録債権はインターネット経由でしか利用できないのか

A 56 支払データを送るための通信手段は、一般的にはインターネットかダイヤルアップ接続を利用している。

解　説

1　支払企業と窓口金融機関との間の通信手段について

　個別行の電子記録債権を一括決済方式として利用する場合、通常想定される事務は以下の通りである。

① 　支払企業から金融機関への支払データ伝送・承認

　　支払データの伝送手段は、大量の支払データをやりとりするため、一般的にはインターネットまたはダイヤルアップ接続を利用している。また、伝送データの承認にあたっては、支払企業がインターネット上に表示された伝送データ内容を承認することとなるケースが多い（FAX等での承認を許容しているケースもあるが、実際の取扱いにあたっては、個別行への確認が必要である）。

② 　一括決済方式にかかわる各種データの確認・ダウンロード

　　支払企業が会計処理等を行うために、一括決済方式にかかわる支払金額等の確認を要する場合、支払企業はインターネットを利用して、必要なデータを確認・ダウンロードすることとなる（ただし、実際の利用にあたっては、個別行への確認が必要である）。

2　支払データの伝送手段ごとの特徴

　支払企業ごとのシステムセキュリティ基準等により、判断は異なるもの

の、支払データの伝送手段ごとの特徴は以下の通りと考えられる。

① インターネット

　a　金融機関との間で事前に伝送環境の設定作業を行う必要がない。

　b　インターネット環境につながるパソコンであれば、データ伝送が可能である。

　c　電子認証等の設定や更新が必要となる場合がある。

② ダイヤルアップ接続

　a　既存の全銀手順による振込み等のデータ伝送のインフラがあればそれを活用できる。

　b　システムインフラ（パソコンソフトの仕様）次第であり、簡単に明細の閲覧やダウンロードができない可能性がある（ソフトウェアのバージョンアップが必要となる可能性あり）。

3　FAXや紙の利用について

　一括決済方式においては、相当数の支払の処理を前提としているため、大量処理が可能なインターネットやダイヤルアップ接続の利用を原則としている。例外的に、緊急時等には、必要に応じてFAXや紙を利用するケースも想定される。

（髙木　英隆）

＜支払企業（バイヤー）の場合＞(1)共通事項

Q 57　個別行の電子記録債権を利用する場合にどんな手数料が発生するのか

A 57　個別行の電子記録債権を一括決済方式として利用する場合、固定手数料、支払件数に応じた手数料、仕入先契約ごとの手数料が、一般的には必要となる。

　解　説

1　個別行の電子記録債権を利用した一括決済方式における事務手数料

　個別行の電子記録債権を利用した一括決済方式の場合、一般的に、個別行、電子債権記録機関および窓口金融機関における事務手数料が必要となる。ここでは、三井住友銀行グループの手数料体系を例示する。
① 　固定手数料
　　一括決済方式においては、従来手形を振り出していた日に先んじて、支払企業が窓口金融機関に対して支払データを伝送する。支払データ件数の大小にかかわらず、窓口金融機関ではデータ伝送日の管理や受信確認等の作業を行うため、それにかかわる手数料が発生する。
② 　支払件数に応じた手数料
　　窓口金融機関は、支払企業から支払データを受付後、データをシステム処理して、仕入先に対して支払明細通知をインターネットまたはFAXにより送信したり、電子債権記録機関に対する記録請求等を行うこととなる。このような処理については、データごとに行われることとなるため、支払件数に応じた手数料が発生することとなる。
③ 　仕入先契約ごとの手数料

通常、仕入先の利用申込みや契約書類については、窓口金融機関で準備を行うこととなる。また、仕入先が記入・押印した書類については、最終的に窓口金融機関で内容確認を行ったうえで、窓口金融機関のシステムを通じて電子債権記録機関にシステム登録されることとなる。したがって、仕入先契約ごとに手数料が発生することとなる。

2　その他の手数料

通常の事務にかかわる手数料については上記の通りであるが、その他、スキームの導入にあたって、個別行、電子債権記録機関および窓口金融機関に対する初期契約手数料や、支払企業が窓口金融機関に対して特殊な事務を依頼した場合の手数料については、個別行、電子債権記録機関および窓口金融機関ごとの定めに応じて発生することとなる（具体的な内容については、個別行等への確認が必要である）。

（髙木　英隆）

＜支払企業（バイヤー）の場合＞(1)共通事項

> **Q 58** でんさいネットを利用する場合の申込手続はどうなっているのか
>
> **A 58** 利用を開始するためには、でんさいネットおよび各取引金融機関の利用者要件を充足する必要がある。また、各取引金融機関所定の審査がある。なお、でんさいネットの電子記録債権で支払をするためには、仕入先（債権者）の同意が必要である。

解　説

1　でんさいネット申込みから利用開始までの流れ[1]

　まず、でんさいネットの窓口となる取引金融機関に利用申込書を提出して申し込む必要がある。取引のない金融機関で申込みをする場合、利用申込書のほかに、預金口座を保有していることが前提となるため預金口座を開設する必要がある。その際、会社の登記事項証明書や印鑑登録証明書等のほか、申込手続者の本人確認資料等が必要となる。取引金融機関内で利用者要件を充足していることが確認されると、でんさいネットに対する利用者登録が行われ、でんさいネットにて利用者番号（原則1社につき1つ）を採番し、取

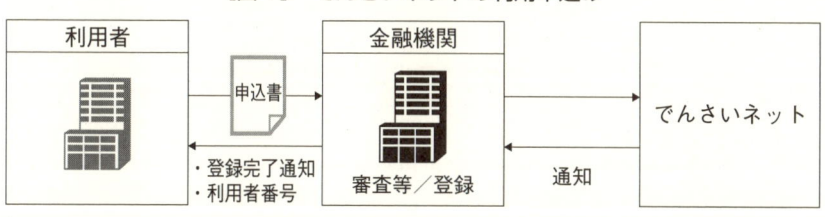

［図1］　でんさいネットの利用申込み

1　全銀電子債権ネットワーク「でんさいネットの仕組みと実務」平成23年、12頁。

＜支払企業（バイヤー）の場合＞⑴共通事項

引金融機関を通じて利用者へ利用承認通知が届けられる。利用承認通知を受け取った時点で、でんさいネットを利用する準備が整うことになる。ただし、実際にでんさいネットの電子記録債権で支払を行うためには、あらかじめ電子記録債権の債権者となる企業等にもでんさいネットに利用申込みをしておいてもらい、当該債権者となる企業等から利用者番号等の通知を受けておく必要がある（債権者の利用者番号等は、自身を債務者として電子記録債権の発生記録請求をする際に必要となる）。

なお、1度でんさいネットの利用者番号を取得すれば、支払側としてだけでなく、受取側としても同じ利用者番号を使用することができる。

2　でんさいネットを利用するための前提

でんさいネットを利用するためには、各取引金融機関およびでんさいネットの利用者要件を充足する必要がある。

⑴　取引金融機関の利用者要件

各取引金融機関が独自に設定するもので、その内容は取引金融機関によって異なっている。

たとえば、三井住友銀行では、法人向けインターネットサービスの窓口であるValueDoorの契約が別途必要である。

⑵　でんさいネットの利用者要件[2]

大きく分けて3種類の下記の要件を、すべて充足する必要がある。

① 属性要件

［図2］　三井住友銀行独自の利用者要件

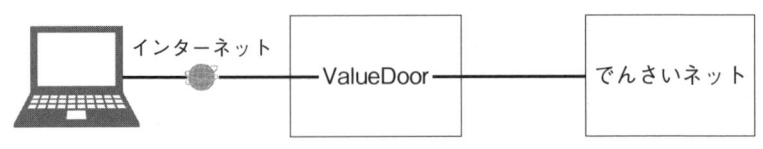

（注）　申込みには別途三井住友銀行の法人向けインターネットサービスの窓口であるValueDoor契約が必要。

＜支払企業（バイヤー）の場合＞⑴共通事項

　　a　法人、個人事業主、国・地方公共団体
　　b　本邦居住者
　　c　反社会的勢力に属さないなど、利用者としての適合性に問題がないこと
②　経済的要件
　　a　決済口座を開設していること……取引のない金融機関に申し込む場合、でんさいネットの決済資金を入出金するための口座を開設する必要がある（たとえば三井住友銀行の場合、支払企業として利用するには、当座預金のみ利用が可能であり、普通預金では利用できない）。
　　b　金融機関による審査を経ていること
③　利用資格要件
　　a　破産、廃業等していないこと
　　b　でんさいネットによる「債務者利用停止措置」（注）中でないこと
　　（過去にでんさいネットと契約がある企業等）
　　　（注）　手形において半年以内に不渡りを2回出した場合に銀行取引停止処分を受けるように、でんさいネットにも罰則が設けられる予定。

3　取引金融機関所定の審査

　債務者としてでんさいネットを利用する場合、取引金融機関所定の審査がある。その結果に基づきでんさいネットの電子記録債権で支払をすることが認められる。この点は、でんさいネットの電子記録債権を受け取るだけの場合に、利用者要件を充足した企業であれば、原則として取引金融機関の審査を経ることなく利用可能となっているのと、大きく異なっている。
　審査内容は各取引金融機関が独自に設定することになるが、たとえば当座預金を開設可能であるような企業に限る等の基準が設けられると考えられる（債務者として利用可能かどうかの判断基準は、従来取引金融機関から手形帳の交

2　全銀電子債権ネットワーク「でんさいネットの仕組みと実務」平成23年、11頁。

付を受けることができていたかという点になると考えられる)。

4　利用者登録

でんさいネットの利用申込みが完了した後も、取引金融機関によっては、別途パソコンのセットアップやソフトウエアのインストール等が必要となる場合がある。

5　でんさいネットの申込みができる金融機関について

ほとんどの金融機関がでんさいネットへ参加を表明していることから、全国銀行協会の正会員行（都市銀行、地方銀行、第二地方銀行、信託銀行等）および、信用金庫、信用組合、農協系統金融機関、商工組合中央金庫などで申込みができる見込みである（参加を表明している金融機関は、でんさいネットのホームページ（http://www.densai.net/）の参加金融機関一覧で確認可能）。

(妹尾　啓子)

＜支払企業（バイヤー）の場合＞(1)共通事項

Q 59 でんさいネットはインターネット経由でしか利用できないのか

A 59 インターネットバンキング経由による利用も想定されているが、どのようなアクセス方法を用意するかは、各金融機関に委ねられているため事前に取引金融機関に確認する必要がある。

解 説

1 インターネットバンキング

　でんさいネットは、インターネットバンキング経由による利用が多いと思われる。これは電子記録債権が、電磁的記録を要件とすることから、インターネットバンキングとの親和性が高いとみられるからである。
　支払企業は、取引金融機関により一部例外もあると考えられるが、原則各取引金融機関が提供するインターネットバンキングを通じて発生記録請求等を行い、仕入先側も各取引金融機関が提供するインターネットバンキングを通じて、債権情報等の確認をすることになる。なお、仕入先はすでに取引がある金融機関を経由してでんさいネットにアクセスすることができる（支払企業側がでんさいネットで利用している金融機関と同じ金融機関を利用する義務はない）。

2 ダイヤルアップ

　でんさいネットの利用希望者のなかには、従来より各金融機関とのデータのやりとりをインターネットバンキングではなく、ダイヤルアップ方式で行っている事業者も多いと思われ、そのような事業者を対象に、アクセス方法にダイヤルアップを用意している金融機関もあるようである。

3　FAX・店頭窓口

　一方、パソコンを所有していない事業者がでんさいネットを利用する場合も想定され、そのような利用希望者に対して、FAXや店頭窓口での受付を可能とする金融機関もあると想定される。
　また、記録請求の内容によっては書面提出による手続にのみ限定した記録請求もあり、その場合は、通常のアクセス方法をインターネットバンキングに限定している金融機関であっても、書面によりFAXや店頭窓口で手続を依頼することになる。

［図］　でんさいネットへのアクセス方法

各金融機関によって、利用可能なチャネルはさまざま

- インターネット
- ダイヤルアップ
- FAX
- 店頭窓口

→ 金融機関 → でんさいネット

（大坂谷　昭仁）

<支払企業(バイヤー)の場合>(1)共通事項

Q 60 でんさいネットを利用する場合にどんな手数料が発生するのか

A 60 手数料水準・体系については取引金融機関ごとに異なるが、原則、でんさいネットの記録原簿に「記録請求」をした際に手数料が発生する。

解説

でんさいネットの手数料の考え方は、でんさいネットの記録原簿に対する「記録請求」(記録原簿への電子的な書込みの依頼)を行うごとに発生するというものである。

でんさいネットの手数料水準(手数料の金額)や体系(従量料金のほか、システム料などの初期費用や固定料金の有無)は、各金融機関が独自に設定することになっている。なお、考え方の一例を示すと下記の通りになる。

1 従量料金

「記録請求」の具体例としては、でんさいネットの電子記録債権を発生させた場合(発生記録)、でんさいネットの電子記録債権を譲渡(分割譲渡も含む)した場合・取引金融機関で割引を行った場合(いずれも譲渡記録)、譲渡等に際して債権者が債務者の支払を担保する場合(保証記録)、期日前に支払った場合(支払等記録)などがあげられる(ここであげた具体例のうち、支払企業が関係するのは発生記録と支払等記録である)。

また、でんさいネットに対して書面の提出が必要な場合や書面により手続を行う場合等は取引金融機関の窓口を通すなど、人手を介するので、インターネット経由でアクセスする場合と比べて割高な手数料が発生すると想定される(振込みを行う場合、インターネットバンキングを利用する場合やATMを

第2章 電子記録債権 利用者編 179

<支払企業(バイヤー)の場合>(1)共通事項

利用する場合より、店頭で紙の振込用紙に記入し提出する場合のほうが振込手数料が割高であるのと同じ考え方になる)。

2　固定料金

システム料などの初期費用や月額の固定料金については各金融機関が独自に設定するものであるため、その有無については金融機関によって異なる。

3　支払企業のコストメリット

ここでは手形決済との対比で、支払企業にとってのでんさいネットのコストメリットを説明する。通常、手形を振り出す場合のコストとしては、①手形帳発行手数料、②手形にかかる印紙代、③手形郵送コスト(書留代など)、④手形の保管コスト(保険料など)があげられる。特に印紙代の負担が比較的重いことから、でんさいネットを利用して手形の振出しを廃止できれば、これらのコストの削減効果によりコストメリットが期待できる。

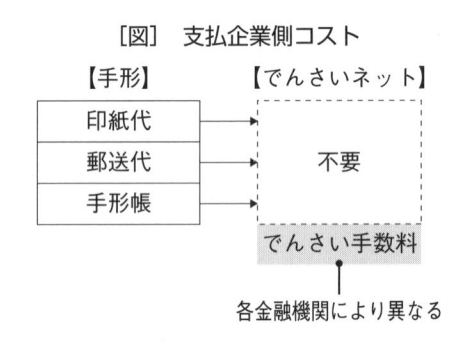

[図]　支払企業側コスト

【手形】　　　　　【でんさいネット】
┌─────┐
│ 印紙代 │ →
├─────┤
│ 郵送代 │ →　　　不要
├─────┤
│ 手形帳 │ →
└─────┘
　　　　　　　　　でんさい手数料
　　　　　　　　　各金融機関により異なる

(大坂谷　昭仁)

＜支払企業（バイヤー）の場合＞(1)共通事項

Q 61 複数の電子債権記録機関を利用することが事務負担の増加につながることはないのか

A 61 電子記録債権を活用することによるメリットとあわせ総合的に判断する必要がある。電子記録債権の利便性を高める取組みは、今後、いろいろなかたちで具体化していくと考えられる。

解　説

　従来から一括決済方式を利用している企業では、①金額を確定し、②決められた期間内に債務データを作成し、③一括決済方式の窓口金融機関へ伝送する、という事務手続が行われてきたと考えられる。

　また、振込みによる支払に関しては、振込データを作成し、EBソフト等によりダイヤルアップ接続でデータ伝送するか、WEB上のインターネットバンキングにてデータをアップロードするか、という手続が行われてきている。

　加えて、手形の振出しに関しては、現物の作成、交付、郵送、領収証の回収といった手続が行われていたはずである。

　これまでの、企業等における支払に関する事務手続としては、上記のような複数の方法が併用されてきた、というのが実態に近いものと考えられる。

1　総合的な合理化の判断が必要

　個別行の電子記録債権を活用する場合には、上記のような、従来からの支払事務と比較して、①～③までは、従来の一括決済方式とほぼ同様のデータ作成と伝送の手続が発生すると考えられる。これに加え、でんさいネットをはじめとした複数の電子債権記録機関を利用する場合には、それぞれの電子債権記録機関が定めるフォーマットに準拠したデータを作成、伝送するとい

う手続が発生することになるだろう。つまり、利用する電子債権記録機関の数だけ、データ作成およびデータ伝送手続が発生する、ということになってくる。

たしかに、上記のような、データ作成および伝送の部分だけで判断すれば、複数の電子債権記録機関で電子記録債権を利用することにより、一見、事務的な手間がふえてしまうかのような印象がある。しかし、従来の一括決済方式では、債権譲渡に関しては、確定日付の取得を含めて対抗要件を具備するための事務負担があったが、電子記録債権になることでそのような負担も不要となった。加えて、従来の手形をでんさいネット等手形的利用による電子記録債権で置き換えることにより、手形の振出しに係る事務負担も軽減されるだろう。これだけではなく、振込みによる支払では、支払期日までに振込データを作成、伝送しなければならなかったが、口座間送金決済を利用すれば、振込みに係る上記のような事務負担の軽減も可能となる。

利用者としては、電子記録債権を利用することによるメリットを考慮し、総合的に既存の業務の合理化につながるのかどうかを判断していく必要があると思われる。

2 利便性向上への取組み

電子記録債権の利便性向上については、すでに具体的な動きも出てきている。

たとえば、受け付けたデータの一部を、でんさいネットとそれ以外の電子債権記録機関へ振り分ける機能を検討している金融機関もあるようである。将来的にこのような機能が実現すれば、支払側は、作成したデータを一括して特定の窓口金融機関へ伝送し、窓口金融機関側でデータを振り分けることにより複数の電子債権記録機関に対して記録請求を行うということが可能になり、事務手続のさらなる効率化が期待できる。

＜支払企業（バイヤー）の場合＞(1)共通事項

3　今後の課題

　データを受け付ける側がどんなに振分け機能を充実させたとしても、そこへ伝送するデータが効率的に作成できなければならない。現状では、各電子債権記録機関が独自にデータのフォーマットを定めているため、複数の電子債権記録機関を利用する場合、支払側では電子債権記録機関が定めたそれぞれのフォーマットに準拠したデータが作成できるようになる必要がある。この点では、支払を管理するシステムに対し、ある程度の改定を加えることが必要になってくるだろう。

　この点について、たとえばでんさいネットは「間接アクセス方式」を採用しており、利用者から窓口金融機関に対するアクセスの方式については各窓口金融機関に委ねられている。平成23年6月現在、各金融機関のでんさいネットのサービス内容については、ほとんど明らかとなっていないが、支払側のシステム改定が最小限ですむように、各金融機関にはデータを受け付ける方法を工夫することが、今後求められる。

　データのフォーマットにもまして重要なのが、データの内容をいかに正しく作成するか、という問題である。

　でんさいネットでは、債務者が請求すれば電子記録債権は発生し、債権者が異議を唱えなければ、転々流通が可能となる。この場合、紙の手形と同様に人的抗弁は切断されるため、かりに債権金額等のデータ内容に誤りがあったとしても、それを理由に債権者に対する支払を拒絶することはできなくなる。さらに、意図しない記録を取り消すためには変更記録が必要だが、変更記録を請求するためには、利害関係者全員の承諾が必要となってくるため、誤りの発見が遅れれば遅れるほど、取り消すのがむずかしくなってくる。

　このような問題を回避するためには、伝送するデータが、支払を管理するシステムから自動的に出力され、人間の手を介在させないことが望ましい。この点については、ソフトウエアベンダーによる取組みが重要になってく

る。

　以上のように、効率性を高めつつ、リスクを削減することによって、安全かつ利便性に優れたデータの授受が行われる基盤をつくっていくために、各電子債権記録機関は、窓口金融機関やソフトウエアベンダーと連携していく必要があるだろう。

（森　榮　倫）

<支払企業（バイヤー）の場合>(1)共通事項

Q 62　電子記録債権で支払う場合の会計処理はどうなるのか

A 62　会計関連の指針等が出ており、原則支払手形に準じて、電子記録債務として区分掲記する。

解　説

1　手形にかわる電子記録債権の一般的な会計処理

　電子記録債権の会計処理は、平成21年4月に企業会計基準委員会より、「電子記録債権に係る会計処理及び表示についての実務上の取扱い」が公表されている。

　上記実務上の取扱いによると、手形から電子記録債権への切替えに際しては、会計処理上、今後も並存する手形債権に準じて取り扱うことが適当であると記載されている。そして、買掛金に関連して手形が発行される場合と同様、手形債権が指名債権とは別に区分掲記される取引に関しては、電子記録債権についても指名債権に対応する債務とは別に区分掲記することとし、電子記録債務を示す科目をもって表示することとなっている。そのため、支払企業にとっては新たに「電子記録債務」の勘定科目を設ける必要がある。

　営業取引により発生した買掛債務100を電子記録債権で支払い、途中で当初債権者が電子記録債権60を資金化して、支払期日に当初債権者に対し電子記録債権残額40、新債権者に対して電子記録債権60を支払ったケースの事例の会計処理は以下の通りとなる。

<支払企業（バイヤー）の場合>(1)共通事項

(電子記録債権発生時：100)			
買掛金	100	電子記録債務	100
	(仕入先)		(仕入先)

(電子記録債権譲渡時：60)
仕訳なし

(支払期日支払時：100)			
電子記録債務	100	現金	100
	(仕入先)		

　電子記録債権の会計処理は、手形債権に準じて取り扱うことが適当とされているため、途中で当初債権者が電子記録債権を第三者に譲渡したとしても、相手先を変更するための会計処理は行わない（債務者が電子債権記録機関に開示請求を行うことにより、電子記録債権の現在の債権者を認識できる余地もあるが、通常債務者は当初債権者以降の電子記録債権の譲受人を認識しない場合が多いと考えられる）。

　一般的な会計処理の原則は上記の通りであるが、本来電子記録債務として区分掲記すべき取引であっても、重要性が乏しい場合は、支払手形に含めて表示することができることとなっている。

2　電子記録債権を利用した一括ファクタリングの一般的な会計処理

　上記のほかに、従来の手形から、電子記録債権を利用した一括ファクタリング（電子記録債権版一括ファクタリング）に支払方法がかわる場合、上記の手形的利用のケースとまったく同じ会計処理も考えられる。支払企業が仕入先に対して電子記録債権でいったん支払うという意味では、手形的利用で電子記録債権を支払うケースと特に区別がないからである（1　手形にかわる電子記録債権の一般的な会計処理を参照）。

＜支払企業（バイヤー）の場合＞(1)共通事項

　一方、電子記録債権を利用した一括ファクタリングでは、いったん発生させた電子記録債権が即時にファクタリング会社等の金融機関に譲渡されることを、当初契約等において支払企業が認識しているため、電子記録債権の債権者をファクタリング会社等に変更するための会計仕訳が行われることも考えられるが、最終的には顧問会計士等の専門家の個別判断となる。

　上記に従った場合、営業取引により発生した買掛債務100を電子記録債権版一括ファクタリングで支払い、途中で当初債権者がファクタリング会社から60の期日前資金化を行い、支払期日にファクタリング会社に対し電子記録債権100を支払ったケースの事例の会計処理は以下の通りとなる。

（電子記録債権発生・譲渡時：100）			
買掛金	100	電子記録債務	100※
	（仕入先）		（仕入先）
電子記録債務	100※	電子記録債務	100
	（仕入先）		（ファクタリング会社）

（資金化時：60）
仕訳なし

（支払期日支払時：100）			
電子記録債務	100	現金	100
	（ファクタリング会社）		

※　電子記録債務の相手方をファクタリング会社として認識する上記会計処理例において、電子記録債権の発生の同日にファクタリング会社への譲渡が行われるため、顧問会計士等専門家の判断によっては、「電子記録債務」（仕入先）の起票省略（無起票）もありうる。

（庄司　義光）

(2) いま、手形で支払を行っているケース

Q 63　支払手形を廃止したいがどんな方法があるのか

A 63　通常の支払方法は、現金支払、買掛金支払、手形支払、一括決済方式による支払、電子記録債権による支払といった方法が考えられるが、いずれもメリット・デメリットがあるため、支払手形を止める場合には、各方法を組み合わせることが効果的だと考えられる。

― 解　説 ―

1　現金支払の場合

　支払手形を止める場合、手形振出日に手形金額と同額の現金支払を行えば、仕入先にとっては不利益な変更にはならないため、支払手形の全廃が図りやすいと考えられる。しかし、支払企業にとっては、支払が前倒しとなることにより、キャッシュフローが悪化するため、現実的には仕入先全社に対して一律現金支払に変更するのは非常にむずかしいと考えられる。

2　現金支払以外の場合の総論

　一方、キャッシュフローを悪化させない方法として、買掛金支払、一括決済による支払、電子記録債権による支払といった方法も考えられるが、これらの方法で支払を行う場合、下請法に留意する必要がある（以下については、下請法が適用されるケースを前提として述べる）。

＜支払企業（バイヤー）の場合＞(2)いま、手形で支払を行っているケース

3　買掛金支払の場合

　具体的には、買掛金支払では、支払手形の期日に現金支払を行うこととなるが、たとえば物品等を受領した日の属する月の翌月末日に120日サイトの手形支払をしていた場合、買掛金支払に変更することにより、物品等受領日から支払日まで最長期間で180日となる。下請法では、下請代金に関する現金または手形等支払手段の交付の期限が物品等受領日から起算して60日の期間内において定められなければならないこととされているため、この場合、下請法に違反することとなる。したがって、この方法は事実上、下請法が適用されない仕入先との間でしか使えないということになる。

4　一括決済方式による支払の場合

　一括決済方式による支払の場合は、公正取引委員会の昭和60年事務局長通達において、「一括決済方式により下請代金を支払うこととする場合に、不当に、下請事業者に対し、一括決済方式による下請代金の支払に応じることを強制し、又は一括決済方式による下請代金の支払に応じないことを理由として取引の条件又は実施について不利な取扱い」を行った場合には、独占禁止法違反のおそれがあるものとして扱われることとなっている。

　また、公正取引委員会の昭和60年取引部長通知において、「一括決済方式への加入は、下請事業者の自由な意思によること」とされている。

　一括決済方式については、仕入先にとっては、以下のメリット・デメリットがあり、加入を見送る仕入先も存在すると考えられる。

＜メリット＞
① 　手形回収・管理・領収証発行等の事務・コスト削減
② 　柔軟な資金調達（一般的に、債権金額の一部のみの早期資金化が可能）
③ 　簡単な資金調達（一般的にWEBやFAXでの早期資金化申込が可能）
④ 　低利な資金調達（一般的に各金融機関が定める短期プライムレートでの早期

資金化が可能）

⑤ オフバランス効果（手形割引と異なり、資金受領後に支払企業が倒産しても、買戻請求を受けない）

⑥ 振込金融機関の自由性（期日前資金化または期日代金の振込みを受けるだけであるので、原則どこの金融機関でも受取りは可能）

＜デメリット＞

① 仕入先の取引金融機関で割引・取立てができなくなる。

② 転々とした裏書譲渡がむずかしくなる。

③ 支払企業ごとに、一括決済方式を運営している提携金融機関と新たな基本契約を締結しなければならない。

5　電子記録債権による支払の場合

　電子記録債権による支払についても、公正取引委員会の平成21年事務総長通達において、「電子記録債権の発生記録又は譲渡記録により下請代金を支払うこととする場合に、不当に、下請事業者に対し、電子記録債権の発生記録若しくは譲渡記録による下請代金の支払に応じることを強制し、又は電子記録債権の発生記録若しくは譲渡記録による下請代金の支払に応じないことを理由として取引の条件又は実施について不利な取扱い」を行った場合には、独占禁止法違反のおそれがあるものとして扱われることとなっている。

　電子記録債権については、一括決済方式として利用される場合と手形的に利用される場合があるが、一括決済方式として利用される場合の仕入先にとってのメリット・デメリットは前記の通りで、手形的に利用される場合、メリットは手形回収・管理・領収証発行等の事務・コスト削減（その他の資金調達における一括決済方式特有のメリットはない）であり、デメリットは電子債権記録機関への利用申込みが必要となることや、会計処理の変更を要する場合があることである。したがって、電子記録債権で支払うこととする場合も、仕入先の了解を得られず、電子記録債権での支払に至らないケースも

＜支払企業（バイヤー）の場合＞(2)いま、手形で支払を行っているケース

想定される。

6 効果的な支払手形削減方法

したがって、支払手形の削減をまず、上記いずれか1つの方式を選択して、可能な範囲内で対応することとなろうかと思われるが、さらにその方法だけでは不十分な場合には、仕入先のニーズをふまえて上記いずれの対応を追加するかを相談し、仕入先に了解を得られる方法で支払手形を削減することになると考えられる。

[図] 支払方法変更による資金繰りへの影響

〈手形支払の流れ〉

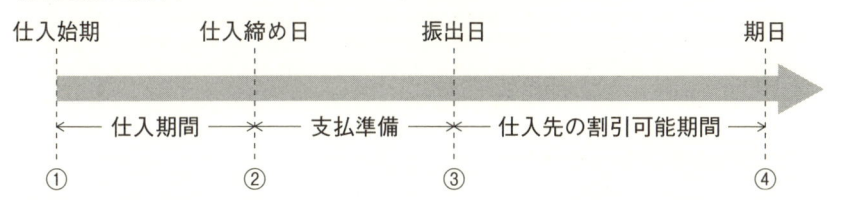

```
仕入始期        仕入締め日      振出日               期日
  |←―― 仕入期間 ――→|← 支払準備 →|← 仕入先の割引可能期間 →|
  ①              ②            ③                    ④
```

〈支払方法変更の影響〉

支払方法	仕入先の 最短受取可能日	支払企業の 支払日
現金支払	③	③ （資金繰り悪化）
買掛金支払	④ （手形対比遅延）	④
一括決済方式	③	④
電子記録債権 （一括決済方式）	③	④
電子記録債権 （手形的利用）	③	④

（髙木　英隆）

<支払企業(バイヤー)の場合>(2)いま、手形で支払を行っているケース

Q 64 電子記録債権に下請法の適用はあるのか

A 64 電子記録債権についても、平成21年に公正取引委員会事務総長通達が出されており、下請法の適用がある。

解説

1 下請法適用に関する根拠

電子記録債権による支払についても、公正取引委員会の平成21年事務総長通達が発出されており、下請法の適用がある。

2 平成21年事務総長通達の内容(電子記録債権の一括決済方式・手形的利用ともに適用)

平成21年事務総長通達では、電子記録債権の発生記録または譲渡記録をすることにより、下請代金を支払う場合の取扱いについて定められているため、電子記録債権を一括決済方式として利用する場合(電子記録債権の発生記録および当該発生記録と同時に行われる譲渡記録)だけでなく、手形的利用の場合(電子記録債権の発生記録による支払)や手形の裏書譲渡のように第三者宛支払として利用する場合(自身が債権者となっている他社が債務者となっている電子記録債権の譲渡記録による支払)についても、下請法の適用を受けることとなる。

特に、平成21年事務総長通達の3においては、「電子記録債権の発生記録又は譲渡記録により下請代金を支払うこととする場合に、不当に、下請事業者に対し、電子記録債権の発生記録若しくは譲渡記録による下請代金の支払に応じることを強制し、又は電子記録債権の発生記録若しくは譲渡記録による下請代金の支払に応じないことを理由として取引の条件又は実施について

＜支払企業（バイヤー）の場合＞⑵いま、手形で支払を行っているケース

不利な取扱い」を行った場合には、独占禁止法違反のおそれがあるものとして扱われることとなっているため、電子記録債権を一括決済方式、手形、裏書譲渡手形のいずれの手段で利用するのであっても、下請事業者に対して電子記録債権による支払を強制してはならないとものと考えられる。

3　平成21年取引部長通知の内容

　その他、公正取引委員会の平成21年取引部長通知も発出されており、電子記録債権を下請代金の支払手段として用いる場合の支払企業である親事業者の遵守事項が定められている。この通知については、「4　不利益変更の禁止」において、「支払手段を電子記録債権の発生記録又は譲渡記録による支払に変更する場合に、下請事業者に対し支払条件を従来に比して実質的に不利となるよう変更しないこと」が定められており、支払方法を支払手形から電子記録債権に変更する場合、仕入先にとってもコストメリットがあるといっても、それを理由に下請代金を減額する等といったことを行うことはできないと考えられる。

4　電子記録債権による支払にあたっての親事業者の留意点

　以上の通り、電子記録債権についても、下請法の適用があり、支払手形を削減する場合においても、上記の公正取引委員会の通達や通知を遵守した対応を行うことが必要である。また、電子記録債権の手形的利用の場合であっても、例外ではなく、平成21年事務総長通達等を遵守することが必要で、下請事業者に対して電子記録債権での支払を強制することはできないため、この点は特に留意する必要がある（電子記録債権を手形として利用する場合であっても、仕入先にとっては電子債権記録機関に対する利用申込みが必要であるといった負担がある。また、紙の手形と利便性がまったく同じではないため、下請事業者が紙の手形よりも利便性が劣ると考える場合には、下請事業者が電子記録債権での支払に同意しないケースも想定される。たとえば、取引金融機関が電

＜支払企業（バイヤー）の場合＞⑵いま、手形で支払を行っているケース

子債権記録機関と提携していない場合には、受け取った電子記録債権を取引金融機関で割引できないといった事例が想定される。また、電子記録債権が普及していない段階では、受け取った電子記録債権を直ちに手形のように第三者に対する支払に利用できないといった事例も想定される。その他、手形の利便性については個々の仕入先が判断するものであるため、下請事業者があくまでも紙の手形の受取りを希望する場合も想定しておく必要があると考えられる）。

（髙木　英隆）

＜支払企業（バイヤー）の場合＞(2)いま、手形で支払を行っているケース

Q 65 せっかく電子記録債権を導入しても紙の手形が残ってしまう可能性はあるのか

A 65 電子記録債権については、下請法の適用があり、下請事業者に強制することはできないため、紙の手形が残ってしまう可能性はあると考えられる。

解　説

1　下請法適用に関する根拠

　電子記録債権による支払については、公正取引委員会の平成21年事務総長通達の3において、「電子記録債権の発生記録又は譲渡記録により下請代金を支払うこととする場合に、不当に、下請事業者に対し、電子記録債権の発生記録若しくは譲渡記録による下請代金の支払に応じることを強制し、又は電子記録債権の発生記録若しくは譲渡記録による下請代金の支払に応じないことを理由として取引の条件又は実施について不利な取扱い」を行った場合には、独占禁止法違反のおそれがあるものとして扱われることとなっている。

2　電子記録債権による支払にあたっての留意点

　電子記録債権は、新聞等の報道においては読者のわかりやすさを優先し「電子手形」と表現されることもあるが、あくまでも手形とは異なるもので、平成21年事務総長通達でも、電子記録債権による支払を下請事業者に強制することは独占禁止法違反のおそれがあるものとして扱われることとなっているため、留意が必要であると考えられる。

　また、電子記録債権を一括決済方式として利用する場合だけでなく、手形

＜支払企業（バイヤー）の場合＞(2)いま、手形で支払を行っているケース

的利用として、または第三者宛支払（手形における裏書譲渡に相当）として利用する場合にも、平成21年事務総長通達を遵守する必要があるため、留意が必要となる。

3　電子記録債権と紙の手形との相違点

　電子記録債権の利便性については、紙の手形とまったく同じではないと考えられる。電子記録債権を手形の代替として利用する場合でも、以下の点で紙の手形とは相違していると考えられる。

① 　コスト（電子債権記録機関ごとに決められるが、紙の手形における取立て・割引にかかわるコストと異なると考えられる）
② 　手続（金融機関ごとに異なるが、おもにインターネットで割引等の手続を行うことになる）
③ 　利用契約（電子債権記録機関ごとに利用申込手続が必要）
④ 　利用範囲（電子債権記録機関が提携している取引金融機関でのみ、割引等が可能）

4　効果的な支払手形削減方法

　したがって、紙の手形をできるだけ削減したいと考える場合は、下請事業者に同意を得られる支払方法とすることを検討する必要がある。現時点では、その方法として考えられるのは、①現金支払、②買掛金支払（従来の手形期日に振込み）、③一括決済方式による支払、④銀行が親会社の電子債権記録機関を利用した電子記録債権による支払の4つで、紙の手形の抜本的な削減を企図する企業は、それらのいずれかのみを仕入先に打診するのではなく、仕入先のニーズに応じて支払方法を決めていると考えられる。

5　でんさいネット取扱開始による支払手形削減方法への影響

　なお、平成24年5月に予定通りでんさいネットが開業し、全国ほとんどの

＜支払企業(バイヤー)の場合＞(2)いま、手形で支払を行っているケース

　金融機関で割引・決済が可能で、手形のように転々流通する裏書譲渡的機能を備えたでんさいネットの電子記録債権が全国に普及することとなった場合には、紙の手形の削減にあたっての方法が1つふえることとなり、それにより手形の削減検討に大きな影響を与えることになると考えられる。

　従来、現金支払の場合は支払企業のキャッシュフローに影響を与え、買掛金支払の場合は仕入先のキャッシュフローに影響を与えるため、いずれのキャッシュフローにも影響を与えない方法として、大企業を中心に紙の手形を一括決済方式による支払にシフトするケースが多かったものと考えられる。しかし、一括決済方式では、転々とした裏書譲渡ニーズや取引金融機関での割引ニーズに対応できないという理由で、仕入先に了解を得られないケースもあり、平均的にみて紙の手形の削減効果は5～8割程度ではなかったかと思われる(ただし、従来の一括決済方式により、手形全廃している支払企業も存在する)。

　でんさいネットは、上記ニーズに対応することができ、支払企業と仕入先のいずれのキャッシュフローにも影響がない支払方法であるため、低利割引(個別行の短期プライムレート等)のニーズがある仕入先には一括決済方式、その他ニーズのある仕入先にはでんさいネットを案内することにより、キャッシュフローの影響を気にすることなく、これまで以上に紙の手形を削減することができるようになると考えられる(前記の通り、でんさいネットは紙の手形とは異なるため、紙の手形の利便性を重視している下請事業者にでんさいネットでの支払を強制することはできない。したがって、一括決済方式とでんさいネットの両方を仕入先に案内した場合でも、紙の手形を全廃できるとは限らないと考えられる)。

(髙木　英隆)

(3) いま、一括決済方式で支払を行っているケース

Q 66　一括決済方式から電子記録債権に移行できるのか

A 66　すでに一括決済方式を導入していても、電子記録債権への移行は可能である。その場合、①でんさいネット等の手形的利用が可能な電子記録債権への移行、②電子記録債権による一括決済方式への移行が検討可能であるが、どちらを選択する場合においても、仕入先の了解を得る必要がある。

解　説

1　一括決済方式から電子記録債権への移行

　①でんさいネット等の手形的利用が可能な電子記録債権は、従来の手形にかわる決済手段として利用が見込まれ（従来の手形同様、多数の金融機関で割引や決済を行うことが可能であり、手形の裏書譲渡のように第三者宛支払としても利用できる）、②電子記録債権による一括決済方式は、従来の一括決済方式について電子記録債権を活用した仕組み（詳しいメリットについてはQ67を参照）である。なお、導入までの手順については、別途Q70にて説明するが、どちらを選択しても電子記録債権を利用するための利用申込みの手続が必要となること、また、一括決済方式から電子記録債権への移行については、実質的に支払方法の変更となることから、移行に際しては仕入先の同意が必要であり、電子記録債権による支払については下請法の適用があることから十分に留意が必要である。

＜支払企業（バイヤー）の場合＞(3)いま、一括決済方式で支払を行っているケース

2　移行時の留意点

　下請法の適用に関して、公正取引委員会では、電子記録債権が下請代金の支払手段として用いられる場合の下請法および独占禁止法の運用方針を、公正取引委員会の平成21年事務総長通達にて明らかにしており、「電子記録債権の発生記録又は譲渡記録により下請代金を支払うこととする場合に、不当に、下請事業者に対し、電子記録債権の発生記録若しくは譲渡記録による下請代金の支払に応じることを強制し、又は電子記録債権の発生記録若しくは譲渡記録による下請代金の支払に応じないことを理由として取引の条件又は実施について不利な取扱いをするときは、独占禁止法第19条（不公正な取引方法の禁止）の規定に違反するおそれがあるものとして扱う」として、強制的に電子記録債権での支払を仕入先に対して行うことを禁じている。

　また、電子記録債権が下請代金の支払手段として用いられる場合はその導入のされ方、運用のされ方いかんによっては、下請事業者の取引金融機関の選択の幅が狭められたり、下請代金の支払条件が下請事業者にとって不利に変更されたりする等、下請事業者が不利益を受けるおそれがある。これについて公正取引委員会では、電子記録債権が下請代金の支払手段として用いられる場合に、支払企業である親事業者が遵守すべき事項を平成21年取引部長通知で示しており、「支払手段を電子記録債権の発生記録又は譲渡記録による支払に変更する場合に、下請事業者に対し支払条件を従来に比して実質的に不利となるよう変更しないこと」とされていることから電子記録債権での支払を行う場合には仕入先の同意を得ることは当然のこと、実際に条件面でも悪化していないか等の確認も必要である。

（平野　允紀）

<支払企業（バイヤー）の場合>(3)いま、一括決済方式で支払を行っているケース

> **Q 67** 一括決済方式から電子記録債権に切り替えることのメリットとデメリットは何か
>
> **A 67** 支払企業が電子記録債権による支払に切り替える場合には、①電子記録債権による一括決済方式、②でんさいネット等の手形的利用が可能な電子記録債権、それぞれの方法について、法律面、事務面、費用面、会計面におけるメリット・デメリットを検証する必要がある。さらに、受取側である仕入先のメリット・デメリットについても考慮しなければならない。

解　説

　通常の一括決済方式から電子記録債権への切替えについてのメリット・デメリットを考えた場合には、①電子記録債権を利用した一括決済方式、②でんさいネット等の手形的利用が可能な電子記録債権、それぞれの法律面、事務面、費用面、会計面におけるメリット・デメリット、さらに、仕入先のメリット・デメリットについて検証する必要がある（ここでは、手形的利用が可能な電子記録債権については、でんさいネットを想定するものとする）。

1　電子記録債権を利用した一括決済方式へ切り替える場合

　すでに導入している一括決済方式（ファクタリング方式）から電子記録債権を利用した一括決済方式へ切り替える場合には、支払企業にとって以下のメリット・デメリットが考えられる。

<支払企業（バイヤー）の場合>(3)いま、一括決済方式で支払を行っているケース

(1) メリットについて

	メリット
法律面	・仕入先の二重譲渡による二重払リスクの払拭
事務面	・債権譲渡登記の確認手続（スクリーニング）不要 ・確定日付の取得手続が不要
費用面	・上記事務面にて発生する各種費用の削減
会計面	・なし

・法律面……従来の一括決済方式においては、仕入先が動産・債権譲渡特例法を利用して対象となる売掛債権を第三者に譲渡することによる支払企業の二重払リスクが存在していたが、電子記録債権においては電子債権記録機関の記録原簿への譲渡記録が唯一の効力要件となることから、二重払リスクは払拭される。

・事務面……一括決済方式においては二重払リスクが存在することから、仕入先がもつ支払企業宛ての債権について先行登記の有無の確認手続（スクリーニング）を行い、債務者である支払企業から債権譲渡の承諾書を提出してもらい公証人役場にて確定日付を押捺する等の事務手続を行っているが、電子記録債権であれば電子債権記録機関の記録原簿へ記録されることから、このような事務手続は不要となる。

・費用面……一括決済方式においては上記の手続にかかる費用が発生するが、電子記録債権においては上記の手続がなくなることから費用が削減される。

(2) **デメリットについて**

	デメリット
法律面	・なし
事務面	・契約書再締結が必要
費用面	・契約書再締結に際しての印紙税負担あり
会計面	・会計処理変更の可能性あり

・事務面……一括決済方式から電子記録債権を利用した一括決済方式へ切り替える場合には、電子記録債権法を活用した仕組みへと変更することから仕入先を含めて契約書の再締結が必要である。
・費用面……契約書の再締結に際し、契約書の印紙税負担が発生する。
・会計面……電子記録債権を活用するに際しては、会計処理が変更となる可能性があることから顧問会計士および監査法人への確認が必要である（平成21年企業会計基準委員会による実務対応報告「電子記録債権に係る会計処理及び表示についての実務上の取扱い」の設例参照）。

(3) **仕入先におけるメリット・デメリットについて**

仕入先においては、すでに導入している一括決済方式によって支払手形を受領する際に発生していた領収証にかかる印紙税等が削減できていることから、電子記録債権を利用した一括決済方式への切替えによるメリットは特段ないが、切替えによって契約書を再締結する等の手続が発生するという点においてはデメリットとなる可能性がある。

2　でんさいネットへ切り替える場合

すでに導入している一括決済方式（ファクタリング方式）からでんさいネットへ切り替える場合には、以下のメリット・デメリットが考えられる。

(1) **メリットについて**

すでに導入している一括決済方式をでんさいネットへ切り替えることのメ

リットは、電子記録債権を利用した一括決済方式へ切り替える場合のメリットと同様である。

(2) **デメリットについて**

	デメリット
法律面	・なし
事務面	・取引金融機関にでんさいネットの利用申込みを行う ・仕入先に対し、でんさいネットの利用申込みを促す必要あり
費用面	・でんさいネット利用手数料が発生
会計面	・会計処理変更の可能性あり

・事務面……でんさいネットへの切替えをする場合には、支払企業としては取引金融機関に対して利用申込みを行う必要がある。また、支払企業だけがでんさいネットの利用を行おうとしても仕入先が取引金融機関に利用申込みを行っていなければ利用できない。支払方法としてでんさいネットを利用する場合には、支払企業から仕入先に対し、でんさいネットを利用することの理解を得る必要がある。

・費用面……でんさいネットの利用には、発生記録、譲渡記録、支払等記録等において記録手数料等が発生することが想定されているが、各種手数料については金融機関ごとで異なる（金融機関が任意に設定）ことから、場合によっては従来の一括決済方式対比費用負担がふえる可能性がある。

・会計面……電子記録債権を利用した一括決済方式へ切り替える場合同様、会計処理が変更となる可能性があるので、顧問会計士および監査法人への確認が必要である。

(3) **仕入先におけるメリット・デメリットについて**

でんさいネット利用による仕入先のメリットについては、①自身の取引金融機関にて期日前資金化（手形の割引に相当）が行える、②手形の裏書譲渡と同様第三者宛支払に利用できるといったメリットがある。

＜支払企業（バイヤー）の場合＞(3)いま、一括決済方式で支払を行っているケース

　一方、デメリットについては、従来の手形同様の扱いとして、①期日前資金化には取引金融機関の審査があり割引極度を設ける必要があり、また期日前資金化の割引率が一括決済方式対比悪化するおそれがある、②手形同様、かりに期日前資金化を行っていた場合に、支払企業が期日に支払不能となった場合には取引金融機関から当該電子記録債権の買戻しを求められる、といったことが考えられる。

　また、すでに一括決済方式において領収証にかかる印紙税負担は削減できていることから、切替えによるコスト面でのメリットは特段ないが、一方で契約書を再締結する等の手続が発生するという点においてはデメリットとなる可能性がある。

（平野　允紀）

<支払企業（バイヤー）の場合>(3)いま、一括決済方式で支払を行っているケース

Q 68 一括決済方式導入後も手形が残っているがどのように合理化すればよいのか

A 68 ①一括決済方式参加への再案内、②でんさいネットの活用、③支払手形の発行を代行するサービスの活用等が考えられる。

解説

1 一括決済方式の限界

　一括決済方式を導入する多くの支払企業は、スキーム導入による手形全廃を期待して導入を決定しているが、仕入先から参加の同意を得られないケースもあり、そもそも一括決済方式は加入強制が禁止されている（公正取引委員会の昭和60年取引部長通知に規定）ことから、現実的には全廃することは簡単なことではない。

　同意を得られないケースの具体例としては、仕入先の取引金融機関で割引したい、裏書譲渡したい、一括決済方式の仕組みをよく理解できていない、支払方法を変更すること自体に抵抗感がある等があげられる。このような状況のなか、残った支払手形の合理化を図っていくためには、①一括決済方式参加への再勧誘、②でんさいネットの活用、③支払手形の発行を代行するサービスの活用が考えられる。

2 一括決済方式への再案内

　一括決済方式が誕生してからすでに20年あまりが経ち、その市場規模は大企業を中心に広がっており、一括決済方式に対する世の中の認知度も高くなっている。ただし、早い段階で一括決済方式を導入した支払企業については、導入時には世の中の認知度が低く、また、当初参加を見送った仕入先に

＜支払企業（バイヤー）の場合＞(3)いま、一括決済方式で支払を行っているケース

対してその後にあらためて加入の案内をしていないために、仕入先の参加率が伸びていないケースも見受けられる。

しかし、現在では一括決済方式の認知度も高くなっていることから、支払手形から一括決済方式への支払方法の変更については導入当初対比、仕入先からの理解を得られる可能性は高い。このため、仕入先に再び案内を行うことで一括決済方式への参加率を伸ばし、合理化をさらに進めることができる余地もある。

3　でんさいネットの活用

平成24年5月開業予定のでんさいネット（Q13を参照）では、中小企業の資金調達の円滑化に資する汎用的な利用方法として、電子記録債権を現行の手形と同様の機能を有する金融手段として利用することが想定されており、ほぼすべての金融機関の参加も見込まれていることから、でんさいネットは手形にかわる社会インフラと位置づけられる。

でんさいネットを利用することで、取引金融機関での割引や裏書譲渡のような第三者宛支払も可能になり、これまで一括決済方式に参加していなかった仕入先の参加も見込まれることから、支払企業においては一括決済方式との併用によりさらなる手形削減（合理化）を期待することができる。

4　支払手形の発行を代行するサービスの活用

支払企業が発行する支払手形について、その発行事務を代行するサービスを行っている金融機関もある。

サービスの利用に際しては、金融機関に対し支払手形に押印する印鑑の印影の提出が必要となり、手形に貼付する印紙代や仕入先に郵送する手形郵送にかかる費用等の負担が必要となるが、支払企業は支払手形の明細データ（仕入先名、額面金額、振出日、期日等）を金融機関に伝送することで、支払手形の発行事務をアウトソースすることが可能である。

＜支払企業（バイヤー）の場合＞(3)いま、一括決済方式で支払を行っているケース

　一括決済方式の導入後も依然として支払手形が残っている支払企業においては、上記2および3を取り組むことを検討することに加えて、支払手形の発行を代行するサービスを利用することで実質的に支払手形の発行事務を全廃することも可能となるものと考える（ただし、手形に課される印紙税負担までは削減できない）。

（平野　允紀）

＜支払企業（バイヤー）の場合＞(3)いま、一括決済方式で支払を行っているケース

> **Q 69** 一括決済方式における支払企業の二重払リスクについてはどのように考えればよいのか

> **A 69** スキームに内在するリスクであり、スキーム上の工夫によりリスクの極小化を図っているが、抜本的な解決策としては、電子記録債権の導入が不可欠となる。

解　説

1　売掛債権を対象とした一括決済方式に内在するリスク

　売掛債権を譲渡の対象とした一括決済方式（ファクタリング方式）においては、仕入先が保有する支払企業宛売掛債権を第三者対抗要件を具備のうえ、金融機関に譲渡することが、金融機関が仕入先に買取資金を支払ううえでの前提条件となっている。動産・債権譲渡特例法が施行される前であれば、民法467条に基づく対抗要件により金融機関は支払企業および第三者に対して支払企業宛ての債権を保有していることを主張でき、正当な債権譲受人である金融機関が影響を受けることはなかった。

　しかし、動産・債権譲渡特例法の施行後は、仕入先が支払企業宛ての債権を金融機関以外の第三者に二重に譲渡し、債権譲渡登記を行うことにより、支払企業が認識することなく第三者対抗要件を具備することが可能となった。これは、金融機関にとっては、自己の対抗要件具備が、仕入先の二重譲渡に係る対抗要件具備に劣後する場合には、支払企業から売掛債権の支払を受けられない可能性があるということである。

　一括決済方式（ファクタリング方式）においては金融機関が支払企業から支払を受けられないといった事態を避けるべく、基本契約上で支払企業は対象となる売掛債権に瑕疵がないこと（つまり、二重譲渡が行われていないこと）

<支払企業(バイヤー)の場合>(3)いま、一括決済方式で支払を行っているケース

を保証している。金融機関がその売掛債権の支払を受けられない場合には、支払企業は第三者への支払とは別に金融機関に対しても二重に支払(金融機関と第三者への支払)をしなければならない可能性がある。つまり、仕入先による二重譲渡リスクは、一括決済方式(ファクタリング方式)においては支払企業の二重払リスクとなるのである。

2 二重払リスクの極小化

一括決済方式(ファクタリング方式)に内在する上記二重払リスクについて、金融機関では以下の方法によりリスクの極小化を図っている。

(1) **将来債権譲渡による対応**

基本契約上で将来債権の譲渡を規定することにより、金融機関が仕入先から債権を譲り受ける前に、第三者に債権譲渡が行われないようにする。

(2) **債権譲渡登記の確認および内容の調査対応**

仕入先が動産・債権譲渡特例法に基づく対抗要件の具備を行っていないことを確認するため、支払企業にて登記事項概要証明書により債権譲渡登記制度利用の有無を調査する。登記事項概要証明書においては債権譲渡登記の利用の有無のみわかることから、ありと判明した場合には、より詳細な情報が記載された登記事項証明書によって当該登記された債権の債務者が支払企業であるかどうかを確認し、ここで支払企業宛ての債権譲渡がされていることが判明した場合には、仕入先とは一括決済方式(ファクタリング方式)の契約を解除する。

上記の対応により、二重払リスクは極小化されると考えられるものの、なんらかの事由でスクリーニングもれがあり、仕入先から債権譲渡された第三者の債権譲渡登記が先行していた場合等には二重払リスクが顕在化する可能性もある。

以上のとおり、一括決済方式(ファクタリング方式)においての二重払リスクをまったくなくすことはできないものの、現実的に考えた場合、支払企

＜支払企業（バイヤー）の場合＞(3)いま、一括決済方式で支払を行っているケース

業宛ての債権を故意に二重譲渡する仕入先は、継続的取引にあたっての信頼関係を放棄してもかまわないと考える先であり、通常きわめて少ないものと考えられる。

3　電子記録債権を利用した一括決済方式

　もし、支払企業が二重払リスクを払拭したいと考える場合には、電子記録債権版の一括ファクタリングを導入する必要がある。

　電子記録債権版一括ファクタリングは、「電子記録債権」を譲渡の対象とするため債権者は電子債権記録機関に記録されたものとなり、二重に譲渡されるということは起こりえないからである。

　ただし、一括ファクタリング契約の中身は売掛債権を譲渡対象とする場合と異なっているため、導入にあたっては契約書を新規に締結し直す必要があることには注意を要する。

（平野　允紀）

＜支払企業（バイヤー）の場合＞(3)いま、一括決済方式で支払を行っているケース

Q 70 電子記録債権を導入するまでの手順はどうなっているのか

A 70 既存の一括決済方式についての解約（仕入先には解約の案内）を行い、その後（または並行して）、①でんさいネット等の手形的利用が可能な電子記録債権、②電子記録債権を利用した一括決済方式の導入手続を行う。

解　説

1　すでに導入している一括決済方式の解約

　すでに一括決済方式を導入している支払企業が電子記録債権を利用した支払に移行する場合には、まず既存の一括決済方式の解約手続が必要となる。
　解約手続については、支払企業、仕入先とファクタリング会社との三者間の解約手続が必要であるが、特に三者間での解約は、仕入先にとっては決済代金の受取方法が変更（一括決済方式から電子記録債権を利用した受取り）となる内容であることから、支払企業は十分に説明を行い、理解を得る必要がある。三者間の解約手続の具体的な方法については、仕入先から解約合意書等を提出してもらう方法や解約日の一定期間前に支払企業より通知文書を送付する方法等が考えられるが、ファクタリング会社によって解約方法が異なるため、解約手続を進める際にはファクタリング会社への確認を行う必要がある。なお、支払方法を移行する過渡期においてはどちらも利用できないといったことが発生しないよう、移行スケジュールについても十分に検証する必要がある。
　上記の解約手続をふまえ、以下の①でんさいネット等の手形的利用が可能な電子記録債権および②電子記録債権を利用した一括決済方式の導入手続に

第2章　電子記録債権　利用者編　211

＜支払企業（バイヤー）の場合＞(3)いま、一括決済方式で支払を行っているケース

進むことになる（ここでは、手形的利用が可能な電子記録債権についてはでんさいネットを想定するものとする）。

2　電子記録債権の導入手順について

でんさいネットの導入手順については、Q58に、電子記録債権を利用した一括決済方式の導入手順については、Q55に詳しく書かれているので、そちらを参照願いたい。

なお、一括決済方式から電子記録債権への支払方法変更に際しては、仕入先にとって従来対比支払条件の悪化とならないよう、十分な配慮が必要である。

（平野　允紀）

(4) いま、期日現金振込みで支払を行っているケース

> **Q 71** 期日現金決済を行っている場合に電子記録債権はどんなスキームを導入することができるのか
>
> **A 71** 期日現金決済から支払を変更する場合、たとえば①でんさいネット、②電子記録債権を利用した一括決済方式を導入することにより、支払企業のキャッシュフローを悪化させることなく、仕入先に期日前資金化ができる仕組みを提供することが可能である。

― 解 説 ―

1 仕入先は期日前資金化が利用可能

　現在、期日現金決済を行っている支払企業・仕入先間において、かりに支払企業の支払条件が、月末締め翌月末起算120日後支払であった場合には、物品の納品から計算して最大180日後に仕入先は現金を受け取ることになる。この場合、支払企業は、月末締翌月末起算、サイト120日の①でんさいネットによる支払、②電子記録債権を利用した一括決済方式での支払を行うことで、キャッシュフローを悪化させることなく、電子記録債権による支払を導入することが可能となる。

　①②それぞれの方法における仕入先のメリットの詳細は、Q72にて説明するが、共通のメリットとしては、期日前資金化が可能となり新たな資金調達手段を獲得することにつながる。期日前資金化については、手形の割引に相当し、仕入先が希望する資金化日に、資金化日から期日までの日数に割引率を乗じて計算した額を、期日現金決済額から差し引いて決済するものである（でんさいネットの利用について、期日前資金化は従来の手形割引同様、取引金融

機関において一定の審査が行われる)。なお、期日前資金化を行わない仕入先に対しては支払期日に決済代金が振り込まれる。

2　導入における留意点

(1)　支払期日との関係

　期日現金決済から導入可能な仕組みとして、①でんさいネット、②電子記録債権を利用した一括決済方式を説明してきたが、かりに月末締め翌月末起算120日後支払という条件で下請法の対象仕入先に期日現金決済を行っている場合は、下請法において規定されている、下請代金について下請事業者に現金または手形等の支払手段を交付する期限は、親事業者が下請事業者の給付の内容について検査をするかどうかを問わず、親事業者が下請事業者の給付を受領した日から起算して、60日の期間内において、かつ、できる限り短い期間内において、定められなければならないという規定に違反することとなることから、下請法が適用される仕入先については遅くとも手形で支払う場合の振出日相当日までに電子記録債権を取得することができるようにすることが必要である。

(2)　強制は禁止

　また、公正取引委員会では、電子記録債権が下請代金の支払手段として用いられる場合の下請法および独占禁止法の運用方針を、明らかにしている(公正取引委員会の平成21年事務総長通達)。

　平成21年事務総長通達3において、「電子記録債権の発生記録又は譲渡記録により下請代金を支払うこととする場合に、不当に、下請事業者に対し、電子記録債権の発生記録若しくは譲渡記録による下請代金の支払に応じることを強制し、又は電子記録債権の発生記録若しくは譲渡記録による下請代金の支払に応じないことを理由として取引の条件又は実施について不利な取扱いをするときは、独占禁止法第19条（不公正な取引方法の禁止）の規定に違反するおそれがあるものとして扱う」として、電子記録債権での支払を強制的

＜支払企業（バイヤー）の場合＞(4)いま、期日現金振込みで支払を行っているケースに仕入先に行うことを禁じている。

　以上の通り、期日現金決済から支払方法を変更する場合には留意点を確認しながら、十分に検討をすることが必要である。

（平野　允紀）

＜支払企業（バイヤー）の場合＞(4)いま、期日現金振込みで支払を行っているケース

Q 72 期日現金決済から電子記録債権に移行した場合の仕入先のメリットは何か

A 72
従来期日現金決済を行っていた支払企業がたとえば①でんさいネット、②電子記録債権を利用した一括決済方式を導入すると、仕入先にとっては、電子記録債権の取引金融機関宛譲渡という新たな資金調達手段を獲得することができること、その他のメリットがある。

解　説

　Q71にて、支払企業がたとえば①でんさいネット、②電子記録債権を利用した一括決済方式での支払を行うことで、支払企業のキャッシュフローを悪化させることなく、仕入先が期日前に資金化できる仕組みを提供することが可能となることは説明したが、その他にもそれぞれの方法における仕入先のメリットがある。

① でんさいネット

　a　取引金融機関での期日前の資金化が可能……でんさいネットの利用に際して、利用者は「間接アクセス方式」という金融機関を経由してでんさいネットにアクセスする方式をとることになるが、現状でんさいネットに参加する金融機関が約1,300と見込まれることから、仕入先は自身の取引金融機関を選択することが可能であり、当該取引金融機関において期日前資金化も行うことが可能である。

　b　譲渡や分割の回数制限なし……でんさいネットでは譲渡（手形でいう裏書）や分割の回数制限がないことから、仕入先は電子記録債権のうち必要な金額を分割し自由に譲渡することが可能となる。

② 電子記録債権を利用した一括決済方式

＜支払企業（バイヤー）の場合＞(4)いま、期日現金振込みで支払を行っているケース

a　手形の割引のように買戻し（遡及義務）がない……手形の割引においては、受け取った手形を取引金融機関で割引を行った後にその手形が不渡り等で手形代金が回収できなくなると、銀行取引約定書の規定および手形上の遡及義務により手形の割引依頼人が、手形を買い戻さなければならないのが一般的である。しかし、一括決済方式においては手形の割引と同様の効果である期日前の資金化が行えるのみならず、手形の割引のような買戻し（遡及義務）がない。これは、公正取引委員会の昭和60年取引部長通知にて、「一括決済方式のうちファクタリング方式及び併存的債務引受方式により下請代金の支払を行う場合には、理由のいかんを問わず、金融機関が下請事業者に当該下請代金の額に相当する金銭を支払った後にその返還を求めることのないようなものとすること」と明確に規定されている。

b　すべての仕入先が期日前の資金化を利用可能

また、手形の割引であれば、取引金融機関にて仕入先ごとに審査が行われ、割引極度や割引率を決定することになるため、場合によっては手形割引が利用できないと判断されることもあるが、それに比べ、一括決済方式は仕入先ごとの手形割引におけるような与信上の審査を行うことなくすべての仕入先に対し期日前資金化を提供できる。

（平野　允紀）

<支払企業(バイヤー)の場合>(4)いま、期日現金振込みで支払を行っているケース

Q 73 電子記録債権を導入するまでの手順はどうなっているのか

A 73 期日現金決済から電子記録債権を利用した支払へと変更する場合には、たとえば①でんさいネット、②電子記録債権を利用した一括決済方式の2つの方法があり、それぞれ以下の導入手順となる。

解説

　電子記録債権を活用した支払方法へ変更する場合には、それぞれを利用する契約手続が必要となることから、期日前資金化が利用できるメリットがあること、従来同様に期日現金決済で受け取ることも可能であることを仕入先に十分理解してもらったうえで、たとえば①でんさいネットおよび②電子記録債権を利用した一括決済方式の導入手順を進めていく必要がある。

　でんさいネットの導入手順については、Q58に、電子記録債権を利用した一括決済方式の導入手順については、Q55に詳しく書かれているのでそちらを参照願いたい。

（平野　允紀）

＜支払企業（バイヤー）の場合＞(4)いま、期日現金振込みで支払を行っているケース

Q 74　電子記録債権に譲渡禁止特約をつけることはできるのか

A 74　電子記録債権については、電子債権記録機関の業務規程の範囲内で、当事者の合意による譲渡禁止を付与できる余地もあるが、現実に発生している電子記録債権に譲渡禁止がついているケースはいまのところないと考えられる。

解　説

1　売掛債権における譲渡禁止特約の背景

通常、仕入先が支払企業に対して有している売掛債権には、当事者の合意により、譲渡禁止特約が付されているケースが多いと考えられる。譲渡禁止特約が付される背景は、おもに支払企業側の事情であり、①二重払いを含む過誤払防止、②仕入先に対する人的抗弁主張の確保、③第三者である譲受人が登場することによる法律関係複雑化の回避に主眼があるものと考えられる。

2　譲渡禁止付きの電子記録債権を発生させることの可否

支払企業および仕入先間の購買契約等に、当該商取引等により発生した売掛債権について譲渡禁止とする定めがある場合であったとしても、当該売掛債権の支払のためにまたは支払にかえて、電子記録債権を発生させることは可能である。

通常、電子記録債権が発生した場合には、譲渡禁止特約のない電子記録債権となる。その場合、支払企業側で譲渡禁止を必要とする事情のうち、①二重払いを含む過誤防止については、支払期日に口座間送金決済を行う限り確保されるものと考えられる。また③についても電子記録債権は定型的な債権

となっているため、特に当事者間での個別の合意に左右されることもないので法律関係が複雑化することもないと考えられる。問題は②の人的抗弁主張であるが、これは新たな譲受人が登場すると原則人的抗弁が切断され確保できなくなる。

　人的抗弁の切断を回避するには、直接的に電子記録債権の任意的記録事項に人的抗弁の切断を適用しない旨を記録する方法もあるが、電子記録債権に当事者間の合意による譲渡禁止特約を記録することによっても、相応の効果を実現できる。

　譲渡禁止特約付きの電子記録債権を発生させる場合には、発生記録を行う際に任意的記録事項において、当事者の合意する禁止・制限事項（法16条2項12号）として譲渡記録の禁止を記録することによるが、実際には各電子債権記録機関の業務規程によって、当事者の合意する禁止・制限事項については、記録請求できないことになっているケースもある。

3　電子記録債権の譲渡禁止に関する現実的な考え方

　現在、すでに開業している電子債権記録機関で譲渡禁止特約がつけられた電子記録債権は存在しないと考えられる。もともと電子記録債権は、中小企業等の資金調達の円滑化等を目的に、譲渡されることを前提として創出されたものだからである。

　譲渡禁止特約付きの電子記録債権は、仕入先にとっても従来の売掛債権が可視化されて権利が明確になったという意味合いしかないため、実際のニーズもあまり考えられない。ただし、譲渡禁止ではなく、譲渡制限のある電子記録債権（たとえば、支払企業が認める譲受人のみ譲渡が可能）ということであれば、仕入先も電子記録債権を利用できる余地も出てくるので、電子債権記録機関や窓口金融機関においては、支払企業の意向を汲みながら仕入先の資金調達の道を開くような商品設計の検討も必要であると考える。

（髙木　英隆）

＜支払企業（バイヤー）の場合＞(4)いま、期日現金振込みで支払を行っているケース

Q 75　電子記録債権に抗弁をつけることはできるのか

> A 75　電子記録債権については、原則的には善意取得が認められ、人的抗弁が切断されているものであるが、電子債権記録機関の業務規程で抗弁の記録が可能となっている場合には、発生記録において抗弁を記録することも可能である。

解　説

1　電子記録債権の流通についての基本的な考え方

　法律は、そもそも事業者の資金調達の円滑化等を図ることを目的としており、電子記録債権は譲渡されていくことが前提となっている。そのため、法19条においては、電子記録債権の善意取得を認めており、また法20条では、人的抗弁が切断されている。

　つまり、電子記録債権の円滑な流通のためには、電子記録債権の譲受人に悪意または重過失がない限り、電子記録債権の債権者として記録されている者から電子記録債権の譲渡を受けた場合（電子記録債権の譲受人として記録された場合）には電子記録債権を取得することとし、また、債権者が電子記録債務者を害することを知って電子記録債権を取得していない限り、債務者は当該債権者に対して債権譲渡を行った者に対する人的抗弁をもって当該債権者に対抗することはできないこととされている。

　これは手形の場合と同様であり、債務者の債権譲渡人に対する人的抗弁をもって、債務者から対抗されることになると、電子記録債権の円滑な流通が阻害されることになるからである。

＜支払企業（バイヤー）の場合＞(4)いま、期日現金振込みで支払を行っているケース

2 抗弁の切断および抗弁の付与について

　ただし、法16条2項8号および10号において、善意取得と人的抗弁の切断の規定を適用しない旨の定めを発生記録において記録することができるものとしている。これは、電子記録債権の利用において、善意取得や人的抗弁の切断を認めないような利用も想定されるため、そのような場合も電子記録債権を利用できるよう、それらの規定を適用しない旨の定めを発生記録において記録することができることとしたものである。

　また、人的抗弁の切断の規定を適用しない旨の定めをしないまでも、一定の抗弁をつけることも可能で、その場合には、法16条2項11号に従い、発生記録において、債務者が債権者に対抗することができる抗弁についての定めを記録することにより、一定の抗弁をつけることができることとしている。

　ただし、各電子債権記録機関の業務規程において、発生記録において記録できる事項と記録できない事項が決められているため、事業者が抗弁をつけたいと考えたとしても、業務規程において法16条2項10号および11号の記録ができないこととされている場合には、抗弁をつけることはできない。

3 抗弁付電子記録債権の検討

　電子記録債権においては、法律上善意取得や人的抗弁の切断を適用しない旨を発生記録における任意的記録事項として記録できることになっているが、電子債権記録機関の業務規程や利用規約において、実際に上記のような発生記録請求を認めているケースは少ないと考えられる。

　善意取得の適用がない電子記録債権は、電子記録債権を譲渡することによる企業の資金調達を前提とした場合、そのようなニーズはないと考えられる（善意取得の適用がない電子記録債権では、譲渡が成立しないと思われる）。

　ただし、人的抗弁の切断を適用しない電子記録債権については、譲渡制限のある電子記録債権と同様、支払企業側のニーズを汲み取るうえでは意味が

＜支払企業（バイヤー）の場合＞⑷いま、期日現金振込みで支払を行っているケース

あるものと考えられ、一般的な譲渡に適した電子記録債権にはならないものの、背景を十分に理解している譲受人であれば譲渡が成立する余地もあり、そのような電子記録債権も今後発生する可能性がある。

（髙木　英隆）

＜支払企業（バイヤー）の場合＞(4)いま、期日現金振込みで支払を行っているケース

| Q 76 | でんさいネットと振込みで異なる点は何か |

| A 76 | 全銀ネットワークを使う点は振込みと同じだが、債務者の決済については、手形決済と大きく変わるところはない。 |

解　説

1　でんさいネットと振込決済の比較

　でんさいネットは、支払期日になると、自動的に支払企業の口座から資金を引き落し、仕入先の口座へ払込みが行われる。でんさいネットは支払が完了した旨を「支払等記録」として記録するので、手形のように仕入先が取立てを行う必要はなく、支払企業としても新たに振込データを作成するなどの手続はいっさい不要である。

　上記の点では、支払企業にとっては、振込みでの支払というよりも手形による支払に近い。

2　でんさいネットの決済の仕組み

　でんさいネットは、通常の振込みと同様、内国為替制度を利用して行われる。具体的には、でんさいネットでは、電子記録債権における債権記録のうち、決済に係る情報（支払期日、支払金額、債権者・債務者口座等）を債権記録に記録された債務者の取引金融機関（仕向金融機関）に支払期日の2営業日前に提供する。

　支払企業としては、当初の段階で支払企業自身の取引金融機関の決済口座を明示して発生記録請求を行っているため、手形の決済と同様、電子記録債権の債権金額相当の資金を決済口座に入金しておけば自動的に口座間送金決済により、当該電子記録債権の最終債権者に対して送金が行われる。

<支払企業（バイヤー）の場合>(4)いま、期日現金振込みで支払を行っているケース

　なお、口座間送金決済が完了した後、でんさいネットにおいて電子記録債権の支払等記録（電子記録債権の抹消の記録に相当）が自動的に行われるが、この支払等記録が行われるのは支払期日よりも少し後になり、支払期日の３営業日後に電子記録債権の支払等記録を利用者は事後的に確認できることになる。

　支払期日において、支払企業の決済口座に資金が不足していた場合には、でんさいネットの支払不能ルールにのっとって支払不能処理がなされる。手形の場合と同様、債務者について、半年以内に２回支払不能が発生すると、銀行取引停止処分となり、でんさいネットに加盟している金融機関において２年間当座開設と借入れが受けられないというきわめて重いペナルティが課される予定である。

（青島　克浩）

（参考文献）
でんさいネットホームページ「電子債権とは」(http://www.densai.net/about/)

第 3 章

一括決済方式編

一括決済方式

Q 77 一括決済方式とは何か

A 77 一括決済方式は、下請法上認められる支払手形の代替手段としての決済手段であり、おもに大企業から中小企業への支払に利用されている。

解　説

1 一括決済方式の背景

　一括決済方式は、下請法上認められる支払手形の代替手段としての決済手段である。

　下請法とは、おもに中小企業の保護を目的として昭和31年に成立した法律で、公正取引委員会が所管している。下請法では、大企業から中小企業に対する支払等について、独占禁止法のような実質的な審査を経ずに、法律上形式基準を設けて実効性を図るようにしたところに特徴がある（下請法上は、主として資本金3億円超の大企業を「親事業者」、同様に主として資本金3億円以下の中小企業を「下請事業者」というが、便宜上これまでの表記と同様に、債務者である大企業を以下「支払企業」、当該大企業に物品等を納品している中小企業を以下「仕入先」という）。

　下請法では、製造委託など特定の商取引における支払企業から仕入先に対する代金支払については法定されており、支払企業は、仕入先からの納品後60日以内に、仕入先に対して現金または手形による支払を行わなくてはならない。

<一括決済方式>

2　一括決済方式の概要

　手形による支払は支払企業および仕入先双方にとって煩雑であることから、公正取引委員会は、手形にかわる決済手段として、昭和60年に「一括決済方式」の導入を認めている（昭和60年事務局長通達、および昭和60年取引部長通知を参照）。

　上記通達および通知に基づく一括決済方式により、支払企業は、手形による支払にかえて、支払企業、仕入先および金融機関の三者間で提携のうえ、仕入先の従来の手形割引に相当する部分は当該提携金融機関が対応して、支払企業は最終的に当該提携金融機関に一括して決済することにより事実上期日現金の振込みと同様の支払方法で支払うことができるようになった。実際に、昭和61年頃より当時の都市銀行の取引先である大企業を中心に広まっていくことになった。

3　一括決済方式の前提

　一括決済方式の前提は、公正取引委員会による上記事務局長通達および取引部長通知により規定されているが、おもな内容は以下の通りである。
① 提携金融機関から、仕入先が貸付または支払を受けることができなかった場合には、下請法上支払企業自身の支払遅延となる。
② 支払企業は仕入先に対して、一括決済方式の参加・支払を強制してはならず、また一括決済方式の参加・支払に応じなかったことを理由として不利益変更を行ってはならない。また、従来対比、仕入先への支払条件を不利にしてはならない。
③ 一括決済方式の当事者間の合意は、支払企業、仕入先、提携金融機関の三者契約とし、仕入先は自由意思で参加し、また脱退もできるようにする。
④ 一括決済方式では、複数の方式があり、債権譲渡担保方式、ファクタリ

<一括決済方式>

ング方式(一括信託を含む)、併存的債務引受方式の3方式がある。

4 まとめ

　一括決済方式の各方式については、Q78で解説するが、いずれの方式においても、従来支払企業から手形を受け取って金融機関の窓口で割り引くことによって現金化していた仕入先の資金調達方法を、手形を介さない資金調達方法に変えることにより、紙を媒介する必要がなくなるため、すべてデータ上で管理・処理することが可能となる。その結果、支払企業および仕入先双方の手形の受渡しや管理等のコスト、それにかかる人件費、印紙代等を削減することが可能となっている。

(佐々井　佳奈子)

(参考文献)
公正取引委員会・中小企業庁「下請取引適正化推進講習会テキスト」平成22年。

<一括決済方式>

Q 78　一括決済方式にはどういう方式があるのか

A 78　債権譲渡担保方式、ファクタリング方式（一括信託を含む）、併存的債務引受方式の3方式がある。

解　説

　一括決済方式は、公正取引委員会による通達および通知により、いくつかの方式が規定されている。

　第三者の目でも権利が明らかな手形がなくなり、単に当事者間の帳簿で管理されているだけの売掛債権や買掛債務等の債権債務に関連して、金融機関が仕入先に対するファイナンスを行うことになるため、提携金融機関にとっては、債権譲渡の対抗要件などを手当して最終的に支払企業に対してしっかり請求できるような商品性となっていることが必要である。各方式の商品性は以下の通りである。

(1) 債権譲渡担保方式

　仕入先が支払企業宛ての売掛債権を銀行等に対して譲渡担保に提供し、その範囲内で、仕入先は必要に応じて提携金融機関の当座貸越を利用することができる（支払企業は、支払期日に債権の譲渡担保権者である金融機関に一括して支払う）。

(2) ファクタリング方式

① 一括ファクタリング

　仕入先が支払企業宛ての売掛債権をファクタリング会社に対して譲渡し、その譲渡代金を当該ファクタリング会社から受け取ることになり、仕入先は必要に応じて当該ファクタリング会社から割引料相当が差引された金額で期日前支払を受けることができる（支払企業は、支払期日に新債権者であるファクタリング会社に一括して支払う）。

<一括決済方式>

② **一括信託**

　仕入先が支払企業宛ての売掛債権を信託銀行の信託勘定に対して信託譲渡し、その結果、信託受益権を取得する。仕入先は必要に応じて、当該信託受益権の販売を信託銀行に申し込み、信託銀行から割引料相当が差引された金額で信託受益権の販売代金を受け取ることができる（支払企業は、支払期日に新債権者である信託銀行に対して一括して支払う）。

(3) **併存的債務引受方式**

　支払企業の仕入先宛ての買掛債務について、ファイナンス会社が併存的に債務引受を行って債務引受人として債務者に追加される。仕入先は必要に応じて当該ファイナンス会社から割引料相当が差引された金額で期日前支払を受けることができる（支払企業は、支払期日に仕入先宛立替払分につきファイナンス会社に一括して支払う）。

（佐々井　佳奈子）

（参考文献）
公正取引委員会・中小企業庁「下請取引適正化推進講習会テキスト」平成22年。

<一括決済方式>

Q 79 債権譲渡担保方式とはどういうものか

A 79 仕入先が、下請代金の額に相当する売掛債権を担保として、提携金融機関から当該売掛債権の額に相当する金銭の借入れまたは支払を受ける方式をいう。一般的な商品名として、「一括支払システム」と呼ばれることもある。

― 解　説 ―

1　債権譲渡担保方式の概要

　債権譲渡担保方式とは、仕入先が支払企業に有している売掛債権を提携金融機関に譲渡担保のかたちで担保提供し、当該担保の範囲内で借入れを受ける方式をいう。この場合、法形式上は通常の金融機関からの融資という構成をとる。

　債権譲渡担保方式において、仕入先が支払期日前の資金調達を希望する場合には、仕入先が支払企業に対して有する売掛債権を譲渡担保として金融機関に差し入れ、借入れを受けることとなる。

　一方、最終的に支払企業は債権譲渡担保権者である提携金融機関に支払期日に弁済を行い、仕入先が金融機関から受けた借入れについては現実の返済を行うのではなく、支払企業から提携金融機関に支払われた代金の精算によって自動的に充当される。

　なお、一括決済方式において債権譲渡担保方式を利用する場合は、昭和60年事務局長通達および昭和60年取引部長通知により、以下の点が遵守事項として明確にされている。

① 　仕入先が提携金融機関から本件融資を受けるにあたり、支払企業宛売掛債権以外のものを担保とする必要がないようにすること。

<一括決済方式>

② 融資代り金が提携金融機関の預金として拘束されることのないようにすること。
③ 提携金融機関における仕入先の融資口座は、本件融資専用のものとすること。

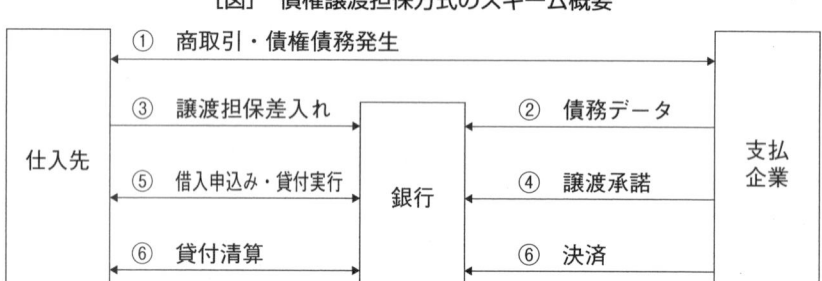

[図] 債権譲渡担保方式のスキーム概要

```
                    ① 商取引・債権債務発生
          ┌─────────────────────────────────┐
          │     ③ 譲渡担保差入れ      ② 債務データ     │
  仕入先   │                     銀行                     支払企業
          │     ⑤ 借入申込み・貸付実行  ④ 譲渡承諾     │
          │     ⑥ 貸付清算            ⑥ 決済           │
          └─────────────────────────────────┘
```

(取引フロー)
① 支払企業と仕入先との間で商取引に基づく債権債務関係が発生
② 支払企業は上記債務データを銀行にデータ伝送
③ 仕入先が銀行に対して支払企業宛債権を譲渡担保差入れ
④ 仕入先の銀行への譲渡担保差入れにつき、支払企業が承諾
⑤ 仕入先が必要に応じて、銀行の当座貸越を利用
⑥ 支払期日に支払企業は譲渡担保権者である銀行に対して決済（仕入先が当座貸越を利用しなかった場合には銀行は支払期日当日に仕入先に支払い、当座貸越を利用していた場合には、支払企業から支払われた代金により清算）

2 債権譲渡担保方式の基本的事項

(1) **提携金融機関**

銀行等。

(2) **契約形態**

譲渡担保契約、当座貸越契約（根拠法：民法）。

(3) **債権譲渡の対抗要件**

支払企業による異議をとどめない承諾に確定日付を取得。

＜一括決済方式＞

(4) **仕入先が保有する権利**

支払企業宛売掛債権（提携金融機関に担保差入れあり）。

(5) **会計処理**

① 仕入先

支払企業宛売掛金で変化なし（ただし、提携金融機関への担保差入れあり）当座貸越を利用した場合には、借入金としてオンバランスになる。

② 支払企業

仕入先宛買掛金で変化なし。

(6) **留意点**

仕入先が倒産した場合に、提携金融機関宛ての債権譲渡担保に対して国税が優先するケースがあるため、支払企業が二重払いを強いられるおそれがあることが判明し、ほとんどの銀行で新規取扱中止となっている模様。

また、ファクタリング方式と同様に、動産・債権譲渡特例法による二重払リスクがある。

3 債権譲渡担保方式の特徴

(1) **支払企業の倒産リスク**

債権譲渡担保方式の場合は、仕入先は単に支払企業宛売掛債権を提携金融機関に譲渡担保に差し入れているだけであるので、支払企業が倒産するなどして債権の価値がなくなったときは、仕入先は自らの資金で借入金を返済する必要があり、支払企業の倒産リスクは仕入先が負担することとなる。

(2) **支払企業の二重払リスク**

① 仕入先の二重譲渡による支払企業の二重払リスク

本来譲渡担保に提供することになっているにもかかわらず、仕入先が債権譲渡登記を利用して売掛債権を第三者に対し譲渡を行い、他方の債権譲渡の対抗要件が先行していた場合には、支払企業側で二重払リスクが顕在化する（本件リスクは、ファクタリング方式においても同様）。

<一括決済方式>

② 国税との競合による支払企業の二重払リスク

　国税徴収法24条では、譲渡担保設定者(仕入先)が本来納めるべき国税を法定納期限までに納めていなかった場合には、当該法定納期限よりも遅れてなされた譲渡担保では、譲渡担保権者(提携金融機関)が第二次納税義務を負う(すなわち、国税が譲渡担保に優先する)ことになっている。したがって、提携金融機関が支払企業に対して当該損失を求償する結果、支払企業側は二重払いを強いられる。

(佐々井　佳奈子)

(参考文献)
公正取引委員会・中小企業庁「下請取引適正化推進講習会テキスト」平成22年。

＜一括決済方式＞

Q 80　ファクタリング方式とはどういうものか

A 80　ファクタリング方式とは、仕入先が、下請代金の額に相当する売掛債権をファクタリング会社等の金融機関に譲渡することにより、ファクタリング会社から当該売掛債権の譲渡代金の支払を受ける方式をいう。一般的な商品としては、「一括ファクタリング」と呼ばれている。また、一括信託も、仕入先が売掛債権を信託銀行（信託勘定）に譲渡（信託譲渡）を行うという特性から、ファクタリング方式の一種とみなされている。

― 解　説 ―

1　ファクタリング方式の概要

　ファクタリング方式とは、仕入先を譲渡人として、支払企業に対する売掛債権をファクタリング会社等の提携金融機関に債権譲渡する方式である。

　債権譲渡の結果、仕入先は支払企業宛売掛債権をファクタリング会社に譲渡する対価（譲渡代金債権）としての支払を受けることになる。基本的には当該譲渡代金債権の支払期日は元の売掛債権の支払期日と一致するように設定されているが、仕入先のニーズに基づき、ファクタリング会社から譲渡代金債権の期日前支払を受けることも可能となっている。ただし、期日前支払の場合には、期間に応じた割引料を譲渡代金から差し引かれたうえでファクタリング会社から支払が行われる。

　一方、支払企業は、多数の仕入先が支払企業に対して有している売掛債権をファクタリング会社に譲渡しているため、支払企業はその支払を支払期日にファクタリング会社に対して一括して行うこととなる。

　なお、一括決済方式においてファクタリング方式を利用する場合は、公正

＜一括決済方式＞

取引委員会事務局長通達および取引部長通知により、金融機関が仕入先に代金を支払った後は、代金の返還を求めないようにすること（債権流動化と同様、償還請求権なし（ノンリコース）での買取り）が遵守事項として明確にされている。

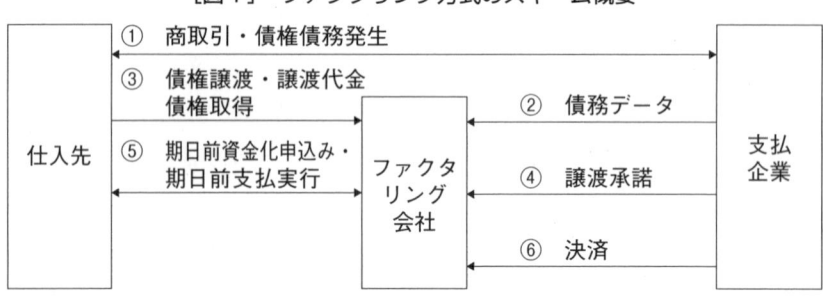

[図1] ファクタリング方式のスキーム概要

```
仕入先 ①商取引・債権債務発生 →
       ③債権譲渡・譲渡代金
         債権取得         → ファクタリング ← ②債務データ   支払
       ⑤期日前資金化申込み・    会社      → ④譲渡承諾   企業
         期日前支払実行   ←              ← ⑥決済
```

（取引フロー）
① 支払企業と仕入先との間で商取引に基づく債権債務関係が発生
② 支払企業は上記債務データをファクタリング会社にデータ伝送
③ 仕入先がファクタリング会社に対して支払企業宛債権を譲渡
④ 仕入先のファクタリング会社への債権譲渡につき、支払企業が承諾
⑤ 仕入先が必要に応じて、ファクタリング会社からの期日前資金化を利用
⑥ 支払期日に支払企業はファクタリング会社に決済（仕入先が期日前資金化を利用しなかった場合には、ファクタリング会社は支払期日当日に仕入先に支払）

2 ファクタリング方式の基本的事項

(1) 提携金融機関
ファクタリング会社。

(2) 契約形態
売掛債権譲渡契約（根拠法：民法）。

(3) 債権譲渡の対抗要件
支払企業による異議をとどめない承諾に確定日付を取得。

<一括決済方式>

(4) 仕入先が保有する権利

ファクタリング会社宛譲渡代金債権。

(5) 会計処理

① 仕入先

支払企業宛売掛金からファクタリング会社宛売掛金（または未収金）に振り替え、期日前支払を利用した場合は、譲渡代金債権が消滅しオフバランスになる。

② 支払企業

仕入先宛買掛金からファクタリング会社宛買掛金（または未払金）に振替え。

(6) 留意点等

動産・債権譲渡特例法の存在により、一定の対応策はあるものの、支払企業にとっては二重払いを強いられるリスクがある。

3 ファクタリング方式の特徴

(1) 支払企業の倒産リスク

ファクタリング方式の場合は、ファクタリング会社が仕入先から支払企業宛売掛債権を買い取っており、また公正取引委員会の通達により、ファクタリング会社は償還請求権の放棄を要請されているため、債権譲渡契約が有効である限りは、原則支払企業の倒産リスクはファクタリング会社が形式上負担している。ただし、最近の事例では、支払企業の倒産等一定事由が発生した場合には、ファクタリング会社が期日前資金化等により譲渡代金債権の支払を行っていなかったケースに限り、相手方に対して過去に成立したものも含む債権譲渡契約の解除権を有しているケースが多く、仕入先は期日前資金化を利用するなどして譲渡代金を受け取るまでは、支払企業の倒産リスクを事実上負担しているものといえる。実際には、ファクタリング会社の基本契約において、当事者間でどのような合意がなされているかによるものとな

<一括決済方式>

る。

(2) ファクタリング会社の倒産リスク

売掛債権の譲受人であるファクタリング会社が倒産した場合、仕入先は譲渡代金債権の未受領分について、受け取れないリスクがある(ただし、SPC等がファクタリング会社になることより、倒産しないような手当がなされているケースもある)。

(3) 支払企業の二重払リスク

本来ファクタリング会社に対して譲渡することになっているにもかかわらず、債務者である支払企業の知らないところで、仕入先が債権譲渡登記を利用して売掛債権を第三者に対して譲渡し、他方の債権譲渡の対抗要件が先行していた場合には、支払企業側で二重払リスクが顕在化する(ただし、Q81で後述するように、将来債権譲渡等による手当がなされているケースもある)。

4 一括信託(ファクタリング方式の一類型)

(1) 一括信託の概要

一括信託とは仕入先を譲渡人として、支払企業に対する売掛債権を信託銀行(信託勘定)に譲渡(信託譲渡)することにより、仕入先が信託受益権を取得する方式である。

信託の結果、仕入先は支払企業宛売掛債権が信託財産となっている信託受益権の償還を受けることになる。基本的には信託受益権の信託終了日は元の売掛債権の支払期日と一致するように設定されているが、仕入先のニーズに応じて、信託銀行を通じて当該信託受益権を投資家等に販売することにより、仕入先が信託銀行から期日前に信託受益権を資金化することができることになっている。ただし、ファクタリング方式と同様、期日前の信託受益権の資金化の場合には、期間に応じた割引料を差し引かれたうえで信託銀行から支払が行われる。

支払企業のほうも、ファクタリング方式と同様、その支払を支払期日に信

<一括決済方式>

託銀行に対して一括して行うことができる。

　一括信託は、基本的な考え方はファクタリング方式と同様であり、公正取引委員会による通達等についても、ファクタリング方式の規定に準ずることになる。

　ただし、一括信託固有の特徴として、信託された信託財産は、信託法の規定により信託銀行自身の固有財産とは分別して管理され、信託銀行自身の債権者が信託財産に対して強制執行等を行うことは禁止されており、信託財産の独立性が確保されていることから、信託銀行の倒産により信託受益権の償還が受けられないリスクは原則ないといえる。その他の点については、ファクタリング方式の特徴と同様である。

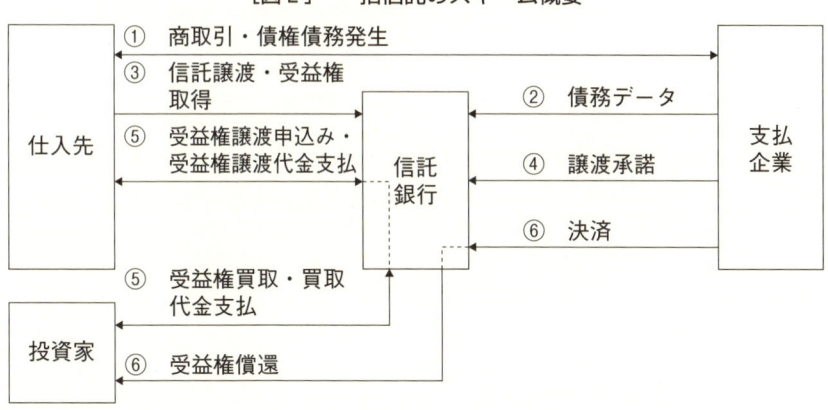

［図2］　一括信託のスキーム概要

(取引フロー)
① 支払企業と仕入先との間で商取引に基づく債権債務関係が発生
② 支払企業は上記債務データを信託銀行にデータ伝送
③ 仕入先は信託銀行に対して支払企業宛債権を譲渡し、信託受益権を取得
④ 仕入先の信託銀行への債権譲渡につき、支払企業が承諾
⑤ 仕入先が必要に応じて、信託銀行に信託受益権販売を申し込み、譲渡代金を受領
⑥ 支払期日に支払企業は信託銀行に決済（仕入先が信託受益権販売を利用しなかった場合には、信託銀行は支払期日当日に仕入先に信託受益権を償還）

＜一括決済方式＞

(2) 一括信託の基本的事項

① 提携金融機関……信託銀行
② 契約形態……売掛債権信託契約、信託受益権譲渡契約（根拠法：信託法・民法）
③ 債権譲渡の対抗要件……支払企業による異議をとどめない承諾に確定日付を取得。
④ 仕入先が保有する権利……信託受益権（信託財産の中身は、支払企業宛売掛債権）
⑤ 会計処理
　a　仕入先……支払企業宛売掛金から信託受益権等（または未収金）に振り替え、期日前支払を利用した場合は、信託受益権が消滅しオフバランスになる。
　b　支払企業……仕入先宛買掛金から信託銀行宛買掛金（または未払金）に振替え。
⑥ 留意点等……動産・債権譲渡特例法の存在により、一定の対応策はあるものの、支払企業にとっては二重払いを強いられるリスクがある。

（佐々井　佳奈子）

（参考文献）
公正取引委員会・中小企業庁「下請取引適正化推進講習会テキスト」平成22年。

<一括決済方式>

Q 81 将来債権譲渡を利用したファクタリング方式とはどういうものか

A 81 ファクタリング方式（一括信託を含む）における支払企業の二重払リスクを最大限カバーするために、判例上認められている将来債権譲渡の手法を利用して、先行する債権譲渡登記に影響されないよう、手当を行ったものである。

解 説

1　ファクタリング方式における将来債権譲渡利用の背景

　もともと債権譲渡の対抗要件は民法467条により確定日付ある証書による債務者への通知または債務者からの承諾によっていたところ、平成10年に施行された動産・債権譲渡特例法で、債権譲渡の対抗要件具備の方法が二重化・複線化されたことにより、債権を譲り受ける側にとっては、一方の対抗要件を具備するだけでなく、他方の対抗要件においても先行する債権譲渡がないかどうかを確認しない限り、確定的に自身が債権を譲り受けたかどうかわからないということになった。特に、従来は債務者に債権譲渡の事実を確認すれば事足りたものが、債務者の知らないところで債権譲渡登記がなされることから、一元的に債権譲渡の対抗要件を確認する方法がなくなってしまったのである。

　ファクタリング方式（一括信託を含む、以下同様）においては、債務者の異議をとどめない承諾に確定日付を取得することにより債権譲渡の対抗要件を具備しているが、提携金融機関は、原則仕入先から償還請求権なし（ノンリコース）で支払企業の信用力のみに依存して債権を買い取っているため、ファクタリング方式を引き続き維持するためには、他の優先する第三者の存

<一括決済方式>

在の可能性を排除する、もしくは他の優先する第三者が登場した場合でも支払企業に二重払リスクを負担してもらうという対応が必要となった。

2 ファクタリング方式における将来債権譲渡利用の手法

上記への金融機関の一般的な対応としては、可能な限り債権譲渡登記の影響を排除する手法を採用している。その方法は以下の通りである。

(1) 将来債権譲渡

通常のファクタリング方式と同様に、支払企業、仕入先、金融機関の三者間で基本契約を締結し、仕入先が将来（1年程度）にわたって支払企業に対して有することとなる売掛債権を金融機関に対してあらかじめ譲渡（将来債権譲渡）を行うこととする。仕入先の当該債権譲渡に対して、支払企業は確定日付ある証書による承諾を行い、金融機関は債権譲渡の対抗要件を取得する（将来債権譲渡については、平成11年の最高裁判所判例において、診療報酬債権の譲渡担保の事例であるが、債権発生の可能性の大小によって債権譲渡の効力は左右されない、として比較的広範囲に将来債権譲渡の効力を認めたものがある[1]）。

上記対応により、今後1年間に行われる支払企業を債務者とする債権譲渡については、ファクタリング方式の対抗要件が優先することになり、これを1年ごとに更新・継続していく。

(2) 仕入先スクリーニング

今後の第三者への債権譲渡については上記対応でカバーされるものの、ファクタリング方式における将来債権譲渡の時点で、すでに債権譲渡登記により第三者へ債権が譲渡されていた場合には、将来債権譲渡の対抗要件は債権譲渡登記に遅れることになるので、過去の債権譲渡登記を調査する必要がある。これをファクタリング方式では仕入先のスクリーニングと呼んでい

---

[1] 最高裁判所第三小法廷平成11年1月29日判決（『最高裁判所民事判例集』53巻1号、151頁）。

<一括決済方式>

る。具体的な手続は以下の通りである。
① 一次スクリーニング

　ファクタリング方式における将来債権譲渡の時点で、指定された法務局に対して、対象となる仕入先ごとに債権譲渡登記に係る「登記事項概要証明書」または「概要記録事項証明書」の交付請求を行い、各仕入先が債権譲渡登記を利用しているかどうかの調査を行う（上記証明書は、だれでも取得できるが、仕入先の債権譲渡登記の利用の有無しか確認できない）。

② 二次スクリーニング

　一次スクリーニングで債権譲渡登記利用が判明した仕入先について、ファクタリング方式における支払企業宛売掛債権が含まれるかどうかについて、支払企業等の関係者が債権譲渡登記に係る「登記事項証明書」の交付請求を行い、支払企業を債務者とする債権譲渡登記がすでに存在するかどうかの調査を行う（登記事項証明書は、債権譲渡登記の詳細を確認できるが、原則当事者や関係者しか取得できない）。

　最終的に、一次および二次のスクリーニングの調査により、対象となる仕入先が支払企業宛売掛債権を二重に譲渡しているおそれがある場合には、将来債権譲渡や基本契約が解除され、当該仕入先はファクタリング方式が利用できないこととなる（さらに、詳細なスクリーニング手続については、Q85を参照）。

3　ファクタリング方式における将来債権譲渡利用の留意点

　現状、将来債権譲渡および仕入先スクリーニングにより、ファクタリング方式における支払企業の二重払リスクの手当を行っているところであるが、以下のような留意点がある。
① スクリーニング費用

　スクリーニングにおける各種証明書の交付請求には、所定の登録免許税が必要となる。本件登録免許税等については、通常支払企業が負担するこ

<一括決済方式>

ととなっている。

② スクリーニングの調査の限界

　債権譲渡登記の各種証明書の交付請求では、法令上、譲渡人である仕入先をキーとした検索が前提となっており、譲渡人および譲受人以外の当時者が、債権譲渡登記がされた債権を一意に特定するのは一般的には困難である。

支払企業の二重払リスクを最大限回避するために、将来債権譲渡を利用した手当を行っているものの、上記のような問題点があるため、万が一の場合には支払企業に二重払リスクを負担してもらうことになる。

ファクタリング方式を採用している支払企業においては、一次スクリーニングの確認のみでファクタリング方式の対象となる仕入先の参加の可否を判断せざるをえなかったり、そもそもファクタリング方式の利用自体を断念するケースもある。

今後については、電子記録債権版一括ファクタリングの登場により、支払企業の二重払リスクが払拭されることが期待されている。

（佐々井　佳奈子）

<一括決済方式>

Q 82 併存的債務引受方式とはどういうものか

A 82 仕入先が、下請代金の額に相当する売掛債権に対応する支払企業の買掛債務について、支払企業と併存的に負ったファイナンス会社等の金融機関から、当該売掛債権の額に相当する金銭の支払を受ける方式をいう。商品名として「債務引受型決済サービス」などと呼ばれる。

― 解 説 ―

1 併存的債務引受方式の概要

　併存的債務引受方式とは、支払企業が仕入先に対して負担する買掛債務をファイナンス会社等の金融機関が併存的に債務引受を行い、ファイナンス会社が債務引受人として、支払企業にかわって各仕入先に弁済する方式をいう。

　ファイナンス会社による併存的債務引受の結果、仕入先は支払企業宛売掛債権について、債務引受人であるファイナンス会社から支払を受けることになる。ただし、債務引受を行っただけでは、もともと支払企業が仕入先に対して負担する買掛債務は引き続き併存しており、ファイナンス会社は支払企業が負担するのとまったく同じ債務を負担することになり、支払企業とファイナンス会社のどちらか一方が仕入先に弁済を行えば、もう片方の債務は自動的に消滅する。

　基本的にはいずれの債務の支払期日も同様であるが、基本契約により仕入先より期日前資金化の依頼があった場合には、債務引受人であるファイナンス会社が支払企業にかわって仕入先に対して支払を行うことも可能となっている。ただし、期日前資金化の場合には、期間に応じた割引料が支払金額か

<一括決済方式>

ら控除される。

　支払企業にとっては、ファイナンス会社が仕入先に対して立替払いを行ったことによる求償債務が支払期日に向けて積みあがっていくことになり、逆に仕入先向けの買掛債務は徐々に減少していくことになる。支払期日には、支払企業は直接仕入先に買掛債務を負担しているため仕入先に対して直接支払うことも可能ではあるが、三者間の基本契約により、原則支払期日の支払分についてもファイナンス会社経由で仕入先に支払うこととしている。

　なお、一括決済方式において併存的債務引受方式を利用する場合は、ファクタリング方式と同様、公正取引委員会事務局長通達および取引部長通知により、金融機関が仕入先に代金を支払った後は、代金の返還を求めないようにすることが遵守事項として明確にされている。

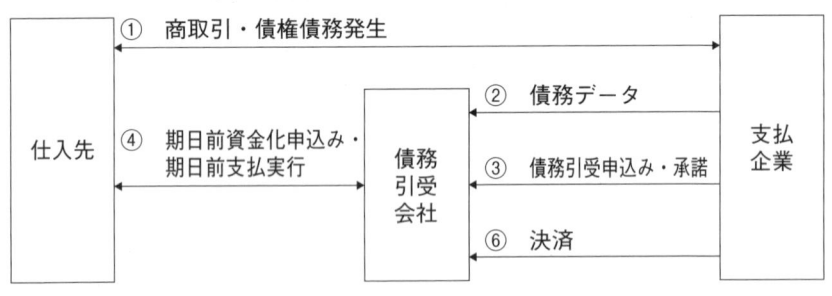

[図]　併存的債務引受方式のスキーム概要

```
                    ① 商取引・債権債務発生
    ┌─────┐ ←──────────────────────→ ┌─────┐
    │     │                              │     │
    │     │        ② 債務データ          │     │
    │ 仕入先 │ ④ 期日前資金化申込み・ ┌──────┐ ←────────── │ 支払 │
    │     │ ←───── 期日前支払実行 ─→ │債務  │                │ 企業 │
    │     │                          │引受  │ ③ 債務引受申込み・承諾 │     │
    │     │                          │会社  │ ←──────────→ │     │
    │     │                          │      │     ⑥ 決済      │     │
    │     │                          └──────┘ ←──────────→ │     │
    └─────┘                                                └─────┘
```

(取引フロー)
① 支払企業と仕入先との間で商取引に基づく債権債務関係が発生
② 支払企業は上記債務データをファイナンス会社にデータ伝送
③ 支払企業の買掛債務につきファイナンス会社が併存的に債務引受
④ 仕入先が必要に応じて、ファイナンス会社からの期日前資金化を利用
⑤ 支払期日に支払企業はファイナンス会社に決済（仕入先が期日前資金化を利用しなかった場合には、ファクタリング会社は支払期日当日に仕入先に支払）
(注)　スキーム図は、仕入先により対象債権の全額について、期日前に資金化された場合を想定したもの。

<一括決済方式>

2 併存的債務引受方式の基本的事項

(1) 提携金融機関
ファイナンス会社。

(2) 契約形態
併存的債務引受契約（根拠法：なし、連帯債務は民法に規定あり）。

(3) 債権譲渡の対抗要件
債務引受につき、なし。

(4) 仕入先が保有する権利
支払企業宛売掛債権（ファイナンス会社宛債務引受対象債権もあり）。

(5) 会計処理
① 仕入先……支払企業宛売掛金で変化なし。ファイナンス会社から期日前支払を受けた場合は、支払企業宛売掛金が消滅しオフバランスになる。
② 支払企業……仕入先宛買掛金で変化なし（ただし、仕入先の期日前支払分につきファイナンス会社宛買掛金（または未払金）に振替え）。

(6) 留意点等
債務引受については民法上に明文規定がなく、判例も少ない。

3 併存的債務引受方式の特徴

(1) 支払企業の倒産リスク
併存的債務引受方式の場合、債務引受人となるファイナンス会社は、支払企業が仕入先に対して負担する買掛債務を併存的に引き受けているため、債務引受契約が有効である限りは、仕入先はファイナンス会社にいつでも期日前資金化を依頼することができることを考慮すると、原則支払企業の倒産リスクはファイナンス会社が形式上負担しているといえる。ただし、最近の事例では、支払企業に倒産等一定事由が発生した場合には、ファイナンス会社が期日前資金化等により支払企業が負担する買掛債務の支払を行っていな

<一括決済方式>

かったケースに限り、仕入先に対して過去に成立したものを含む債務引受契約の解除権を有しているケースが多く、仕入先は期日前資金化を利用するなどして買掛債務に対応する売掛債権の支払を受け取るまでは、支払企業の倒産リスクを事実上負担しているものといえる。実際には、ファイナンス会社の基本契約において、当事者間でどのような合意がなされているかによるものとなる。

(2) **ファイナンス会社の倒産リスク**

債務引受人であるファイナンス会社が倒産した場合であっても、支払企業は仕入先に対する買掛債務の支払義務を免れるものではないため、ファイナンス会社が倒産したとしても、支払企業に支払能力がある限り、仕入先は支払を受けることができる。

(3) **支払企業の二重払リスク**

民法上、債務引受に関しては規定がなく、債権譲渡における対抗要件のような制度も存在しない。一方、判例によると、債務引受自体は古くから認められており、併存的債務引受を行った場合は、一般的には債務者と債務引受人との関係は、連帯債務関係を構成するものとされている。

併存的債務引受方式における通常の債務引受契約では、債務者である支払企業と債務引受人であるファイナンス会社が当事者となり、その内容を債権者である仕入先に対して通知をするという流れになるが、ここでもファクタリング方式と同様動産・債権譲渡特例法の影響がみられる。

従来の債務者がインフォメーションセンターとなる債権譲渡の対抗要件制度のもとでは、債務者が特に想定していない相手方を譲受人とする確定日付ある証書による債権譲渡通知を受領した場合、債務者が契約複雑化を避けるような行動をとる合理的かつリスク回避的な当事者だとすると、債権譲渡通知がされた対象債権について新たに別の債務引受人との間で債務引受契約を行うなどということはまず考えられなかった(通常そのような債権は、債務者内において過誤払いを起こさないよう契約内容をチェックのうえ、個別に支払が

<一括決済方式>

管理されることになる)。しかし、債権譲渡登記制度の登場により、債務者の知らないところで債権譲渡登記が行われている可能性は常に存在する。このような債権譲渡登記による債権譲渡と併存的債務引受の法律関係について判例はなく、また各専門家による確固たる統一的な見解も醸成されていないようである。

　したがって、ケースや状況によってさまざまな解釈が成り立ちうるという意味で、支払企業による二重払リスクが潜在的には存在するといえる。ただし、現実に債務引受方式における上記二重払リスクが顕在化した事例は、現状見当たらない。

(佐々井　佳奈子)

(参考文献)
公正取引委員会・中小企業庁「下請取引適正化推進講習会テキスト」平成22年。

＜一括決済方式＞

Q 83 電子記録債権を利用したファクタリング方式とはどういうものか

A 83 電子記録債権を使ったファクタリング方式とは、支払企業が負う仕入先宛ての買掛債務の支払のために、または支払にかえて、発生した電子記録債権を、仕入先がファクタリング会社等の提携金融機関に譲渡することにより、ファクタリング会社が仕入先に譲受代金の支払を行い、支払企業がファクタリング会社に対して期日決済を行うことにより、おもに支払企業の手形支払の合理化に資するスキームである。また、譲渡対象債権を売掛債権とした場合には、いわゆる「二重払リスク」が払拭できなかったが、譲渡対象債権を電子記録債権とすることにより、かかるリスクの払拭が可能となる。

解 説

1 電子記録債権を利用したファクタリング方式とは

　支払企業が負う仕入先宛ての買掛債務の支払のために、または支払にかえて、発生した電子記録債権を、仕入先がファクタリング会社等の提携金融機関に譲渡することにより、ファクタリング会社が仕入先に譲受代金の支払を行い、支払企業がファクタリング会社に対して期日決済を行うスキームである。

　支払企業にとっては、売掛債権を使ったファクタリング方式と同様に、支払手形の削減を図ることができ、かつ売掛債権を使ったファクタリング方式では完全に払拭できなかった「二重払リスク」を払拭することができる。

　なお、通常、支払企業が伝送した支払データに基づき、電子債権記録機関

＜一括決済方式＞

の記録原簿に電子記録債権の発生記録が行われるため、支払企業にとっては、売掛債権のファクタリング方式と比べて追加的に発生する事務は基本的にない。

2　二重払リスクとは

　売掛債権は、動産・債権譲渡特例法により、債務者に知られることなく、第三者への債権譲渡、および当該債権譲渡にかかわる債権譲渡登記を行うことにより、第三者対抗要件を具備した債権譲渡が可能となる。その場合、売掛債権のファクタリング方式では、仕入先から第三者に対して第三者対抗要件を具備した債権譲渡が行われた後に、仕入先からファクタリング会社への債権譲渡、および当該債権譲渡にかかわる支払企業の異議をとどめない承諾書への確定日付の取得（これにより、債務者対抗要件および第三者対抗要件を具備）が行われたときには、第三者は支払企業に対しては対抗できないものの、ファクタリング会社に対しては対抗できることとなる。

　このような状況が顕在化し、ファクタリング会社が支払企業から受領した

［図］　二重払リスクの仕組み

支払企業が①について認識していなくても、①が②に優先している場合、支払企業に二重払リスクが顕在化する可能性がある（支払企業と仕入先の間の購買基本契約等に譲渡禁止文言が入っていたとしても、かかる可能性はある）。

仕入先から債権譲受した第三者

①　支払企業宛債権を譲渡
　　第三者対抗要件具備

支払企業　債務者　←もともとの債権債務関係→　仕入先　当初債権者

②　支払企業宛債権を譲渡
　　債務者・第三者対抗要件具備

金融機関　債権譲受人

<一括決済方式>

期日決済代金に関して、第三者がファクタリング会社に対して不当利得の請求を行った場合、ファクタリング会社は当該第三者に対する支払をせざるをえない。一般的に、ファクタリング方式の契約においては、このような事態となった場合の支払企業のファクタリング会社に対する補償義務が明記されているため、支払企業はファクタリング会社に対して期日決済代金とは別に補償義務の履行も行わなければならなくなる。これが、二重払リスクである。

3 電子記録債権を利用したファクタリング方式における二重払リスク払拭の仕組み

電子記録債権については、電子債権記録機関の記録原簿への譲渡記録が、譲渡のための唯一の効力要件であり対抗要件となっている。したがって、たとえば、AからBに対する電子記録債権の譲渡が記録原簿に記録された場合、Aはすでに記録原簿上の債権者ではなく、Aから別のCに対する電子記録債権の譲渡記録請求を行うことはできない。結果、電子記録債権を使ったファクタリング方式にひるがえると、仕入先が第三者とファクタリング会社のそれぞれに対して同一の債権を譲渡することはできないこととなる。

そのため、電子記録債権を使ったファクタリング方式においては、二重払リスクが払拭された仕組みとなっているといえる。

（髙木　英隆）

<一括決済方式>

Q 84 一括決済方式と動産・債権譲渡特例法の関係はどうなっているのか

A 84 動産・債権譲渡特例法の施行により、一括決済方式は大きな影響を受けることとなった。

解 説

1 一括決済方式における債権譲渡の対抗要件

　一括決済方式は、公正取引委員会による昭和60年事務局長通達および昭和60年取引部長通知により債権譲渡担保方式およびファクタリング方式が認められ、昭和61年頃より当時の都市銀行の取引先である支払企業を中心に導入が広まっていった。

　債権譲渡担保方式およびファクタリング方式のいずれの方式においても、債権譲渡の対抗要件については、民法467条に基づき、確定日付ある証書による支払企業からの異議をとどめない承諾を取得しており、当時は債権譲渡の対抗要件について特に問題は発生しなかった。

　ところが、平成10年に動産・債権譲渡特例法が施行されたことにより、従来の民法上の債権譲渡の対抗要件制度に、同法に基づく債権譲渡登記による対抗要件制度が加わることとなった。これにより、債権譲渡の対抗要件具備の方法が複線化することとなり、債権の譲受人としては、一方の対抗要件制度により債権譲渡の対抗要件を具備しただけでは、譲受人自身が確定的に債権を取得したかどうかが判別せず、もう一方の対抗要件制度で優先する第三者が存在しないことを確認しない限り、安心して債権を譲り受けることができなくなってしまった。

　一括決済方式では、提携金融機関は支払企業の信用力のみに依存して、仕

<一括決済方式>

入先に対する貸付を行ったり、もしくは仕入先に対する期日前資金化に応じたりしてきたことから、仕入先が債権譲渡登記制度を利用して、提携金融機関が譲り受けるべき支払企業宛売掛債権を譲渡していないかどうか、モニタリングを行う必要に迫られた。

このモニタリングの方法が、仕入先のスクリーニングと呼ばれるものであり、支払企業宛ての売掛債権の将来債権譲渡と組み合わせることにより、支払企業宛売掛債権について、支払企業と提携金融機関が協力して可能な限り債権譲渡登記による債権譲受人に劣後することのないような手当を行っているところである。ただし、万が一、提携金融機関に優先する債権譲受人が登場した場合、提携金融機関としては、仕入先に対してすでに貸し付けた、もしくはすでに期日前資金化に応じた金額について、最終的に支払企業に対して請求せざるをえないため、支払企業としては二重払リスクを負担することになる（本来、一括決済方式の基本契約において、仕入先が第三者に支払企業宛売掛債権を譲渡することはできないことになっているにもかかわらず、故意または過失により仕入先が債権譲渡登記を利用して当該売掛債権を譲渡してしまった場合で、かつ当該仕入先が一括決済方式でも当該売掛債権に対応する貸付や期日前資金化を利用していた場合に、上記のような事態が発生する）。

実際、一括決済方式において、仕入先のスクリーニングは提携金融機関や支払企業にとって相当の事務的・金銭的負担が発生しており、債権譲渡登記に影響されない安定的な方策が求められていたところである。

2　一括決済方式における債務引受

平成11年の公正取引委員会による昭和60年事務局長通達および昭和60年取引部長通知の改正により、一括決済方式の新たな方式として、併存的債務引受方式が認められた。この方式は、支払企業が仕入先に対して負担している買掛債務について、提携金融機関が併存的債務引受を行って支払企業とともに債務を負うものであって、債権譲渡の対抗要件をまったくからめずに、提

<一括決済方式>

携金融機関から仕入先に支払を行っていくものである。

そもそも債務引受契約は法律上の規定がなく判例により有効性が認められているものであり、債務引受契約の要式や成立のための要件も学説によるところが大きく、法的な位置づけは不明確な部分があったことは事実である。それに加え、平成10年に施行された動産・債権譲渡特例法による債権譲渡登記制度により、債務者の知らないところで債権譲渡登記が行われている可能性が常に存在することになった。

当初、併存的債務引受方式は、債権譲渡の対抗要件と次元が異なるものであり、特に債権譲渡との競合もないと考えられた向きもあったが、動産・債権譲渡特例法に基づく債権譲渡登記による債権譲渡と債務引受契約の競合もありうるとの指摘もなされるようになった。

しかしながら、動産・債権譲渡特例法の施行からあまり時間が経っていないこともあり、支払企業の買掛債務に対応する売掛債権について債権譲渡登記が行われている場合に、支払企業が提携金融機関と併存的債務引受契約を行い、債務引受人である提携金融機関が仕入先に対して期日前資金化による支払を行った場合における債権譲渡登記による債権譲受人と提携金融機関の法律関係については、判例がない以上、各専門家による確定的・統一的な見解も特にまとまっていない状況である。

上記のように、動産・債権譲渡特例法により、当初民法では想定していなかった債務者の知らないところで第三者対抗要件が具備されているという状況が創出されたことにより、併存的債務引受方式も法的安定性という観点で相当の影響を受けているものといえる。

3 債権譲渡の対抗要件に影響されない一括決済方式

従来の一括決済方式におけるファクタリング方式では、提携金融機関は仕入先が保有する支払企業宛売掛債権そのものを譲り受けていたが、電子記録債権法の施行により、上記売掛債権の支払手段として別途支払企業と仕入先

<一括決済方式>

との間で発生させた電子記録債権を提携金融機関が譲り受けることも可能となる。

　売掛債権の支払手段として電子記録債権の発生記録を行い、提携金融機関への譲渡記録を行った場合、原因債権である売掛債権における債権譲渡の対抗要件とは次元の異なるものとなり、提携金融機関は確定的に支払企業に対する電子記録債権を取得できることになる（上記は、支払企業が原因債権である売掛債権の支払手段として手形を振り出して、金融機関が当該手形を譲り受けた場合の帰結とまったく同様となる）。

　　　　　　　　　　　　　　　　　　　　　　　　　（佐々井　佳奈子）

<一括決済方式>

Q 85　一括決済方式における仕入先のスクリーニングとはどういうものか

A 85　スクリーニングとは債権譲渡を伴う一括決済方式（ファクタリング方式・一括信託）において、譲渡対象となっている支払企業宛売掛債権が動産・債権譲渡特例法に基づく第三者に対する債権譲渡登記がすでになされていないかを確認する作業のことである。

解　説

1　スクリーニングの必要性

　債権譲渡を伴う一括決済方式の場合、提携金融機関が譲り受けることとなる支払企業宛売掛債権について、動産・債権譲渡特例法に基づく債権譲渡登記により、仕入先から提携金融機関以外の第三者に対して優先した第三者対抗要件を具備した債権譲渡がなされる可能性がある。したがって譲渡を受ける提携金融機関は将来債権譲渡の際に、各仕入先が支払企業宛売掛債権を債権譲渡登記をして第三者に譲渡していないことの調査をする必要があり、この調査のことをスクリーニングという。以下に三井住友銀行グループが行っている一連のスクリーニングの流れを紹介する。

2　スクリーニングの流れ

(1)　一次スクリーニング

　一次スクリーニングとは、各仕入先が債権譲渡登記制度を利用したことがあるかのチェックである

　まず、各仕入先の登記住所、登記社名を検索のキーとして東京法務局で「登記事項概要証明書」という証明書の交付請求を行い、過去の登記制度利

<一括決済方式>

用の有無について確認する。それ以外の方法としては、仕入先の商業登記が所轄されている法務局で、「概要記録事項証明書」の交付請求を行うという方法もある。確認の結果、「登記制度を利用したことがない」と判明した仕入先については、その時点でスクリーニングが終了となる。「登記制度を利用したことがある」との結果が出た仕入先についてはさらに詳しい調査を実施する。なお、登記事項概要証明書および概要記録事項証明書はだれでも交付申請が可能となっているため、一般的には支払企業にかわって金融機関が証明書を取得し確認作業を行うことが多い。

(2) 二次スクリーニング

一次スクリーニングで、仕入先の債権譲渡登記制度利用が判明した場合は、さらに詳細な二次スクリーニングを行う。

① 「既発生債権の譲渡」か「将来債権の譲渡」かのチェック

上記(1)で「登記制度を利用したことがある」と判明した仕入先については、その債権譲渡登記が「既発生債権の譲渡」か「将来債権の譲渡」かを特定する必要がある。これは、上記(1)における登記事項概要証明書で確認することができ、同証明書の「債権の総額」欄に金額の記載があるものは「既発生債権の譲渡」、「債権の総額」欄に金額の記載がないものは「将来債権の譲渡」ということになる。「既発生債権の譲渡」の場合は債務者が特定されているということになるので、譲渡されている債権が支払企業に対するものか、他社に対するものかを確認する必要がある。「将来債権の譲渡」の場合は債務者が特定されている可能性と特定されていない可能性の両方が存在するため、上記「既発生債権の譲渡」の確認のほかに、さらに「債務者不特定の債権譲渡登記」に関する確認を行う必要がある。

② 「登記対象の債権が支払企業宛債権」かのチェック

登記事項証明書の交付請求により行う。仕入先と「譲渡対象の債権の債務者」を検索のキーとして東京法務局で同証明書を交付請求する。

登記事項証明書の取得資格は(a)「譲渡に係る動産又は譲渡に係る債権の

260

＜一括決済方式＞

譲渡人又は譲受人」、(b)「譲渡に係る動産を差押えた債権者その他の当該動産の譲渡につき利害関係を有する者として政令で定めるもの」、(c)「譲渡に係る債権の債務者その他の当該債権の譲渡につき利害関係を有する者として政令で定めるもの」、(d)「譲渡に係る動産又は譲渡に係る債権の譲渡人の使用人」とされているため、金融機関が単独で取得することが困難であり、支払企業から金融機関が取得手続の委任を受けて債務者の立場で代理で交付請求を行うことが多い。

③ 「債務者不特定の債権譲渡登記」に関するチェック

上記②と同様に登記事項証明書の交付請求をして調査を行うが、債務者不特定の債権譲渡登記に関する登記事項証明書の交付請求は、支払企業が債務者であるかどうか判別がつかないと考えられるため（上記②-(c)に該当するかどうか不明）、調査の際には仕入先に調査協力を依頼することとなる。具体的には、支払企業を通じて、当該仕入先に「債務者不特定債権の債権譲渡登記」を行っているか否かを尋ね、行っていない場合はその旨を証明する登記事項証明書を、行っている場合はどのような内容かを具体的に記載した登記事項証明書の提出を依頼することになる。

3 スクリーニングにおいて「問題あり」と判明した場合の対応

スクリーニングにおいて問題ありと判明した場合、当該仕入先を一括決済方式の対象からはずすか、該当する債権譲渡登記の抹消を仕入先に依頼することとなる。

4 スクリーニングの効果と限界

上記の通り、スクリーニングとその後の対応を実施することにより、仕入先が故意または過失により一括決済方式の対象となる売掛債権を金融機関以外の第三者に譲渡してしまうことを未然に防止する効果がある。

ただし、スクリーニングの効果があるのは、債権譲渡登記の確認が確実に

<一括決済方式>

実施された場合であるが、債権譲渡登記の確認がもれる可能性は、制度上も実務上もありうる。具体的には以下のような事例である。

① 当事者検索による交付請求では、譲渡人の住所および会社名が検索のために必要であるが、漢字名だけでなくなんら公示のない譲渡人のフリガナが必須項目となっている(正確な漢字名やフリガナが相違した場合は、ヒットしない可能性あり)。

② 登記事項概要証明書の交付請求では、リアルタイム検索が可能だが、債権譲渡登記時の仕入先の住所または名称等に変更があった場合はデータベースが更新されていない(住所または名称等に変更があった場合は、ヒットしない可能性あり)。

③ 概要記録事項証明書では、商業登記に基づき仕入先の名称等をトレース可能であるが、リアルタイム検索ではない(リアルタイムでない場合には、ヒットしない可能性あり)。

④ 登記事項証明書の交付請求では、たとえば支払企業や、ほかに譲受人となっている可能性があるものもしくは今後譲受人となるものが、ある特定の仕入先の債権譲渡登記を横断的に検索できる仕組みとなっていない(当事者である仕入先以外の関係者が、当該債権譲渡登記の内容をすべて把握できるかどうかについては、法務局での判断が入る可能性がある)。

⑤ 債務者不特定の債権譲渡登記が可能になったことにより、債務者をキーとした検索は不可能な場合がある(債務者が不特定であるため、特定の債務者は取得できない可能性が高い)。

上記のような原因で、債権譲渡登記の確認がもれた場合には、後日二重譲渡が顕在化する可能性があるということになる。

(水谷　圭佑)

<一括決済方式>

Q 86　一括支払システムと国税の関係はどうなっているのか

A 86　債権譲渡担保を用いた一括支払システムは仕入先が国税を滞納した場合、金融機関の譲渡担保権が国税に劣後する可能性がある。

解説

1　一括支払システムについて

　一括支払システムとは、支払企業が手形の振出しを期日現金決済に切り替えるためのスキームの1つで、下請法上は債権譲渡担保方式といわれる。支払企業が仕入先への支払方法を手形の振出しから先日付の期日支払に切り替え、仕入先が支払企業に対して有する売掛債権を継続的に提携金融機関に担保として譲渡する。仕入先が期日前資金化を希望する場合には、その担保されている売掛債権の金額を上限として提携金融機関が売掛債権を譲渡担保とした融資を実行する仕組みである。手形現物の振出しはないものの、仕入先は手形の割引と同様の経済的効果を売掛債権を譲渡担保とした融資で得ることができる。

2　一括支払システムと国税

　国税徴収法は、24条で「納税者が国税を滞納した場合において、その者が譲渡した財産でその譲渡により担保の目的となっているもの（以下「譲渡担保財産」という。）があるときは、その者の財産につき滞納処分を執行してもなお徴収すべき国税に不足すると認められるときに限り、譲渡担保財産から納税者の国税を徴収することができる」と規定されている。

　そのため、一括支払システムにおいて譲渡担保設定者である仕入先が国税を滞納する事態が発生した際は、提携金融機関の譲渡担保が国税の差押えに

<一括決済方式>

劣後する事態が想定される。これを回避するため、提携金融機関は、一括支払システムの契約に国税徴収法24条に基づく告知が発せられたときには、自動的に融資債権の期日が到来し、譲渡担保権が実行される旨を記載したいわゆる「代物弁済条項」を設けていた。

　国税徴収法は、譲渡担保権者である提携金融機関が、国税徴収法に基づく告知を受けた後に、仕入先の譲渡担保の対象である支払企業宛売掛債権が債務不履行その他弁済以外の理由により消滅した場合においても、なお譲渡担保となっている支払企業宛売掛債権が存続するものとみなして、支払企業宛売掛債権について滞納処分を執行できると規定しているものの、提携金融機関への告知は到達した時点を意味するため、この「代物弁済条項」によって、当該譲渡担保は告知が発せられた時点ですでに実行されて消滅し、譲渡担保権者である提携金融機関への告知が到達した時点では、常に支払企業宛売掛債権は提携金融機関に移転してしまい消滅しているため国税の徴求は及ばず、提携金融機関は納税の義務を負わないことになると考えられていた。

3　「代物弁済条項」の効力に対する最高裁判所判決

　この「代物弁済条項」の有効性をめぐり提携金融機関と国税局が訴訟で争い、最高裁判所の判決が平成15年に下された[1]。この判決は「代物弁済条項」は税の徴求を免れるために私人間の合意で新たな債権を創出するものであるとし、その効力は当事者間においては認められるが、それをもって国税との関係において代物弁済条項の効力を主張し、告知が発せられた時点で譲渡担保権は実行されており、告知が到達した時点ではすでに譲渡担保財産ではなくなっているため、納税責任はない、とする原告側（提携金融機関側）の主張は認められるものではないと判断した。

1　最高裁判所第二小法廷平成15年12月9日判決（『最高裁判所民事判例集』57巻11号2、292頁）。

<一括決済方式>

4　判決の影響

　本判決により、一括支払システムにおいて、仕入先が国税を滞納した場合、支払企業は譲渡担保財産に対して滞納処分を行った国税局宛てに支払を行わなければならない一方、一括支払システムの契約上譲渡担保権者である提携金融機関宛てに支払を行う必要があるため、支払企業は、国税局および提携金融機関に二重に譲渡担保債権相当額を支払わなければならなくなる、いわゆる二重払リスクが顕在化し、以後提携金融機関による一括支払システムの新規取扱いは原則中止されている模様である。

　一括決済方式における本質的な問題は、支払企業も提携金融機関も、仕入先が法定納期限を徒過して国税を延滞しているという事実を把握することが困難であるという点であり、提携金融機関がいちばん優先すると考えていた譲渡担保権が事後的に毀損されることである（これを避けるには、仕入先が期日前資金化を利用するつど、提携金融機関において仕入先の国税納税状況を確認する必要があるが、これも事務上は困難である）。

5　一括支払システムと他の一括決済方式の国税との関係における違い

　上記事例により一括支払システムは国税宛ての二重払リスクが顕在化したが、これに対し、それ以外の他の一括決済方式の各スキームは、ファクタリング方式（一括信託を含む）・債務引受方式のいずれの方式をとったとしても、上記国税に対する二重払リスクはないといえる。これは、いずれも債権の譲渡担保の契約構成を採用していないからであり、ファクタリング方式の場合は、債権譲渡契約により支払企業宛売掛債権は提携金融機関に移転しているため、譲渡担保財産にはなりえず、併存的債務引受方式の場合は、支払企業宛売掛債権は引き続き残存しているか、期日前資金化により消滅しているかのいずれかであるため、この場合も譲渡担保財産とはまったく関係がな

＜一括決済方式＞

い(支払企業宛売掛債権が残存していた場合に差押え等が発生したケースの対応は、支払企業が通常期日現金支払で決済しているケースと同様である)。

(水谷　圭佑)

<一括決済方式>

Q 87　一括決済方式にいろいろなスキームがあるのはなぜか

A 87　スキームごとにそれぞれ特徴があり、メリット・デメリットが存在するため数種類のスキームが存在する。一括決済方式を導入する企業はそれぞれの方式の特徴を理解したうえでニーズにあった方式を選択する必要がある。

解　説

　現在新たに導入される一括決済方式には、大きく分類するとファクタリング方式（電子記録債権版や一括信託を含む）、併存的債務引受方式の２種類の方式が存在するが、これらの方式は、公正取引委員会の通達・通知により定められているものである。

　いずれも支払企業は決済を実質的に期日現金払いに変更することにより、支払手形を削減でき、仕入先に対しては手形割引にかわる資金調達手段を提供できる点では同じである。支払企業は、できるだけ多くの仕入先が仕組みに加入することにより合理化効果をあげるという観点から、仕入先のニーズを汲み取りながら複数の方式のなかから自社のニーズに最適と思われる方式を選択している。

(1)　**金融機関の信用リスクを意識するかどうか**

　各方式のうち、ファクタリング方式は、仕入先が支払企業宛売掛債権（または電子記録債権）を、提携金融機関（提携金融機関がアレンジしたSPC、もしくは関係の深いファクタリング会社等）が譲り受け、仕入先はこれらに対する譲渡代金債権を保有することになる。

　支払企業の信用格付が、提携金融機関よりも高い場合には、仕入先の売掛債権としての信用リスクが劣化することになるため、提携金融機関の信用リスクの影響を受けない、一括信託や併存的債務引受方式が選択されやすくな

<一括決済方式>

る。

(2) 仕入先にとっての仕組みのわかりやすさ

支払企業と違い、仕入先には中小企業や零細企業も多く、複雑な金融取引にあまりなれていないケースも多い。一括決済方式のうち、ファクタリング方式においてSPCが提携金融機関となる場合には、「SPC」になじみがない仕入先もあり敬遠されるケースもある。

また、一括信託や併存的債務引受方式も、法律的な概念が一般的にそれほど浸透しているわけではないため敬遠されるケースがある。

わかりやすさという点からは、債権譲渡を前提とするファクタリング方式が最もシンプルであるともいえる。

(3) 会計処理

ファクタリング方式や一括信託は、債権譲渡を伴うため仕入先は譲渡時点で会計処理を変更しているケースが多いと思われる。

特に、期日前に資金化せず、期日に資金を受け取るだけで十分であるような仕入先にとっては、併存的債務引受方式のように、債権譲渡を伴わないため会計処理を変更する必要がないことは事務的なメリットともなる。また、併存的債務引受方式は、支払企業と仕入先の間の売掛債権はそのままであるので、わかりやすさや信用リスクの点からも受け入れられやすい面があった。

(4) 二重払リスクの回避

支払企業の負担するリスクとして二重払リスクを回避する観点からは、これまでリスクを払拭することができるスキームはなかったため、ファクタリング方式を採用した場合は、将来債権譲渡やスクリーニングを行うことで極小化に努めるという方策がとられてきたが、ファクタリング方式（電子記録債権版）についてはリスクの払拭が可能であるため、今後はこの観点からはファクタリング方式（電子記録債権版）が主流になっていくと思われる。

＜一括決済方式＞

(5) **提携金融機関側の事情**

　支払企業はメインバンクにて一括決済方式を導入することが多いが、支払企業・仕入先側で特定の方式を望んだとしても、提携金融機関サイドでその方式に対する準備がない場合には、導入を見送るか、それとも提携金融機関が提供できるスキームを導入するという結論とするのかいずれかとなる。

（水谷　圭佑）

<一括決済方式>

Q 88　仕入先が一括決済方式に加入するメリットは何か

A 88　仕入先にとっての加入メリットは下記3項目が想定される。
　　1　手形受取・管理・回収事務作業の軽減およびこれに伴う人件費の削減
　　2　領収証にかかる印紙代、手形取立手数料等のコスト削減
　　3　手形割引にかわる資金調達手段の確保

解説

1　手形受取・管理・回収事務作業の軽減およびこれに伴う人件費の削減

　仕入先のメリットとして1つ目にあげられるのは手形受取・管理・回収事務作業の軽減およびこれに伴う人件費の削減である。

　従来、手形の振出しを受けていた仕入先は、
① 手形を集金もしくは郵送で受け取る。
② 現物を受領し領収証を発行する。
③ 金庫等にて保管する。
④ 銀行に取立依頼をするもしくは割引依頼をする。
⑤ 資金を受け取る。
といった流れで事務作業を行っていた。

　これに対し一括決済方式の仕入先の事務作業は、支払期日に提携金融機関経由で支払企業の決済を受けるか、もしくは提携金融機関に対して期日前資金化の申込みをインターネットやFAXで行うことにより資金を受け取ることのみとなり、大幅に事務作業が軽減され、それに伴い事務ミス等によるトラブルも回避できる。

<一括決済方式>

2 領収証にかかる印紙代、手形取立手数料等のコスト削減

　仕入先のメリットの2つ目は領収証に貼付する印紙代や手形取立手数料等のコスト削減である。手形債権は有価証券に分類されるため、その領収証は印紙税法上の17号文書「金銭又は有価証券の受取書」に該当し、印紙税が課税される。そのため手形を受領する仕入先はその領収証に受取金額に応じた収入印紙を貼付する必要がある。それに対し一括決済方式では手形現物は発生せず、領収証の作成が不要なため印紙代の削減が見込まれる。また、従来の手形の取立事務で発生していた手形取立ての手数料も削減でき、決済におけるコストを削減することができる。

3 手形割引にかわる資金調達手段の確保

　仕入先のメリットの3つ目は資金調達手段の多様化である。仕入先は売上代金として手形を受領していて、期日前資金化を希望する場合には、取引金融機関に申入れをし、手形の割引極度枠を設定し、その割引極度のなかで仕入先自身の信用力も反映させた割引料で割引を実施するのが一般的である。また、仕入先の信用力が著しく低下もしくはそのおそれがあると取引金融機関が判断した場合には、設定している割引極度枠の廃止もしくは減額、または割引料率の引上げ等を取引金融機関が申し入れる可能性がある。

　これに対し、一括決済方式の場合は仕入先から期日前資金化の申込みがあった際、提携金融機関は仕入先の信用力ではなく、一括決済方式を導入している支払企業（多くの場合は大企業）の信用力を背景に資金提供するため、手形割引のように割引極度枠を設定する必要がなく、仕入先の信用力による条件の変化も起こらない。つまり、一括決済方式の場合、仕入先は支払企業宛ての売掛債権について、自社の信用力いかんによらず支払企業の信用力に依拠した割引率でいつでも期日前資金化を利用できることになる。一括決済方式を導入している企業は上場企業を中心とした大企業が多く、その大企業

<一括決済方式>

の信用力に依拠して設定される割引率は、仕入先が手形割引を利用する際に適用される割引率より一般的には低レートとなることが多い。また、手形割引の場合、万が一手形振出人の支払不能等の理由で手形が決済されなかったときは、割引依頼人が買戻しをする必要があるが、一括決済方式（ファクタリング方式および債務引受方式）の場合は「償還請求権の放棄」が公正取引委員会の昭和60年取引部長通知により規定されており、「下請代金の支払を行う場合には、理由のいかんを問わず、金融機関が下請事業者に当該下請け代金の額に相当する金額を支払った後にその返還を求めることのないようなものとすること」としているため、たとえ支払企業に支払不能等が発生したとしても、仕入先がすでに一括決済方式の対象債権について、期日前資金化を行っている場合は、提携金融機関が償還請求することはできないこととなっている。このように、一括決済方式に参加することにより、仕入先は通常の手形割引より有利な資金調達手段を確保することができるのである。

（水谷　圭佑）

<一括決済方式>

Q 89 一括決済方式に加入した仕入先はどうやって期日前資金化を行うのか

A 89 資金化の方法は、提携金融機関に対してFAXやインターネットで期日前資金化を申し込む方法による。

解 説

1 資金化の方法

　一括決済方式は、仕入先が手形の割引同様、提携金融機関から期日前に支払を受けられることとなっているが、それぞれのスキームにおいてその資金化の方法は異なる。以下、スキームごとの資金化方法につき説明する。

2 ファクタリング方式

(1) 一括ファクタリング（電子記録債権版を含む）

　一括ファクタリングにおいて仕入先は支払企業に対して商品・サービスを納め、仕入先に対する売掛債権を取得し、この取得した売掛債権を仕入先はファクタリング会社等の提携金融機関に譲渡することにより、債権譲渡の対価として譲渡代金債権を取得する。一括ファクタリングでは、仕入先が期日前資金化を希望する場合は、この譲渡代金債権の前払いの申込みをファクタリング会社に行い、ファクタリング会社から仕入先に対する譲渡代金の前払い（割引料相当額は控除）が行われる（電子記録債権版のケースは、債権譲渡の対象が支払企業宛売掛債権そのものではなく、当該売掛債権の支払手段として別途発生させた電子記録債権となるが、その他の仕組みについては売掛債権を対象とした一括ファクタリングと基本的に同様である）。

第3章　一括決済方式編　273

<一括決済方式>

(2) 一括信託

一括信託では、仕入先は支払企業に対して商品・サービスを納め、仕入先に対する売掛債権を取得し、その保有する売掛債権を信託銀行に信託譲渡する。仕入先はかわりに信託受益権を取得する。一括信託において仕入先が期日前資金化を希望する場合、信託銀行に対して信託受益権の販売を申込み、その要望に応じて信託銀行は当該信託受益権を投資家等に販売し、当該信託受益権の譲渡代金（割引料相当額控除）が仕入先に支払われる。

3 併存的債務引受方式

併存的債務引受方式において仕入先は支払企業に対して商品・サービスを納め、支払企業は仕入先に対する買掛債務を負い、その買掛債務の併存的債務引受の申込みをファイナンス会社等の提携金融機関に対して行う。それを受けてファイナンス会社は債務引受人として支払企業とともに仕入先に対して買掛債務を負担する。期日前資金化を仕入先が希望する場合は、債務引受人であるファイナンス会社宛てに売掛債権の期日前弁済を申し込み、この申込みを受けてファイナンス会社は仕入先に対して売掛債権の期日前弁済（割引料相当額は控除）を実施する。

（水谷　圭佑）

<一括決済方式>

Q 90 一括決済方式の対象債権を担保にして別途ファイナンスを受けられるのか

A 90 ファイナンスを受けることはむずかしいといえる。

解 説

　一括決済方式の契約は、サービスを提供する提携金融機関によりその内容が異なるが、一般的に、一括決済方式の契約において、対象債権（ここでは、商取引で発生した仕入先が支払企業宛てに有する売掛債権を指すこととする）を第三者に譲渡することや担保提供することが禁じられている。

1　一括決済方式の対象債権を担保としてすでにファイナンスを受けている場合

　すでに対象債権を担保に別途ファイナンスを受けている場合で、当該対象債権の支払企業から一括決済方式への参加を打診された場合には、当該ファイナンス取引を解約したうえで一括決済方式への参加をするか、当該ファイナンス取引を継続するために、一括決済方式への参加を見送るという選択になるものと思われる。

2　すでに一括決済方式に参加している場合

　一方、すでに一括決済方式に参加している場合で、なんらかの事情により別の金融機関からファイナンスを受ける必要性が生じた場合はどうであろうか。結論からいうと、やはり別途のファイナンスを受けることはむずかしい、ということになる。
　この点について、以下に一括決済方式の各方式に分けて考える。

<一括決済方式>

(1) ファクタリング方式に参加している場合

　一括決済方式のうち、ファクタリング方式（一括信託を含む）が採用されている場合、仕入先は、もともと商取引で発生した支払企業宛売掛債権をファクタリング会社等の提携金融機関に譲渡し、その対価として仕入先はファクタリング会社宛てに譲渡代金債権（売掛債権を譲渡したことの対価の請求権、一括信託における信託受益権を含む）を取得することになる。よって、仕入先が保有している金銭債権はその請求先が支払企業ではなく、ファクタリング会社となっているので、支払企業宛売掛債権の処分権を仕入先は失っていることになる。よって、別途ファイナンスを受けるとすれば、そのファイナンスの引当は、支払企業宛売掛債権ではなく、ファクタリング会社宛ての譲渡代金債権となる。

　別途ファイナンスを受ける場合、当該ファイナンスを行う金融機関は、引当とする債権について債権譲受人、譲渡担保権者、あるいは質権者としての対抗要件具備を求めることが予想されるが、この場合の引当となる債権は、譲渡代金債権であり、債務者宛通知・債務者からの承諾により対抗要件を具備する場合は、ファクタリング会社宛てに通知またはファクタリング会社から承諾を得る必要がある。

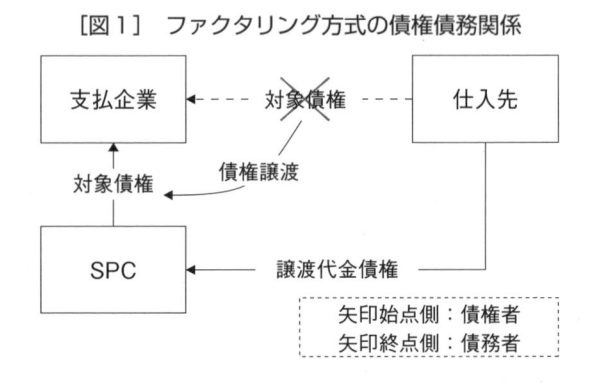

[図1] ファクタリング方式の債権債務関係

矢印始点側：債権者
矢印終点側：債務者

<一括決済方式>

(2) **併存的債務引受方式に参加している場合**

　一括決済方式のうち、併存的債務引受方式が採用されている場合、仕入先が支払企業宛てに保有する売掛債権をファクタリング会社に移転させるということはせず、仕入先が支払企業宛てに保有する売掛債権はそのままに、支払企業が当該仕入先に負う債務をファイナンス会社等の提携金融機関が併存的に引き受ける、という形態をとるため、仕入先からみると、支払企業、SPCの両方に対して請求権を有していることになる（ただし、一般的には、一括決済方式の基本契約において支払はファイナンス会社が行い、平常時には仕入先は支払企業に対して支払を請求できない旨が規定されている）。

　この場合、別途ファイナンスを受けるとすれば、そのファイナンスの引当は、仕入先が支払企業宛てに有する売掛債権のみと考えるのか、仕入先が債務引受人たるファイナンス会社に対して有する債権も含めて考えるべきか、は議論が分かれるところであり、また両方を引当として考えるべきとした場合は、譲渡契約、譲渡担保契約あるいは質権設定契約をどのように構成するかといった問題も整理し、やはり支払企業、ファイナンス会社から承諾を得る必要がある。

　一括決済方式は、支払企業からみれば事務合理化等、ファイナンス会社からみればファイナンス機能の提供等を目的としたものであり、両者の意にそ

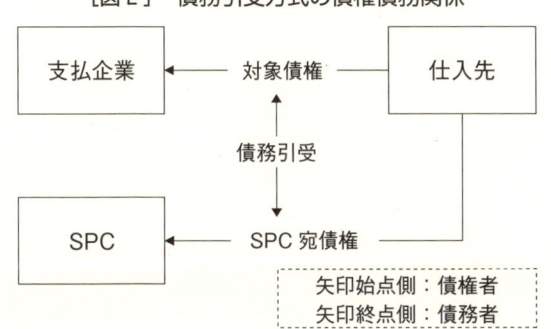

[図2]　債務引受方式の債権債務関係

支払企業 ←対象債権— 仕入先
　↕債務引受
SPC ←SPC宛債権—

矢印始点側：債権者
矢印終点側：債務者

<一括決済方式>

ぐわない(支払企業からみれば「決済代金の支払先を変更するといった個別事務」が発生し、ファイナンス会社からみれば「ファイナンス機会の逸失」が生じる)ため、「別途ファイナンスを受けるスキーム」について両者から了解を得られる可能性は低いものと思われる。

(軽部　信治)

<一括決済方式>

> **Q 91** 一括決済方式で支払を受ける仕入先の会計処理はどうなるのか
>
> **A 91** 方式ごとに若干の差異はあるが、資金化時には原則オフバランス処理が行われる。

解説

1 一括決済方式における会計処理の一般的な考え方

　一括決済方式の会計処理については、各種方式ごとに処理が若干異なる部分があるものの、債権者である仕入先が期日前支払により資金を受領した場合には、原則オフバランス処理が行われる点は共通している（後述する参考の債権譲渡担保方式を除く）。

　なお、一括決済方式の会計処理については、会計関連の各種団体や委員会等から特に指針やガイドラインが出ているわけではないので、一般の公正妥当な企業会計のルールに従って会計処理が行われることになり、オフバランス処理の可否については「金融商品に関する会計基準」における金融資産の消滅の認識要件（企業会計基準第10号「金融商品に関する会計基準」第8項および第9項）を満たしているかどうかという観点で検討することになると考えられるが、最終的には顧問会計士等の専門家の個別判断となる。

2 一括決済方式における各方式ごとの一般的な会計処理（例）

　以下、一括決済方式のそれぞれ方式の一般的な会計処理について記載する。

（1）ファクタリング方式
① 一括ファクタリング

<一括決済方式>

　一括ファクタリングは、もともと支払企業に対して保有している売掛債権をファクタリング会社等の提携金融機関に譲渡する一方、当該譲渡代金のファクタリング会社からの受取りは、原則的には売掛債権の支払期日に一致するように定められている取引である。ただし、仕入先のニーズに応じて、ファクタリング会社は期間に応じた割引料を控除して期日前資金化を提供することも可能であるため、仕入先は支払期日よりも前に資金を受け取ることも可能な仕組みとなっている（従来の手形振出日に売掛債権の債権譲渡が行われ、それ以降、必要があれば手形割引と同様に資金化ができることになる）。

　したがって、当初債権金額が100あり、途中で60を資金化して、支払期日に残額40を受領したケースの事例の会計処理は以下の通りとなる。

(債権譲渡時：100)			
売掛金等　　　　　　　　　100		売掛金　　　　　　　　　100	
（ファクタリング会社）		（支払企業）	

(資金化時：60)			
現金	59	売掛金等	60
譲渡損等	1	（ファクタリング会社）	

(支払期日受領時：40)			
現金　　　　　　　　　　　40		売掛金等　　　　　　　　40	
		（ファクタリング会社）	

② 一括信託

　一括信託の基本的な考え方は一括ファクタリングと同様であるが、譲渡先がファクタリング会社ではなく、信託銀行が提携金融機関となり当該信託銀行における信託勘定に譲渡するところに特徴がある。売掛債権を信託譲渡した結果、仕入先は信託受益権という権利を取得し、仕入先のニーズに応じて、信託銀行が当該信託受益権を投資家などに販売することによ

<一括決済方式>

り、仕入先は支払期日よりも前に資金を受け取ることも可能な仕組みとなっている（投資家への販売金額は、通常、信託受益権の額面金額よりも割引料相当程度低い金額となる）。

上記と同様の事例での会計処理は以下の通りとなる。

（債権信託時：100）			
受益権等	100 （信託銀行等）	売掛金	100 （支払企業）

（資金化時：60）			
現金 譲渡損等	59 1	受益権等	60 （信託銀行等）

（支払期日受領時：40）			
現金	40	受益権等	40 （信託銀行等）

(2) 併存的債務引受方式

併存的債務引受方式は、もともと支払企業が仕入先に対して負担している債務をファイナンス会社等の提携金融機関が併存的に引き受け、債務引受人として仕入先に支払を行う方式であり、支払企業と仕入先との間の債権債務関係を変化させないところに特徴がある。支払期日までの間に仕入先からニーズがあれば、支払企業にかわってファイナンス会社が割引料を控除して期日前支払を行うことも可能となっており、この点は一括ファクタリングと同様である（ファイナンス会社は立替払いを行ったことにより、支払企業に対する求償権を有することになる）。

上記と同様の事例での会計処理は以下の通りとなる。

<一括決済方式>

(債務引受時:100)	
仕訳なし	

(資金化時:60)		
現金 59	売掛金等	60
譲渡損等 1		(支払企業)

(支払期日受領時:40)		
現金 40	売掛金等	40
		(支払企業)

(参考) 現在利用されているケースは少なくなっているが、上記のほかに一括決済方式には、債権譲渡担保方式(一括支払システム)が存在する。これは仕入先が支払企業の売掛債権を取引金融機関に対して譲渡担保に提供し、その範囲内で当座貸越等の借入れが受けられる仕組みである。この場合には、仕入先が資金調達をした場合には、あくまでも売掛債権担保借入れなのでオフバランス処理はできず、売掛債権の消滅を認識できない。また、当該売掛債権を取引金融機関に対して担保に提供している旨を開示する必要がある(事例略)。

(庄司　義光)

<一括決済方式>

Q 92 支払企業が一括決済方式を導入するメリットは何か

A 92 支払企業の導入メリットは大きく分けて下記3項目となる。
1. 手形作成から領収証回収までの手形発行事務・人件費の削減
2. 手形に貼付する印紙代、手形郵送料、保険料等のコスト節減
3. 受取人（仕入先）に対して間接的に資金調達方法を提供することによる関係強化

解 説

支払企業が一括決済方式を導入するメリットとしては、①手形作成から領収証回収までの手形発行事務・人件費の削減、②手形に貼付する印紙代、手形郵送料、保険料等のコスト節減、③受取人（仕入先）に対して間接的に資金調達方法を提供することによる関係強化、の3点があげられる。以下それぞれの詳細について説明する。

1 手形作成から領収証回収までの手形発行事務・人件費の削減

支払企業の事務フローは、手形を振り出す場合、
① 決済データの作成
② 手形の作成（印紙貼付、押印）・保管
③ 郵送もしくは集金
④ 仕入先からの領収証受領（③とほぼ同時）
⑤ 期日決済
となるのに対し、一括決済方式の場合は、
① 決済データの作成
② 提携金融機関宛データ伝送
③ 期日決済

<一括決済方式>

となっており、一括決済方式の導入により手形の作成、保管、郵送および受渡しの事務の削減を行うことができる。月に何千枚と手形を発行している大企業ともなると、手形の作成等の事務作業に費やすマンパワーも膨大なものとなっており、一括決済方式導入による事務コスト削減や組織の効率化が図れる。

2 手形に貼付する印紙代、手形郵送料、保険料等のコスト節減

　一括決済方式に変更することにより手形現物がなくなるため、印紙税法で定められた課税文書に対して貼付する印紙代の削減が可能である。また、手形を郵送等の手段で取引先に振り出していた場合はその郵送料が、手形の郵送時等の紛失リスクをヘッジするために手形に対して保険をかけている場合はその保険料もあわせて削減することができる。

3 仕入先に対して間接的に資金調達方法を提供することによる関係強化

　一括決済方式を支払企業が導入することにより、仕入先は、①手形割引のような取引金融機関での個別の条件折衝（割引極度額、割引料等）が不要となり、②債権譲渡担保方式以外の一括決済方式では、手形のような買戻義務は不要となり、③大企業である支払企業の信用力に基づく一律の割引料が適用されるなど、手形割引よりも有利な資金調達を行うことができる。このため、支払企業にとっては仕入先にメリットを提供することになり、関係強化につなげることができるといえる。

（水谷　圭佑）

＜一括決済方式＞

Q 93 支払企業が一括決済方式を導入する場合に必要なコストは何か

A 93 導入コストとしては導入時にかかるイニシャルコストとスキームを維持するためにかかるランニングコストが考えられる。

解 説

1 コストの種類

　一括決済方式を導入し維持するためにかかるコストは大別してイニシャルコストとランニングコストとに分類される。一括決済方式を導入する提携金融機関によってコスト体系は異なるが、三井住友銀行グループが提供する一括決済方式のコスト体系を参考に、以下に例として一般的なコスト体系として考えられるものを紹介する。

2 イニシャルコスト

(1) 初期契約手数料
　一括決済方式を導入する際に提携金融機関等に支払う初期契約手数料。

(2) 仕入先登録手数料
　仕入先を登録する際にかかる登録手数料。
　導入後も新しい仕入先が発生して追加で当該仕入先が参加する場合には、随時この仕入先登録手数料が発生する。

(3) 印 紙 代
　支払企業、仕入先、提携金融機関間で締結する三者間契約書に貼付する印紙代。
　印紙代も仕入先登録手数料同様、新たに仕入先が追加になる場合、随時発

<一括決済方式>

生する。

(4) **システム開発費用**

一括決済方式の債務データを作成するにあたり、支払企業内でシステム開発を必要とする場合はその開発費用が必要となる。

3 ランニングコスト

(1) **固定手数料**

毎月、あるいはデータ伝送ごとに課金される手数料。

(2) **従量手数料**

データをシステム処理するため1債権データごとに課金される手数料。

(3) **確定日付取得費用**

ファクタリング方式（電子記録債権版を除く）において、債権譲渡の第三者対抗要件を具備するために、債権譲渡承諾書ごとに必要な確定日付の取得費用。

(4) **スクリーニング費用**

ファクタリング方式（電子記録債権版を除く）において、仕入先スクリーニング時に必要な「登記事項概要証明書」等の交付申請費用（導入当初および将来債権譲渡契約の更新時に必要）。

(5) **振込手数料**

決済資金の振込みにかかる振込手数料。仕入先が振込手数料を負担する場合もあるが、その場合は手数料を差し引いた金額で決済日もしくは早期資金化希望日に振り込まれるのが一般的である。

(6) **その他**

ファクタリング方式（電子記録債権版）の場合は、確定日付取得手数料やスクリーニング費用は不要であるが、電子債権記録機関に対する記録手数料に相当する手数料は必要である。

（水谷　圭佑）

<一括決済方式>

Q94 一括決済方式を導入するまでの手順はどうなっているのか

A94 一括決済方式の導入は、一般的に、まず支払企業が導入を決定し、その後当該支払企業が自らの仕入先に参加の打診を行う、という流れになる。以下では、支払企業の立場、仕入先の立場でそれぞれ導入手順をみていくこととする。

導入手順（社内の手続）は、会社ごとに異なるので、以下一般的なものを例示する。また、以下に記載する各項目は同時並行的に進められることもあるので、各項目の数字は手順の順序を表すとは限らないことを留意いただきたい。

解説

1 支払企業

ほとんどのケースにおいて一括決済方式の導入は、支払事務等を行っている部門が中心となるので、以下では支払事務を実施している部門の立場で記載する。

(1) 社内手続（導入効果の検証・社内決裁・社内周知徹底）

① 導入効果の検証

導入効果（導入コストと導入メリット）を検証する。社内システムに手を加える必要がある場合もあるので、社内の関連部とも打合せが必要と思われる。提携金融機関に対する窓口は通常経理部、財務部となるケースが多いが、そのほか一般的にはシステム部、資材部、購買部、法務部、総務部等のセクションが本件に関連する。

② 契約諸条件の確定

<一括決済方式>

手数料等の諸条件をはじめ、一括決済方式の契約内容を金融機関と決定する。また、契約にあたっては、契約書以外にも契約に必要な書類があるので、内容を確認する（契約内容や必要な書類等は、提携金融機関ごとに異なる）。

③ 社内手続

決裁等社内で必要な手続をとる。なお、一括決済方式では、一括決済方式への仕入先の参加なくして効果は得られず、仕入先への説明が重要なファクターになるので、社内決裁の前後で、仕入先とのコンタクトが多い仕入担当部署にも一括決済方式導入について周知徹底を図り、仕入先から仕入担当部署に照会があった場合には対応できる体制を整えておくことが大切である。

また、導入決定前に、担当の顧問弁護士、顧問会計士、顧問税理士等にも相談し、アドバイスを得ておくことも必要と思われる。

(2) **仕入先への案内（参加打診）**

社内で一括決済方式の導入が決定された後、仕入先に一括決済方式への参加を打診する。参加打診にあたっては、以下のような作業項目が考えられる（上記の通り、一括決済方式では、一括決済方式への仕入先の参加なくして効果は得られないため、社内での導入決定に先立ち、仕入先に一括決済方式への参加可否をヒアリングすることもある）。

① 参加を打診する仕入先の抽出

一括決済方式による支払が発生するであろう仕入先を抽出する。社内データベース上に仕入先として登録されている先であっても、実際には取引がなくなっているような場合には、当該仕入先へ案内してしまうと、当該仕入先が混乱する可能性があるので、注意が必要である。「過去、X年の間で手形での支払がY回以上あった仕入先」といった基準で対象先を抽出するのがよいと思われる。

② 案内手段の決定

<一括決済方式>

郵送、FAX、電子メール等、どのような手段で案内するかを決定する。

③ 案内内容の決定

上記②でどのような手段をとるにせよ、案内書面の内容を調製する。なお、書面の内容については、提携金融機関が過去の類例をふまえて支払企業にアドバイスするケースもある。また、下請法上、下請企業への一括決済方式加入は強制できないので、案内とともに参加可否の回答用紙（アンケート）を送付するのが一般的である。また、仕入先に集まってもらい説明会を開催する、ということも考えられる。

④ 案内の発送・参加可否の回答確認

上記①～③を経て、実際に案内を発送、さらに回答用紙を案内とともに送付した場合には、参加可否の確認を行い、参加応諾企業のリストアップを行う。

(3) 契約関連手続

① 仕入先への契約書送付（手交）・回収

参加に応諾している仕入先に契約書はじめ、契約に必要な書類を送付し、仕入先に契約書への調印のほか、必要書類を作成してもらい、それらを返送してもらう。

② 支払企業側での調印、金融機関への書類送付

仕入先から返送された契約書について、支払企業側でも調印を行い、また必要な書類を作成のうえ、金融機関に送付する。

(4) システム対応

① 伝送データ作成

一括決済方式では、支払企業は自らが仕入先に負う債務の明細を電子的データとして作成したうえで、提携金融機関に電話回線、インターネット回線等を通じて伝送するが、電子的データは提携金融機関ごとにフォーマットが決められている。よって、社内の支払データから提携金融機関が定めるフォーマットの電子ファイルを作成する仕組みを用意しておく必要

<一括決済方式>

がある。
② 新支払方法としての管理

　従来の支払方法（振込み、手形等）に、一括決済方式という新たな支払手段が追加になるので、必要な対応を行う（社内データベース上、各仕入先に関する情報として支払手段を管理している場合などは、仕入先マスターに一括決済方式に参加ずみであることを示すフラグを立てるなどの処理が必要である）。
③ 社内システムとの連動

　顧問会計士等に一括決済方式の会計処理を確認、必要に応じて会計システムとの連動対応を行う。また、その他支払に関係するシステムがある場合、当該システムへの影響等も検討する。

2　仕 入 先

　上記に記載の通り、一般的には、支払企業が一括決済方式の導入を決定し、その後、仕入先に対し案内を行う、というかたちになるので、導入のきっかけとしては、どちらかというと支払企業の依頼に基づく「受動的な対応」となる。

(1) **支払企業からの案内受領**

　一括決済方式の導入を決めた支払企業から参加打診の案内が届く。

(2) **契約内容の確認**

　必要となる手数料、割引金利等の導入条件を確認する。また、契約内容についても、自らの権利義務、契約相手方の権利義務等について確認する。

(3) **決裁・契約手続**

　上記(2)の確認後、社内決裁をふまえ、契約調印等を行う。

(4) **システム対応**

　従来の受取方法（振込み、手形等）に、一括決済方式という新たな受取手段が追加になるので、必要な対応を行う。ただし、通常は振込みとして入金

<一括決済方式>

されるだけであるので、期日現金振込みの受取りに準じて対応することになると考えられる。

　また、顧問会計士等に一括決済方式の会計処理を確認、必要に応じて会計システムとの連動対応を行う。また、その他、入金消込等受取りに関係するシステムがある場合、当該システムへの影響等も検討する。

3　取引開始

　上記に掲げる支払企業・仕入先の準備が整い、提携金融機関と具体的にいつの支払分から一括決済方式を導入するか決定し、そのスタート日に発生する債務データを金融機関に伝送するところから取引が正式に開始されることになる。

（軽部　信治）

<一括決済方式>

Q 95 一括決済方式に下請法の適用はあるのか

A 95 下請法が適用されることになるため、一括決済方式を導入する支払企業は、下請法の規定に抵触しないよう留意する必要がある。

解説

一括決済方式は、「手形と実質的に同様の機能を果たすもの」とされ、現金に準ずる手段として、下請代金の支払手段として、認められている。

一方、支払手段を一括決済方式とする場合にも、支払手段を手形とする場合と同様、仕入先の期日前資金化が可能となる日を納品から60日以内に設定することや下請法で定められた書面を交付・保存すること等、下請法を遵守する必要がある。

なお、公正取引委員会では、昭和60年事務局長通達および昭和60年取引部長通知[1]を公表しており、一括決済方式を下請代金の支払に利用する場合、これら通達・通知に留意する必要がある。

以下、それぞれの通達・通知の概要についてみていくこととする。

1 昭和60年事務局長通達

本通達では、以下3点について記載されており、一括決済方式導入の際にはこれらについて留意する必要がある。

① 一括決済方式により金融機関から資金調達できる日（通達内では「支払期日」と定義。手形でいうところの手形の振出日）は、親事業者が下請事業者の給付を受領した日から起算して、60日以内のできる限り短い期間内で定めるべきこと

---

1 公正取引委員会・中小企業庁「下請取引適正化推進講習会テキスト」平成22年、148～150頁。

<一括決済方式>

② 一括決済方式を提供する金融機関から下請事業者が下請代金の全額について資金調達ができない場合は、下請法4条1項2号（下請代金の支払遅延の禁止）の規定に違反するものとして扱うこと

③ 親事業者が一括決済方式を導入するに際し、下請事業者に対し一括決済方式に参加することを強制すること、または一括決済方式に参加しないことを理由に取引条件等につき不当な取扱いをすることは、独占禁止法19条（不公正な取引方法の禁止）の規定に違反するおそれがあること

2 昭和60年取引部長通知

本通知では、親事業者が遵守すべき事項をあげ、さらに(3)～(9)については一括決済方式の契約に明記すべきことを指導している。

(1) 加入の自由および不利益変更の禁止

一括決済方式への参加は、下請事業者の自由意志によるものとし、

① 一括決済方式への移行の際に、支払条件について下請事業者にとって不利益な変更をしないこと、下請事業者に費用を負担させないこと。

② 一括決済方式に参加しない下請事業者に対し、これを理由とし取引条件等につき不当な取扱いをしないこと。

(2) 三者契約

一括決済方式の契約は、親事業者－下請事業者－金融機関の三者契約とすること。

(3) 脱退の自由

契約期間は1年以内とし、契約期間の中途においても相当の予告期間をおいて下請事業者が契約を解約できるようにすること。

(4) 手形の交付

一括決済方式に加入した下請事業者が手形による支払を希望する場合には、それに応じること。

<一括決済方式>

(5) **親事業者の下請代金の支払義務**

一括決済方式を提供する金融機関から下請事業者が下請代金の全額について支払期日(手形でいうところの手形の振出日)に資金調達できるようにし、資金調達ができない場合には、親事業者自らが支払を行うこと。

(6) **支払期日**

一括決済方式により金融機関から資金調達できる日(通知内では「支払期日」と定義。手形でいうところの手形の振出日)は、債権譲渡担保方式の場合は、下請事業者が下請代金債権を担保に差し入れ親事業者が承諾する日、ファクタリング方式の場合は、下請事業者が下請代金債権を譲渡し親事業者が承諾する日、併存的債務引受方式の場合は、金融機関が下請代金債務を親事業者とともに負うことを承諾する日、と一致させるようにすること。

(7) **決済期間**

支払サイト(手形でいうところの手形の振出日から満期日までの期間)は、120日以内(繊維業の場合は90日)とすること。

(8) **追徴担保の禁止等**

一括決済方式のうち、譲渡担保方式を採用する場合、下請事業者が下請代金債権以外のものを担保とする必要がないようにすること。一括決済方式に係る下請事業者の口座は、本件専用にすること、当該貸付にかかる金銭が預金として拘束されることがないようにすること。

(9) **償還請求権の放棄**

一括決済方式のうち、ファクタリング方式、または併存的債務引受方式を採用する場合、金融機関が下請事業者にいったん資金を支払った以上は、事由のいかんを問わず金融機関は下請事業者に対しその返還を求めることができないようにすること。

(10) **決済状況の把握**

下請法9条の規定に基づく調査に対し、一括決済方式による下請代金の支払状況を報告できるよう金融機関から資料の提供を受けられるようにしてお

<一括決済方式>

くこと。

(11) **貸付が受けられる金融機関**

　一括決済方式のうち、譲渡担保方式を採用する場合、下請事業者が従来取引を行っている金融機関からも貸付が受けられるよう配慮すること。

(軽部　信治)

<一括決済方式>

Q 96 一括決済方式で支払う場合の会計処理はどうなるのか

A 96 ファクタリング方式と併存的債務引受方式で考え方が異なる。

解 説

1 支払企業の会計処理の一般的な考え方

　一括決済方式の支払企業の会計処理については、ファクタリング方式（一括信託を含む）と併存的債務引受方式で処理が異なる。

　ファクタリング方式の法律構成は債権譲渡である。支払企業は債務者として債権譲渡を承諾しているので、もともと仕入先が保有していた売掛債権がファクタリング会社等の提携金融機関に譲渡されることを認識している。したがって、債権譲渡認識時に、仕入先に対して負っている買掛債務を新たな債権者となる金融機関に振り替える会計仕訳を行う必要があると考えられる（仕入先が提携金融機関から期日前資金化を受けても、特に会計上の処理は不要）。

　一方、併存的債務引受方式では、支払企業と仕入先との間の債権債務関係に変化はなく、ファイナンス会社等の金融機関が債務引受人として新たな債務者として参加してくる取引である。したがって、支払企業が提携金融機関の債務引受を認識したとしても、特に会計処理等を行う必要はない（ただし、金融機関が仕入先に対して立替払いを行った場合は、支払企業の仕入先宛買掛債務は消滅するかわりに、支払企業の提携金融機関に対する求償債務が新たに発生しており、これを会計に反映することも考えられる）。

　なお、一括決済方式についての会計処理については、会計関連の各種団体や委員会等から特に指針やガイドラインが出ているわけではないので、各支払企業は、一般の公正妥当な企業会計のルールに従い、顧問会計士等専門家と相談のうえ会計処理を行うことになる。

<一括決済方式>

2　各方式ごとの一般的な会計処理（例）

以下、一括決済方式それぞれの一般的な会計処理について記載する。

(1) ファクタリング方式

① 一括ファクタリング

　一括ファクタリングは、債権者である仕入先が売掛債権をファクタリング会社に譲渡し、支払企業がそれを承諾することにより、支払企業にとっては債権者が仕入先からファクタリング会社に変更となる取引である（この取引の結果、仕入先はファクタリング会社より債権の譲渡代金を受領することになる）。

　支払企業にとっては、債権譲渡を認識した時点で債権者が変更になるため、当初の債権譲渡時に債権者を変更するための会計仕訳を行い、支払期日に支払った場合にはその会計仕訳を行うのみである。

　したがって、当初債務金額が100あり、支払期日に100を支払ったケースの事例の会計処理は以下の通りとなる。

（債権譲渡時：100）			
買掛金 （支払企業）	100	買掛金等 （ファクタリング会社）	100

（仕入先資金化時）
仕訳なし

（支払期日支払時：100）			
買掛金等 （ファクタリング会社）	100	現金	100

② 一括信託

　基本的な考え方は一括ファクタリングと同様であり、債権者である仕入先が売掛債権を、信託銀行等（信託勘定）に譲渡し、支払企業がそれを承

<一括決済方式>

諾することにより、支払企業にとっては債権者が仕入先から信託銀行等に変更となる取引である。

上記と同様の事例での会計処理は以下の通りとなる。

(債権信託時：100)			
買掛金 (仕入先)	100	買掛金等 (信託銀行等)	100

(仕入先資金化時)
仕訳なし

(支払期日支払時：100)			
買掛金等 (信託銀行等)	100	現金	100

(2) 併存的債務引受方式

併存的債務引受方式は、支払企業が仕入先に対して負担している債務をファイナンス会社が併存的に引き受け、債務引受人として仕入先に支払を行う方式である。ファイナンス会社による債務引受時には、単に支払企業の仕入先に対する買掛債務について債務引受人が加わっただけであるので、特に会計仕訳は発生しない。支払期日までの間に仕入先から期日前資金化のニーズがあり、ファイナンス会社がこれに応じて支払企業にかわって立替払いを行った場合は、支払企業の仕入先宛ての買掛債務は消滅することとなり、ファイナンス会社に対する求償債務に振り替わるため、債権者を変更するための会計仕訳を行う。そして、ファイナンス会社による立替払いがつど支払期日に向けて積みあがっていき、最終支払期日には支払企業はファイナンス会社に対して買掛金全額に相当する支払を行った場合には、その会計仕訳を行う（途中でファイナンス会社から期日前支払による受取りがない仕入先に対しては、支払企業は支払期日に直接に支払う義務も負っているが、当初の当事者の合意により、期日支払分についても仕入先に対する支払はファイナンス会社経由

<一括決済方式>

で行うことになっているため、支払企業は支払期日にファイナンス会社宛てに買掛債務全額相当の立替金を支払うこととなる）。

上記と同様の事例での会計処理は以下の通りとなる。

(債務引受時：100)	
仕訳なし	

(仕入先資金化時：60)	
買掛金　　　　　60 （仕入先）	買掛金等　　　　60 （ファイナンス会社）

(支払期日支払時：100)	
買掛金　　　　　40 （仕入先） 買掛金等　　　　100 （ファイナンス会社）	買掛金等　　　　40 （ファイナンス会社） 現金　　　　　　100

（注）ただし、上記の処理は、債務者である支払企業が、ファイナンス会社による立替払いを即時に認識できることを前提としており、つどの会計処理を省略することも考えられるが、最終的には顧問会計士等専門家の個別判断となる。

（参考）債権譲渡担保方式（一括支払システム）……これは仕入先が支払企業の売掛債権を金融機関に対して譲渡担保に提供し、その範囲内で当座貸越等の借入れが受けられる仕組みである。この場合には、支払企業は、債務者として債権譲渡担保に関する承諾を行っているが、あくまでも譲渡担保であり金融機関に担保目的で譲渡されているだけなので、引き続きもともとの仕入先を債権者として認識し、特別な会計処理は行わないのが通常であるものと考えられる（事例略）。

（庄司　義光）

<一括決済方式>

Q 97 一括決済方式がもつファイナンス手法としての特徴は何か

A 97 ファイナンスを提供する提携金融機関側からみた場合、仕入先の信用力ならびに支払企業の信用力を勘案するものと、支払企業のみの信用力を勘案するものがある。

解 説

1 仕入先の信用力ならびに支払企業の信用力が勘案されるもの

一括決済方式のうち、債権譲渡担保方式については、仕入先は、自らが支払企業宛てに有する売掛債権を取引金融機関に担保を目的に譲渡し、当該担保額相当を取引金融機関から借り入れる、という構成となる。

したがって、取引金融機関側では、仕入先に対する担保付貸出、として整理され、取引金融機関は、貸出先である仕入先の信用力と、担保である売掛債権の担保価値、すなわち、売掛債権の支払口（債務者）である支払企業の信用力の両方を勘案し、貸出可否を決定することになる。

よって、仕入先は自らの取引金融機関に対して、支払企業ごとに当座貸越契約を確保するといった手続が必要となる。

また、適用される金利についても、仕入先と当該取引金融機関の交渉によって決定されることとなる。

仕入先が本方式により取引金融機関から借入れを行った場合、当然借入期日には返済義務を負うが、当該金融機関宛てに担保として提供した支払企業宛売掛債権が回収できれば、当該回収代金を返済原資とすることができる。しかし、支払企業のデフォルト等により、支払企業宛売掛債権を回収できない場合は、仕入先は自らの手元資金で借入れを返済することとなり、本方式

<一括決済方式>

での借入れは、仕入先にとって支払企業宛てのリスクを回避したものにはなっていない、ということができる。

なお、取引金融機関にとって、本方式の与信判断は、従来の手形割引におけるものと基本的には同一であると考えられる。

2 支払企業のみの信用力が勘案されるもの

一括決済方式のうち、ファクタリング方式（一括信託を含む）については、仕入先は、自らが支払企業宛てに有する売掛債権を提携金融機関に譲渡し、その対価として仕入先は提携金融機関宛てに譲渡代金債権（売掛債権を譲渡したことの対価の請求権、一括信託では信託受益権）を取得し、期日前資金化を希望する仕入先は、当該譲渡代金債権の前払い（信託受益権の販売代金の支払）を受ける、という構成となる。一般的には、ファクタリング方式の基本契約においてかりに支払企業に倒産等が発生しても、その時点で期日前資金化を実施していた資金には影響がない、と規定しており、提携金融機関では、支払口（債務者）である支払企業の信用力のみに着目し、ファイナンス可否を決定することになる。

一括決済方式のうち、併存的債務引受方式については、仕入先が支払企業宛てに保有する売掛債権を提携金融機関に移転させるということはせず、仕入先が支払企業宛てに保有する売掛債権はそのままに、支払企業が当該仕入先に負う債務を提携金融機関が併存的に引き受ける、という形態となる。仕入先からみると、支払企業、提携金融機関の両方に対して請求権を有していることになり、期日前資金化を希望する仕入先は、提携金融機関宛てに有する債権の前払いを受ける、という構成となり、提携金融機関は仕入先宛てに期日前資金化を行うことにより、支払企業宛てに求償権を有することになる。一般的には、債務引受方式の契約においてかりに支払企業に倒産等が発生しても、その時点で期日前資金化を実施していた資金に影響はないという規定にしており、提携金融機関では、支払口（債務者）である支払企業の信

<一括決済方式>

用力のみに着目し、ファイナンス可否を決定することになる。

　したがって、ファクタリング方式、併存的債務引受方式においては、仕入先は自らの取引金融機関に与信枠を設定する、といった手続は不要であり、また、適用される金利については、支払企業と提携金融機関があらかじめ合意した水準となる（一般的には、提携金融機関自身またはスキームをアレンジした銀行が公表する短期プライムレートに連動するケースが多い）。

　上記の通り、支払企業に倒産等が発生しても、その時点で完了した期日前資金化に影響がないため、両方式での資金調達は、仕入先にとって支払企業宛てのリスクを回避したものにはなっている、ということができる（ただし、倒産等の発生時点で期日前資金化を行っていない場合には、支払企業のリスクを回避したことにならない）。

（軽部　信治）

<一括決済方式>

Q 98 一括決済方式を取り扱う提携金融機関の保全強化方法にはどんなものがあるのか

A 98 提携金融機関の立場でみると支払企業の信用力が悪化した場合であっても、一括決済方式は簡単にはやめられない取引との位置づけであり、支払企業の信用力が悪化した場合、金融機関から保全措置を求められるケースがある。具体的には、種々の取引制限や信用力の高い会社の保証、担保等があげられる。

解 説

1 即時のサービス中止がむずかしい背景

　提携金融機関の立場でみると支払企業の信用力が悪化した場合であっても、提携金融機関側から直ちに一括決済方式のサービス提供を中止することはまれである。
① 支払企業の決済切替え
　　一括決済方式は、支払企業と仕入先間の決済に用いられているものであり、急にサービス提供中止となった場合、支払企業としては「代替の決済手段をどうするか」を考える必要が生ずる。支払手形で支払うとした場合、手形発行に係る事務負担は一括決済方式対比、一般的には増加するほか、印紙代が追加で発生することとなる。
② 仕入先の資金調達切替え
　　仕入先としても、一括決済方式で資金調達を行っていた場合は、自らの信用力に関係なく、期日前資金化が受けられたが、手形を受領することとなった場合、当該手形が取引金融機関で割引可能かどうか相談する必要が出てくる。また、たとえ手形割引可能であったとしても一括決済方式と同

<一括決済方式>

一の金利水準で割引ができるとは限らない。
③　風評

一括決済方式は、数多くの仕入先宛資金決済に利用されるサービスであり、サービスが利用されていることは、支払企業の仕入先に広く知られており、提携金融機関が支払企業の信用力を判断して提供するファイナンスサービスであることから、サービスが中止されるとした場合、支払企業の信用力に重大な変化があったと仕入先に受け取られる可能性があり、仕入先との取引関係にも影響を与えるおそれがある。

したがって、提携金融機関としては、支払企業の信用力が悪化したケースでも、以下のような方策をとりながら支払企業の業況を注視していくことが一般的であると思われる。

2　金融機関の与信保全強化策

支払企業の業況に問題が発生した場合には、提携金融機関は、次のいずれかもしくは複数の対応策で、支払企業宛ての与信を制御していくものと考えられる。

①　新規仕入先の加入停止

「現状対比リスクを増加させない」という前提で、一括決済方式への新規の仕入先加入を制限するもの。

②　与信枠（極度額）の空き枠の削減（減額）

一括決済方式では、一般的に一括決済方式の提携金融機関と支払企業の間で利用残高の上限（以下「極度額」という）を設定し、支払企業はこの金額の範囲内で一括決済方式による支払を行う。

空き枠の削減とは、極度額が実際に利用される見込みの残高対比余裕をみて設定することが多いところであるが、提携金融機関の保全策として、この上端の余裕枠を廃止するものである。

③　未利用仕入先との解約

<一括決済方式>

支払企業は、一括決済方式を導入する際、過去数年間に取引のあった仕入先を対象として勧誘することが一般的である。したがって、過去には取引があったがその後取引が行われていないケースや、一括決済方式導入時には取引があったが、その後なくなったケースなどでは、一括決済方式の契約は締結されているが、実際には一括決済方式による支払が行われていない、といったことがあり、一括決済方式による支払が行われていない仕入先との契約を解約することにより、潜在的な取扱金額の増加を防ぐ、といった手法がとられることがある。

④ 親会社等からの信用補完

提携金融機関は、支払企業の信用力を判断して、すなわち、支払企業が期日に提携金融機関宛てに決済を行ってもらうことを前提に、一括決済方式を提供している。よって、支払企業の信用力に不安が生じた場合で、かつ、支払企業の親会社等が存在し、さらに当該親会社等の信用力が支払企業より高い場合には、当該提携金融機関に対する債務を被保証債務として、親会社等に信用補完（保証）をしてもらうことがある。

⑤ 担保徴求

提携金融機関として、支払企業から担保を徴求し、保全を図るといったことがある。

なお、サービス開始にあたり提携金融機関は、支払企業との間で上記②に記載の極度額等を含め契約を締結することが一般的であるが、当該契約に業績や財務条件などの条件を設定し、条件が整ったときには、上記の例のような保全策を金融機関がとりうることをあらかじめ合意しておく事例がふえている。

(軽部　信治)

<一括決済方式>

Q 99 銀行以外に一括決済方式を提供している会社はあるのか

A 99 銀行以外でもリース会社等の金融機関や大手メーカー等のファイナンス子会社なども一括決済方式に関するサービスを提供している。

解　説

　銀行以外でもリース会社等のいわゆるノンバンクや大手メーカー等のファイナンス会社等もサービスを提供している。

　一括決済方式には、いくつかの方式があるが、ファクタリング方式をとるケース、併存的債務引受方式をとるケースがあり、この点は銀行が提供するサービスとノンバンクや大手メーカー等のファイナンス子会社が提供するサービスで大きな相違点はない。

　以下、銀行とノンバンクの一括決済方式の相違点、大手メーカー等のファイナンス子会社が一括決済方式を提供する際の留意点をみていくことにする。

1　銀行とノンバンクの一括決済方式の相違点

(1)　割引率

　銀行が提供する一括決済方式では、各銀行が定める短期プライムレートがそのまま割引率として適用されるケースが多いが、ノンバンクでは、一般的に各ノンバンクの調達レートに応じた割引率が設定されているものと考えられる。そのほか割引率は、銀行が提供する一括決済方式では、支払企業単位で同じ割引率が適用されるのが一般的であるが、ノンバンクが提供する一括決済方式のなかには、支払企業単位で一律の割引率ではなく、ノンバンクと仕入先との間で相対交渉を経て割引率が決定される場合もあるようである。

<一括決済方式>

(2) 契約手続

　一括決済方式では、契約形態は三者間契約のかたちがとられ、銀行がサービスを提供する場合、その契約手続は書面によって行うことが一般的であるが、ノンバンクの一括決済方式のなかには、インターネットで三者間契約を行うケースもある。

(3) サービス範囲

　ノンバンクが支払企業に提供するサービスのなかには、一括決済方式のサービス提供に加え、仕入額と仕入先からの請求額の突合等を含めた支払事務全般の代行サービスも含めて提供しているケースがある。

2　大手メーカー等のファイナンス子会社が一括決済方式のサービスを提供する際の留意点

　大手メーカー等のファイナンス子会社が一括決済方式を提供する場合には、システムも自らが用意し、すべてのサービスを自前で提供するケースと、一括決済方式に関する手続を外部に委託し（システムの運営を含む）、自らはファイナンスに特化してサービスを提供しているケースがある。前者の場合、システムの開発やシステムのメンテナンス、事務手続を自らが行うことになるため、サービス導入時のシステム開発コスト、サービスを継続的に提供するためのシステム維持コストが必要になる。

　一方、後者の場合は、システム開発やシステムメンテナンスは外部に委託しているため、サービスを継続的に提供するための外部委託先への手数料等の支払が別途発生することになる。

　なお、事務手続に関し、仕入先の期日前資金化の依頼は、銀行営業日であれば、常に発生する可能性があり、それに応える必要がある（仕入先の期日前資金化の依頼可能日を制限している場合を除く）。よって、仕入先からの期日前資金化の依頼がいつ起こっても問題がないよう、常に適切な資金を用意しておく必要がある。

<一括決済方式>

　また、大手メーカー等では、ゴールデンウィーク期間、お盆期間、年末年始などは大型連休となるケースがあるが、上記の通り、銀行営業日であれば仕入先からの期日前資金化の申込みがある可能性があるため、銀行営業日には業務をできる体制をとっておく必要がある、といった点が問題点としてあげられることがある。

　よって、大手メーカー等のファイナンス子会社で、これから一括決済方式を自ら提供することを検討する場合には、上記の通り、システムをどうするか（自前か外部に依存するか）、事務をどうするか（自前か外部に依存するか）、資金ポジション、出勤体制等を考慮する必要がある。

（軽部　信治）

＜一括決済方式＞

Q100 海外でも一括決済方式と同じようなサービスはあるのか

A100 海外でも類似のサービスはある。

解説

海外の金融機関も日本の一括決済方式と類似したサービスを提供している。

1 日本と海外の顧客ニーズの違い

日本では、一括決済方式は紙の手形の代替手段として、事務削減、印紙代削減を目的に導入されることが多いが、海外では日本ほど手形で決済を行うという習慣がないので、支払企業側のメリットが見出しにくく、普及具合は日本ほどではないようである。

そのようななか、海外で一括決済方式の類似サービスがあるのは、①一般的にこうしたサービスは支払企業の信用リスクに応じた金利で仕入先が資金調達できるため、信用力の高い支払企業が信用力は劣るが技術開発力のある仕入先を囲む込むためのツールとして、あるいは、②支払企業が仕入先に対し支払サイトの延長を申し入れ、自らのキャッシュフローを改善したいと考えた際に、単なるサイト延長では、仕入先のキャッシュフローが悪化してしまうため、仕入先とのサイト調整のためのツールとして、利用価値を見出されているからと思われる。

2 他システムとの融合

また、海外の金融機関では、上記一括決済方式類似のサービスをCMSやトレードファイナンス関連サービス（L／C関連サービス等）と共通のオンライン・バンキング・プラットフォームを通じて提供しているケースもある。

<一括決済方式>

[表] 海外での一括決済方式類似サービスの使われ方

一括決済方式の使われ方	① 仕入先の囲込みツールとして 　債務者自らの信用力を生かしたファイナンススキームを構築。資金調達が困難、あるいは、相対的に資金調達コストが高い仕入先に資金調達手段を提供する。
	② サイト調整のためのツールとして 　支払企業が仕入先に対し支払サイトの延長を申し入れる場合に、単なるサイト延長では、仕入先のキャッシュフローが悪化してしまうため、資金調達手段を用意しておく。

　海外の取引や国をまたがるクロスボーダーの取引では、法制・税制・金融規制等が各国あるいは関係する当事国同士で異なるケースもあり、その場合、それぞれの法制・税制・制度、にあわせたアレンジが必要になり、さらに言語も国ごとに対応するとなるとシステム開発の負荷は大きいものになる。

　しかし、上記の複数のサービスのワンストップ化の実現や、あらゆる国に対応したサービスを提供することで他の金融機関との差別化が図れることになる。

（軽部　信治）

実務家のための
電子記録債権とサプライヤーファイナンス

平成23年10月11日　第1刷発行

編著者　平　田　重　敏
発行者　倉　田　　勲
印刷所　三松堂印刷株式会社

〒160-8520　東京都新宿区南元町19
発　行　所　一般社団法人　金融財政事情研究会
　　　　　　編集部　TEL 03(3355)2251　FAX 03(3357)7416
販　　売　株式会社きんざい
　　　　　　販売受付　TEL 03(3358)2891　FAX 03(3358)0037
　　　　　　URL http://www.kinzai.jp/

・本書の内容の一部あるいは全部を無断で複写・複製・転訳載すること、および
　磁気または光記録媒体、コンピュータネットワーク上等へ入力することは、法
　律で認められた場合を除き、著作者および出版社の権利の侵害となります。
・落丁・乱丁本はお取替えいたします。定価はカバーに表示してあります。

ISBN978-4-322-11930-5

好評図書

そこが知りたい
銀行窓口の個人情報保護【第2版】

浅井　弘章［監修］
一般社団法人金融財政事情研究会［編］

四六判・112頁・定価840円（税込⑤）

内部監査高度化のすべて
――value added audit

有限責任監査法人トーマツ［編］

大森　茂・長岡　茂・桑原大祐
伊佐地立典・今永浩一郎・石塚　岳　［著］

A5判・272頁・定価2,730円（税込⑤）

Q&A 金融機関のIFRS対応

野村総合研究所IFRSタスクフォース［編著］

A5判・232頁・定価2,310円（税込⑤）

［概説］金融機関のためのIFRS
――導入と影響

有限責任　あずさ監査法人　金融本部［著］

A5判・256頁・定価2,520円（税込⑤）

KINZAIバリュー叢書

実践ホスピタリティ入門
―氷が溶けても美味しい魔法の麦茶
田中　実［著］
四六判・208頁・定価1,470円（税込⑤）

営業担当者のための
心でつながる顧客満足〈CS〉向上術
前田典子［著］
四六判・164頁・定価1,470円（税込⑤）

最新保険事情
嶋寺　基［著］
四六判・256頁・定価1,890円（税込⑤）

粉飾決算企業で学ぶ
実践「財務三表」の見方
都井清史［著］
四六判・212頁・定価1,470円（税込⑤）

金融機関のコーチング「メモ」
河西浩志［著］
四六判・228頁・本文2色刷・定価1,890円（税込⑤）

経営者心理学入門
澁谷耕一［著］
四六判・240頁・定価1,890円（税込⑤）

矜持あるひとびと
―語り継ぎたい日本の経営と文化―
〔1〕原　誠［編著］
四六判・260頁・定価1,890円（税込⑤）
〔2〕原　誠［編著］
四六判・252頁・定価1,890円（税込⑤）
〔3〕原　誠・小寺智之［編著］
四六判・268頁・定価1,890円（税込⑤）